RESEARCH ON
THE INDIRECT PERPETRATOR

间接正犯研究

武晓雯　著

法律出版社
LAW PRESS · CHINA
北京

图书在版编目(CIP)数据

间接正犯研究 / 武晓雯著. -- 北京 : 法律出版社, 2022

ISBN 978 - 7 - 5197 - 7174 - 4

Ⅰ. ①间… Ⅱ. ①武… Ⅲ. ①教唆犯—研究 Ⅳ. ①D914.04

中国版本图书馆 CIP 数据核字(2022)第 186632 号

间接正犯研究
JIANJIE ZHENGFAN YANJIU

武晓雯 著

责任编辑 吴 昉
装帧设计 鲍龙卉

出版发行 法律出版社
编辑统筹 法律教育出版分社
责任校对 晁明慧
责任印制 刘晓伟
经　　销 新华书店

开本 A5
印张 10　**字数** 249 千
版本 2022 年 9 月第 1 版
印次 2022 年 9 月第 1 次印刷
印刷 北京虎彩文化传播有限公司

地址:北京市丰台区莲花池西里 7 号(100073)
网址:www.lawpress.com.cn
投稿邮箱:info@lawpress.com.cn
举报盗版邮箱:jbwq@lawpress.com.cn
销售电话:010 - 83938349
客服电话:010 - 83938350
咨询电话:010 - 63939796

书号:ISBN 978 - 7 - 5197 - 7174 - 4
定价:42.00 元
凡购买本社图书,如有印装错误,我社负责退换。电话:010 - 83938349

目　录

第一章　导　论

第一节　间接正犯概念的产生与保留

众所周知，很多国家的刑法中没有间接正犯的规定，正如大塚仁教授所言："间接正犯的概念，不是刑法典上的东西，而是近代刑法学理论的产物。"[1]我国现行刑法虽然也没有规定间接正犯这种行为类型，但刑法理论与司法实践长期以来几乎一致认可其学理身份与实践地位。[2]

一、我国古代法中间接正犯概念的雏形

我国历代刑法均未出现过间接正犯的概念，当然也没有关于间接正犯的理论，但却存在处罚利用他人实施犯罪的情形。例如，秦墓竹简中的《法律问答》就有如下记载："甲谋遣乙盗杀人，受钱十分，问乙未盈六尺，甲可何论？当磔。"[3]据云梦秦简记载，秦律对成年人与未成年人的区分是以身高为标准的，男高满六尺五寸、

---

〔1〕［日］大塚仁：《刑法概说（总论）》，有斐阁2008年版，第159页。

〔2〕近年来，刑法理论上出现了间接正犯否定说的观点，相关内容将在本书第二章详述。

〔3〕《睡虎地秦墓竹简》，北京文物出版社1978年版，第180页。

女高满六尺二寸以上才可谓成年。[4] 甲教唆未满刑事责任年龄的人杀人,当受车裂之刑。这表明,我国古代法已有间接正犯的雏形存在。随后的汉代、晋代和唐代都规定了教令犯的概念,其中已经包含了近代间接正犯的内容。例如,在唐朝,教令犯的概念是近代教唆犯与间接正犯的总称,《斗讼律》第56条规定:"诸教令人告,事虚应反坐,得实应偿,皆以告为首,教令为从。"此处的教令者则应以教唆犯论处。唐朝的《名例律》规定:"九十以上七岁以下,虽有死罪不加刑;即有人教令,坐其教令者。"此处的教令者相当于现在的间接正犯。[5] 据此可见,唐朝的教令犯究竟是以教唆犯论处还是认定为正犯,取决于教令对象的年龄,倘若教令的对象是完全刑事责任能力者或限制刑事责任能力者,则教令者以教唆犯论处,如果教令的对象是无刑事责任能力者,则教令者以间接正犯论处。如此来看,倒与间接正犯概念产生之初的适用场合具有一定相似性。这也表明,我国古代法中即存在间接正犯概念的雏形。

二、近代法中间接正犯概念的产生

间接正犯本身不是刑法典上的用语,而是大陆法系刑法理论推演出来的概念。确切地说,"近代刑法理论中的间接实行犯概念产生于主观主义未普遍发达时代的德国法学"。[6] 间接正犯概念在德国法学界的产生,离不开当时几个看似相互独立,实则却存在一定关联的概念和理论,"这个理论上的关联,几乎被各种不同的形式概念、专有名词所掩埋"。[7] 而恰恰是这些概念、理论的相

---

〔4〕 参见张晋藩主编:《中国法制史》,中国政法大学出版社2002年版,第69页。

〔5〕 《唐律疏议》,中华书局1983年版,第445页。

〔6〕 林维:《间接正犯研究》,中国政法大学出版社1998年版,第15页。

〔7〕 蔡圣伟:《刑法问题研究(一)》,台北,元照出版有限公司2008年版,第141页。

互交织与发展演变,促使间接正犯作为一个十分重要的概念登上历史舞台。本书重点并非介绍这些理论的流变,故只对其基本含义作简要说明,便于理解间接正犯概念产生的历史必然性。

与间接正犯直接相关联的,是对构成要件概念中"行为人"概念的理解。"在说明、界定刑法所要处罚的对象(行为人)时,学说上有紧(限)缩(restriktiv)以及扩张(extensive)这两种对立的认定方向,而分别得出'紧缩的行为人概念'以及'扩张的行为人概念'两种立场。依照紧缩的行为人概念,可罚行为限于法定构成要件所描述的行为,随而刑法上的行为人亦应局限于'自己亲手实现法定不法构成要件之人'。只是经由他人所为之构成要件该当行为引起构成要件之实现者,则非属刑法上的行为人。由此立场出发,那么仅从事教唆与帮助行为之人原本便非刑法所要处罚的对象,但是因为实定法上对之设有处罚的规定……始得以对这些并未亲手实施构成要件行为之人施加刑罚。依此,则现行法中关于共犯所设的处罚规定在本质上即属'扩张刑罚事由';立法者若是未在刑法典中设有此等规定,那么这些教唆与帮助的行为便属不罚。"〔8〕简言之,按照紧缩的行为人概念,只有以身体动静直接实现构成要件的人才是刑法上的"行为人",才是应受刑罚之人,如果对于构成要件的实现仅仅具有因果关系,而非亲自实施之人,则并非刑罚应罚之人。与此相对,扩张的行为人概念,是指只要是与构成要件的实现具有因果性之人,均为刑法上的行为人,都是正犯,而并不限于亲自实现构成要件之人。因此,教唆犯与帮助犯都是惹起或有助于构成要件实现之人,本质上均为正犯。依此立场,原本教唆犯与帮助犯就是正犯,但若现行法上有关于共犯减轻处罚的规定,则属于"限制刑罚事由"。

〔8〕 蔡圣伟:《刑法问题研究(一)》,台北,元照出版有限公司2008年版,第142、143页。

上述行为人理论的对立，导致各参与人的刑事责任范围有所区别，这就涉及刑法上的参与理论，即当多数人参与同一个犯罪时，应如何确定参与者的刑事责任范围的理论。对此，立法例上有两种不同的制度选择，一种是单一制正犯体系，另一种是区分制正犯体系。前者是指立法上不区分正犯与共犯（均称为正犯），至于责任的轻重，则委由法官根据具体个案裁量决定；后者是指立法者对正犯与共犯分别设有各自的规范，在法典中就把轻重不等的参与角色（正犯、教唆犯以及帮助犯）分开规定，并且赋予不同的法律效果。〔9〕德国立法采取了区分制度，学说上也都是在区分制度的前提下进行讨论的。两种不同制度的选择仅仅是立法上表现于外的形式，其背后关涉的正是刑法上如何理解“行为人”这个概念，而区分制正犯体系正是基于紧缩的行为人概念而构建的正犯与共犯的立法制度。在区分制正犯体系下，立法上为共犯设置了专门规范（教唆或帮助）的，则属于“扩张刑罚事由”。

此时，便产生了两个理论问题，一是为什么处罚共犯，换言之，共犯的处罚根据何在？二是正犯与共犯之间具备怎样的关联性才能处罚共犯？对于第一个问题，当时通说的立场是，共犯的成立是依附于正犯行为之上，即共犯是从属于正犯而成立，这便是学说上所称的“共犯的从属性本质”。对于第二个问题，实际是在回答共犯成立所需的对于正犯的从属程度问题。对此，德国学说上曾有过不同的观点，包括最小从属性说、限制从属性说、极端从属性说和最极端从属性说。〔10〕早期的学说与立法例对于共犯的从属性采取的是极端从属性原则，主张正犯必须是一个故意的犯罪行为时，共犯始得成立犯罪，详言之，正犯的行为必须是一个故意的犯

〔9〕参见蔡圣伟：《刑法问题研究（一）》，台北，元照出版有限公司2008年版，第139页。

〔10〕有关四种从属形式的归纳，参见林钰雄：《新刑法总则》，台北，元照出版有限公司2020年版，第454、455页。

罪行为，即其行为必须是完全具备构成要件该当性与违法性及罪责进而构成犯罪之人，则教唆行为或帮助行为才有所从属依附进而成立共犯。[11] 极端从属性说在共犯的处罚根据上采取的是可罚性借用理论，[12] 即共犯的可罚性是从正犯之处借用而来。然而，1943 年德国修正刑法典之前的《德国刑法》第 51 条规定，无责任能力的场合“不存在可罚行为”。可见，有责性是行为可罚性的必要条件，正犯的可罚性是以其具备有责性为前提的。

理论上采取紧缩的行为人概念以及极端从属性说的立场，实践上却会产生不小的处罚漏洞。例如，母亲指使 5 岁的幼女盗窃他人财物，母亲并不成立犯罪。又如，医生利用粗心的护士给病人喂毒药，亦不能认定医生的行为成立犯罪。因为根据上述理论，正犯只能是亲自实现构成要件之人，而前例中的母亲、医生均非刑法上的正犯，按照极端从属性说，共犯之成立要求正犯必须具备不法与故意的罪责，但是前例中的幼女缺乏责任能力、护士则并不具备犯罪故意，因此，对母亲和医生的行为，均不能按照共犯加以处罚。但是，倘若不对类似母亲、医生的行为进行刑法规制，则等于在刑法上为犯罪之人开了一道后门，所有想要犯罪的人只要稍稍动动脑子，借助他人实现犯罪结果，便无须承担任何刑事责任了！为了填补这一处罚漏洞，将幕后黑手拉至幕前加以制裁，理论上便“制造”了间接正犯的概念。

由此可见，从学说史上看，间接正犯最早出现在德国古典犯罪论体系背景之下，当时是为了弥补紧缩的行为人概念与共犯极端从属性原则相互配合下所导致的处罚漏洞而产生的“替补概念”。换言之，紧缩的行为人概念与极端从属性说之下形成的处罚间隙

---

[11] 参见林山田：《刑法通论》（下册），北京大学出版社 2012 年版，第 19 页。

[12] 关于可罚性借用理论，参见[日]西田典之：《共犯与身份》，成文堂 2003 年版，第 38 页。

是间接正犯概念自觉产生、发展的重要契机。

一般认为,我国刑法典与德国的立法相同,都采取了区分制度。[13] 众所周知,刑法分则的犯罪类型,是以单独正犯的既遂形态为模型来描述的,在有多数参与者的场合,刑法典采取的是通过总则中有关共同犯罪的规定加以解决的结构。例如,《刑法》第232条所规定的"故意杀人的"这一构成要件,仅指行为人自己亲自实施杀人行为的情形,如果介入了其他人(如教唆者、帮助者)的行为,则应依照刑法总则有关共同犯罪的规定对故意杀人罪的构成要件进行修正,并对介入之他人按照共犯规定处理。但是,在行为人利用不知情的第三者或者懵懂的儿童杀人的情形,由于实际执行者不具有可罚性,人们总觉得行为人是幕后操纵者,对幕后操纵者应作为单独正犯去评价。[14] 正如西田典之教授所言:"间接正犯概念的根基,显然在于立足于这种朴素的法直觉的实体侧面。"[15]松原芳博教授更直率地指出,"'间接正犯'这一概念,是作为用于弥补处罚漏洞的'救济概念'而发挥作用的"[16],其产生之初便具有了浓重的"救济概念"的性格色彩。

---

〔13〕 近年来有少数学者主张我国刑法典采取的是单一制度,进而主张应当消解间接正犯概念。例如,张伟副教授认为,我国刑法有关共同犯罪的规定明显不同于德、日区分制立法,以单一正犯概念与统一正犯体系为指导展开我国犯罪论的研究不失为妥当之举。又如,阎二鹏教授认为,我国共犯立法模式为扩张正犯体系,在该体系之下不应有间接正犯概念的存在。但目前主张单一制度的学者仍占少数。

〔14〕 为了避免混淆,本书一般将间接正犯中的利用者与被利用者表述为"幕后操纵者"与"实际执行者"。但是,这并不意味着凡是使用"幕后操纵者"概念时,该行为人就是间接正犯。换言之,"幕后操纵者"所表述的只是利用者、幕后人之意,因而可能是教唆犯乃至帮助犯,"实际执行者"所表述的只是被利用者、幕前人之义。

〔15〕 [日]西田典之:《共犯理论的展开》,成文堂2010年版,第82页。

〔16〕 [日]松原芳博:《刑法总论重要问题》,王昭武译,中国政法大学出版社2014年版,第279页。

如今,距离刑法学界最早提出间接正犯概念到现在,已经有100年左右的历史了。在这期间,犯罪理论体系经历了不小的变动。德国现今通说所采的犯罪审查体系,虽然还是维持了不法(构成要件该当性以及违法性)与罪责的区分,但其中各阶层所包含的要素已经和古典犯罪论体系大不相同。例如,受目的行为论的影响,故意成为主观的不法要素,罪责的本质由心理罪责论演变为规范罪责论,也即罪责的内涵不再包括故意与过失,而是转变为规范层面的期待可能性,由于每个人的自身情况不同,期待可能性自然也就不同,随之确立了罪责必须个别判断而不能从属于他人的原则。[17] 这些理论的演变,自然对以此为基础发展而来的间接正犯概念产生了或多或少的影响,其中与间接正犯直接相关的,便是不以正犯有责性作为共犯成立条件的限制从属性原则的确立。

按照限制从属性原则,共犯的成立只要求正犯满足构成要件符合性及违法性即可,并不要求必须具备有责性。如此一来,根据限制从属性原则,当正犯行为具备构成要件该当性和违法性,但欠缺责任之时,幕后操纵者完全有可能成立共犯,也就不存在处罚漏洞了,随之间接正犯的替补作用便也不再明显。于是,在限制从属性说之下开始出现否定间接正犯概念的观点。[18]

虽然1943年德国修正刑法典确立了各自责任原则,日本限制从属性说也占据理论主导地位,但间接正犯概念却在德日刑法理论中得以保留,并且无论在解释论上还是在立法上,均具有稳定的

---

〔17〕 参见蔡圣伟:《论间接正犯概念内涵的演变》,载陈兴良主编:《刑事法评论》第21卷,北京大学出版社2007年版,第59、64页。

〔18〕 例如,日本学者佐伯千仞等人认为,如果承认扩张的正犯概念,间接正犯的问题就可以在共同犯罪中解决。日本学者牧野英一等人则站在共犯独立性说的立场上,认为利用他人的场合都包含在共犯之中,完全不需要间接正犯的概念。

地位。[19] 究其原因,当时主要是基于以下两个方面:

一方面,间接正犯概念的实体侧面得到重视,加之对间接正犯独立的正犯性理论研究取得了一定程度的成功。间接正犯的正犯性理论包括工具理论、实行行为说、规范障碍说、行为支配说等,这些学说共通的考虑方法是以限制正犯概念为核心的正犯概念的实质化、规范化解释,即从规范评价的观点出发,将利用他人实现犯罪的各种犯罪形态作为与“用自己的手亲自实现犯罪”可以进行同一评价的解释。限制从属性说之下,正犯无责任能力的场合,也可能成立教唆犯,但日本的通说和判例均认为,除了唆使刑事未成年人、无责任能力人的场合中的特定部分(如 12 ~ 13 岁有辨别是非能力者的场合、因强制而失去意思能力者的场合)实施犯罪的情形,其他教唆者原则上全部以间接正犯论处。[20]

另一方面,出于尽可能维持正犯与共犯的罪名一致性(共犯的罪名从属性)的考虑,刑法理论上仍保留了间接正犯的概念。[21] 例如,医生命令护士向患者提供掺了毒药的药物,护士因疏忽大意未能发现药物存在问题。这种场合,就护士而言,无疑成立过失致人死亡罪,但幕后者医生的利用行为该如何评价呢?

第一种观点认为,医生成立故意杀人罪的间接正犯(间接正犯说)。[22] 理由在于,从规范的观点出发,医生的利用行为无疑具有实行行为性。其实,这一理由的背后存在正犯和共犯的罪名必须一致的这种罪名从属性说、犯罪共同说的考虑。但是,日本也有学者认为,并不存在对过失犯的故意的教唆,正犯具备构成要件故

---

〔19〕《德国刑法》第 25 条第 1 款规定:“自己或者通过他人实施犯罪行为的,作为正犯处罚”;1974 年日本修正刑法草案第 26 条第 2 款,确立了间接正犯在刑法上的地位。

〔20〕参见[日]内藤谦:《刑法讲义总论(下)Ⅱ》,有斐阁 2002 年版,第 1334 页。

〔21〕参见[日]西田典之:《共犯理论的展开》,成文堂 2010 年版,第 83 页。

〔22〕参见[日]团藤重光:《刑法纲要总论》,创文社 1990 年版,第 154 页。

意是共犯可罚性的成立要件。[23] 这其实是将共犯理解为一种纯粹的参与犯,也就是对他人犯罪行为的参与,因此,正犯与共犯的罪名必须保持一致就成为一个绝对的要件。本例中,护士无疑成立过失致人死亡罪,而医生的行为却不可能成立该罪名,故只能认为医生的行为成立间接正犯。

第二种观点认为,护士成立过失致人死亡罪、医生成立故意杀人罪的教唆犯(教唆犯说)。[24] 因为,如果将故意、过失作为责任要素考虑的话,在限制从属性说之下,也存在承认对过失犯的故意的教唆犯成立的余地。但是,这样的话,共犯就不再是对他人犯罪的参与,而是意味着彻底地成为幕后操纵者自己实现犯罪的一种形式。从这种立场出发,教唆他人实现的其实是自己的犯罪,而不是教唆他人实现他人的犯罪。于是,《日本刑法》第 61 条可以理解为,"教唆他人实施犯罪的成立教唆犯",教唆犯"准与正犯"中的"正犯"也就意味着,从教唆者的立场上看,能够认为其是具有实行行为性的正犯的一种类型。[25] 佐伯千仞教授认为,共犯是犯罪的一种方法类型,不应把它看作所有人共同的一个犯罪行为,而应当看作每一个犯罪人各自的行为,因为虽然在犯罪事实上是同一个事实,但却是各共犯人彼此不同的行为。[26] 从因果共犯论出发,共犯的处罚根据求诸通过正犯的间接的法益侵害性,据此有学者明确肯定了针对非故意行为的共犯的成立。[27] 这样一来,将医生看作教唆犯的做法,在理论上也是可行的。教唆犯说的优点之

---

〔23〕 参见[日]团藤重光:《刑法纲要总论》,创文社 1990 年版,第 403 页;[日]大塚仁:《刑法概说(总论)》,有斐阁 2008 年版,第 313 页。

〔24〕 参见[日]中山研一:《口述刑法总论》,成文堂 1978 年版,第 431 页。

〔25〕 参见[日]西田典之:《共犯理论的展开》,成文堂 2010 年版,第 96 页。

〔26〕 [日]佐伯千仞:《刑法讲义(总论)》,有斐阁 1981 年版,第 332 页。

〔27〕 [日]大越义久:《共犯的处罚根据》,青林书院新社 1980 年版,第 153 页以下、第 261 页。

一是,在以实行从属性说为前提的场合,以实际执行者(过失正犯)的行为为基准与通说的间接正犯的着手时期判断是相符合的。

但是,对过失犯的故意的共犯的观点依然存在一些问题。例如,平野龙一教授曾批评道:“教唆这一用语,是指使他人产生故意,作为日常用语,承认对过失犯的教唆几乎脱离了该用语本身所具有的含义。”〔28〕由此,便产生了幕后操纵者成立间接正犯,实行的着手时期以实际执行者的行为为基准加以判断的第三种思考路径,这便是抓住作为“犯罪类型”的共犯本质,尽可能从维持罪名从属性的角度思考,将幕后操纵者以间接正犯的名义加以处罚的立场。这样的思考方法,可能会遭到“使正犯概念变得松弛”的批判。但是,利用他人过失行为的类型,也可以承认幕后操纵者行为具有实行行为性,即便不这么认为,既然对着手的判断都是以实际执行者行为为基准,那么将幕后操纵者称作间接正犯还是教唆犯也只是名义上的问题。

如此一来,从尽可能尊重常识的角度,幕后操纵者成立间接正犯的观点更具合理性,于是,间接正犯的概念便被保留了下来。

第二节　本书研究的主要问题

一、间接正犯概念的必要性

如前所述,很多国家的刑法中没有间接正犯的规定,间接正犯理论却作为大陆法系国家犯罪参与理论中的重要内容得以延续至

〔28〕［日］平野龙一:《刑法总论》(Ⅱ),有斐阁1975年版,第360页。

今。我国刑法虽未明文规定间接正犯，但它不仅得到了学者们一直以来的普遍承认，[29]而且“自 2001 年最高人民法院在判例中确认间接正犯概念以来，中国司法实务亦逐渐接纳了间接正犯概念，将利用他人作为犯罪工具以遂行自己的犯罪的情形认定为间接正犯”，[30]直至目前的司法实践，以间接正犯理论作为定罪依据的情形仍屡见不鲜。[31]

然而，如今在共犯本质问题上，行为共同说已取代犯罪共同说登上通说的位置，[32]在共犯从属性问题上，限制从属性说已经取代极端从属性说登上通说的位置，间接正犯概念丧失了其产生之初的重要弥补作用，最初保留间接正犯概念的理由也就显得更加薄弱了。正是基于这些原因，学界对间接正犯概念是否有独立存在之必要，展开了广泛的争论。一些学者对间接正犯概念的存在必要性提出诸多质疑，甚至有学者主张应当彻底抛弃间接正犯的

---

〔29〕 参见张明楷：《刑法学》，法律出版社 2021 年版，第 523 页；林山田：《刑法通论》（下册），北京大学出版社 2012 年版，第 20 页；南英、张军主编：《刑事审判参考》（第 5 辑），法律出版社 2001 年版，第 75 页；林维：《间接正犯研究》，中国政法大学出版社 1998 年版，第 26 页；陈兴良：《论我国刑法中的间接正犯》，载《法学杂志》1984 年第 1 期。

〔30〕 梁根林：《间接正犯的中国命运》，载《比较法研究》2019 年第 5 期。

〔31〕 相关判例可参见：湖南省高级人民法院刑事裁定书，(2020)湘刑终 254 号；吉林省长春市中级人民法院刑事裁定书，(2018)吉 01 刑终第 105 号；广东省高级人民法院驳回申诉通知书，(2017)粤刑申第 73 号；安徽省阜阳市中级人民法院刑事裁定书，(2017)皖 12 刑终第 11 号；福建省安溪县人民法院刑事判决书，(2017)闽 0524 刑初第 361 号；辽宁省开原市人民法院刑事判决书，(2017)辽 1282 刑初第 107 号；辽宁省大连市中级人民法院刑事判决书，(2016)辽 02 刑终第 493 号；浙江省海宁市人民法院刑事判决书，(2016)浙 0481 刑初第 658 号；内蒙古自治区鄂尔多斯市人民法院刑事判决书，(2016)内 0602 刑初第 714 号；天津市河北区人民法院刑事判决书，(2016)津 0105 刑初 292 号等。

〔32〕 参见张明楷：《共犯的本质——“共同”的含义》，载《政治与法律》2017 年第 4 期。

概念,对间接正犯进行解构。与此相对,现实生活中却的确存在利用他人实施犯罪的情形,且无法按照共犯处理。那么,在当下的刑法理论以及司法实践中,究竟有无必要保留间接正犯的概念呢?可见,间接正犯概念的存在必要性问题,是本书亟待阐明的首要问题。

二、间接正犯的正犯性

事实上,所有否定间接正犯概念的见解,均未否定现实生活中存在利用他人实行犯罪的现象及其可罚性,而只是否定将其作为正犯追究责任或者在单一制正犯体系之下将其以与直接正犯无差别的正犯论处。可见,否定间接正犯的观点,实质上基本是在否定间接正犯独立的正犯性。除了否定间接正犯的见解,即便是支持间接正犯的学者,对间接正犯的研究也深受“间接正犯的非共犯性”传统理论的影响。但是,现在限制从属性说也已经取代极端从属性说处于通说地位,对正犯的理解已经不必限定为行为人亲手直接实施构成要件行为的情形。对间接正犯的研究思路必须摆脱“非共犯性”的桎梏,从正面积极地研究其“正犯性”才是正确的做法。

现在,认为间接正犯是正犯类型的观点,已经成为通说。[33]虽然“间接正犯是区别于教唆犯、帮助犯的犯罪参与类型,其正犯性具有解释论上的正当性”这一观点已经在主张间接正犯具有存在必要性的学者中达成共识,但其正犯性的论证却一直是学者们深受困扰的难题。围绕该问题,从最早的工具说到现在基本占通说地位的犯罪事实支配理论,整个过程发展出来的各种学说众说纷纭,有必要对其中有代表性的学说进行梳理。一方面可以展现犯罪事实支配理论的相对优越性,另一方面也可以通过对其他学

〔33〕 参见马克昌主编:《犯罪通论》,武汉大学出版社 1999 年版,第 546 页。

说的评析,从中借鉴其精华从而进一步完善犯罪事实支配理论。另外,对间接正犯的正犯性理论的深入研究,也将为间接正犯的具体判断打下坚实的理论基础和指导方向。因此,间接正犯的正犯性,也是本书即将重点展开讨论的问题之一,以期对间接正犯的其他问题有所裨益。

三、间接正犯的规范判断

按照犯罪事实支配理论,正犯是“在实现符合行为构成的行为实施过程中的核心人物”,[34]因而,在客观上其必须对整个犯罪事实具有支配作用。然而,尽管犯罪事实支配理论为界分间接正犯和共犯提供了较为有效的指导性标准,但“正犯是构成要件实现的核心人物”“正犯具有犯罪事实支配性”之类的说法具有相当的抽象性,毕竟只是正犯性判断的一个指导性的原则,只能作为一种抽象的标准。因此,明确间接正犯的正犯本质,并为间接正犯的成立范围提供一个明确的、具可操作性的标准,在间接正犯理论体系的构建以及司法实践的操作层面均具有重要意义。

虽然我国刑法理论在间接正犯的研究上取得了很多成果,但理论的精细化程度显然不够,这一状况与间接正犯在司法实践中的地位明显不符。

例如,妻子甲与丈夫乙感情不和,唆使自己12岁的女儿在乙食用的饭菜中下毒,致乙死亡。在审判过程中,有观点认为,由于甲与自己的女儿无法成立共同犯罪,因而甲应当成立传授犯罪方法罪,然而,该罪的法定刑较故意杀人罪明显轻得多,但却很难说甲行为的不法程度低于直接杀人的不法程度,因而以传授犯罪方法罪论处必然会导致放纵犯罪的不当结果。最终,法院仍然认定

---

〔34〕 [德]克劳斯·罗克辛:《德国刑法学总论——犯罪行为的特别表现形式》,王世洲等译,法律出版社2013年版,第10页。

甲成立故意杀人罪，理由在于：本案中，依据当时的刑法，实际执行者不具有刑事责任能力，幕后操纵者和实际执行者不成立共同犯罪，因而甲是故意杀人罪的间接正犯。[35]

从上例可见，一方面，间接正犯理论在司法实践中对正确认定犯罪及合理量刑均起到不可或缺的作用。另一方面，也反映出间接正犯理论研究依然相对薄弱。从该案的审理过程可以看出，法院采取的是"非教唆犯即间接正犯"的陈旧思路，即只有当行为人无法成立教唆犯，但认定他罪或无罪却又明显罪刑不均衡时，间接正犯作为无奈之选，化解了罪与罚之间的矛盾。这显然与当今间接正犯是独立正犯之观念不相符合。

究其原因，很大程度上在于我国近年来对间接正犯理论进行正面、深入的研究依然不足，相关研究的程度已经不能满足司法实践走向更加精细化的迫切需要。毋庸置疑的是，犯罪事实支配理论所奠定的"对实现构成要件全部事实的掌控即为正犯"的基础原理是妥当的，但它却是极具抽象的指导原则，而不是间接正犯判断规则本身。如果不进一步明确犯罪支配原理下的具体判断规则或标准，则不能真正解决间接正犯的规范判断问题。因此，对间接正犯的研究，不可止步于其正犯理论的选择上，而应在此基础上明确一套具可操作性的判断规则，如此才能避免使间接正犯沦为一个空洞的概念。

四、间接正犯的成立范围

明确了间接正犯的规范判断规则，紧接着就要讨论间接正犯的成立范围，这其实也是间接正犯的分类。

一方面，因为我国实体法上没有关于间接正犯的明文规定，因

---

〔35〕 参见南英、张军主编：《刑事审判参考》（第5辑），法律出版社2001年版，第75页。

而间接正犯的成立范围便不能像德国司法实践中认定得那么宽泛,不能因为某些行为在构造上与德国刑法规定的间接正犯存在相似性,便将其纳入间接正犯的范畴中。换言之,不能过分扩张间接正犯的适用,否则便有违罪刑法定原则。

另一方面,间接正犯与共犯,尤其是与教唆犯的区分一直是正犯与共犯问题中的首要难点,这一点在间接正犯成立之初便已注定,因为间接正犯概念正是从教唆犯中分离出来的。间接正犯理论的完善以及间接正犯判断标准的明确,最终都要回归到司法实践中接受检验,否则便是毫无意义的纸上谈兵。因此,间接正犯的成立范围如何界定,即什么样的行为成立间接正犯、什么样的行为成立其他类型的正犯或者狭义的共犯,便是研究间接正犯问题的重中之重,也是本书最终的落脚点。

第三节 本书的研究方法与结构

一、本书的研究方法

本书将围绕大陆法系的刑法规定和刑法理论展开深入论述,之所以如此,主要基于以下考虑:

第一,我国刑法沿袭了大陆法系刑法,这就决定中国刑法学的研究路径必须借鉴大陆法系的刑法理论。自 1911 年《大清新刑律》开始,我国刑法才逐渐从中华法系刑法跨入近现代大陆法系刑法行列。作为大陆法系刑法理论的沿袭者,就理论渊源而言,必须追溯到德国早期的刑法学理论。同时,日本和我国台湾地区同样作为大陆刑法理论的沿袭者,尤其是日本刑法学界,除了对传统理论的延续之外,更是发展出适应本土国情、文化的刑法理论,而我国与日本在法律渊源与社会生活上均有着相似的背景，因而将日本刑法作为比较研究对象也是学界通常的做法。这一历史情况，决定了我国刑法理论研究的主要比较对象是大陆法系的刑法理论。[36]

第二，在间接正犯问题上，英美刑法的研究价值相对有限。英美刑法中存在与间接正犯类似的一个概念——无罪代理人(Innocent Agent)或无辜工具制度(Innocent Instrumentality)，这是指行为人利用非人类之工具或者利用不负刑事责任之人去实施犯罪的情形。例如，利用自家的狗(非人类之工具)去偷邻居家的报纸，或者指使幼童(不负刑事责任之人)盗窃邻居家中花园的玫瑰等情形，幕后操纵者应当承担一级主犯的责任。[37] 然而，在大陆法系的刑法理论中，利用非人类之工具实施犯罪的原本就被认为是行为人亲自直接实施犯罪，但英美刑法却将其区别于行为人亲自实施犯罪的情形。大陆法系的间接正犯的范围，不止于利用不负刑事责任之人，当实际执行者存在过失甚至具有犯罪故意时，也存在成立间接正犯的可能性。也就是说，间接正犯概念的范围远大于英美刑法无罪代理人的范畴。

另外，有关无罪代理人或者无辜工具制度的概念和理论，英美法理论自身并不清晰，亦缺乏体系性的研究，而且法院在什么条件下适用该原则也并不总是确定的。[38] 最早，无罪代理人制度在立法上并没有明确的规定，只是在司法实践中承担着填补立法空隙的作用，该原则在一系列案件中被逐渐确立，但却并未被坚定的遵

---

〔36〕 参见张鹏：《中止犯自动性研究》，法律出版社 2013 年版，第 3 页。

〔37〕 See G. Larry Mays, Jeremy Ball, Laura Fidelie, *Criminal Law Core Concepts*, Wolter Kluwer, 2013, p. 68.

〔38〕 有关这一点，近来英美法系刑法学者同样也逐渐倾向于与大陆法系德国的间接正犯制度进行比较研究。参见[美]乔治·弗莱彻：《反思刑法》，邓子滨译，华夏出版社 2008 年版，第 482 页以下。

循,因为其特征及范围的界定都缺乏立法的明示以及司法权威的解释,在适用上十分混乱。甚至在一些十分相似的案件中,有人认为是无罪代理的典型适例,而有人却认为无法适用该制度,因此,该制度被戏称为"尤为微妙的制度"。[39] 如今,虽然立法上出现了关于无罪代理人的规定,但其成立范围却较为有限。例如,《美国模范刑法典》第2.06条第2款第(a)项规定,引起不知情或者不负刑事责任的他人实施行为,并且行为人具备成立犯罪所需的可责性时,应将他人行为在法律上归责于行为人。[40] 这里规定的两种情形都属于我国间接正犯的讨论范畴。

第三,如前所述,从学说史上看,间接正犯最早发端于德国古典犯罪论体系背景之下,用于填补限制正犯概念再加上极端从属性原则之下产生的处罚漏洞。从间接正犯概念的提出至今,间接正犯的范围和地位也逐渐发生着演变,但可以肯定的是,这一演变过程均发生于大陆法系刑法理论的土壤之中,与大陆法系犯罪论体系的发展以及犯罪论体系之下的共犯理论尤其是从属性程度的变化具有极为密切的联系。换言之,间接正犯的概念是大陆法系刑法理论的产物,故而对其研究离不开对大陆法系刑法相关理论的比较和参考。

二、本书的基本结构

本书对间接正犯的研究分为六个主体部分(第二章至第七章)。

本书第二章论证了间接正犯概念的存在必要性。本章梳理了学术界目前对间接正犯理论存在的一些质疑,包括基于共犯独立

---

〔39〕 See George Fletcher, *Rethinking of Criminal Law*, Little Brown and Company, 1978, p. 639.

〔40〕 参见美国法学会:《美国模范刑法典及其评注》,刘仁文、王祎等译,法律出版社2005年版,第33页。

性说否定间接正犯的观点、基于单一制正犯体系否定间接正犯的观点以及基于区分制正犯体系否定间接正犯的观点。针对各种否定论的观点，本书将进行详细的检讨与回应，明确间接正犯在我国刑法理论以及司法实践中不可或缺的地位。

本书第三章主要就间接正犯的概念、特征，以及间接正犯与其他犯罪类型的区别等基本问题进行阐述。厘清间接正犯的概念是间接正犯研究的前提，以往学者们对其概念的界定可谓众说纷纭，采取的表达方式也各不相同，因此本章首先明确了间接正犯的概念，在此基础上又对其特征进行了阐述，紧接着讨论了间接正犯与其他犯罪类型之间的区别。

本书第四章主要聚焦间接正犯的正犯性问题。有关间接正犯的正犯理论，学说史上众说纷纭，本章从间接正犯的众多理论中探寻出学说之间的联系，以不同的视角对其重新分类，就各类学说的内容及合理性进行了详细的评述，并阐明本书的观点。

本书第五章以间接正犯的规范判断规则为核心内容。在第四章的基础上，本章就间接正犯的具体判断构建了从形式到实质的规则架构，形式判断主要讨论了如何进行构成要件符合性的判断，但具备了形式要件尚不能直接肯定幕后操纵者成立间接正犯，而应进入到有无"支配"的实质判断阶段。实质判断则按照"通过强制的支配"和"基于认知优越地位的支配"这一分类，为抽象的"意志支配"理论细化出具体的标准。

本书第六章主要讨论了间接正犯的成立范围。本书采取了以实际执行者的犯罪成立要件作为划分标准的分类方式，包括实际执行者欠缺构成要件该当性的情形，实际执行者欠缺违法性的情形以及实际执行者欠缺责任的情形。在此基础上，对每类情形划分了更加具体的小类，具体讨论各类间接正犯的成立条件及相互之间的界分标准。另外，本章对德国刑法语境下的"正犯后正犯"概念做了简要介绍，并分析了其在我国刑法语境中的实践意义。

本书第七章主要研究间接正犯的实行着手与终了。关于间接正犯的实行着手,以往学说往往落脚在幕后操纵者利用行为的起点或终点,或者实际执行者行为的起点,但间接正犯的表现类型是复杂多样的,着手的时点不能局限于某个确定的点。另外,目前有关实行终了的观点亦未形成统一,本章主要就此展开研究。

第二章　间接正犯概念的必要性

一直以来,间接正犯在我国刑法理论与司法实践中,都具有重要地位。然而,近年来一些学者对间接正犯概念提出了诸多质疑,并认为其在现有的刑法理论中已经丧失了存在的必要性,进而主张对间接正犯进行解构(下文称为“否定说”)。“否定说”的理由何在?这些理由是否合理?间接正犯真的丧失了其在刑法理论中的重要地位吗?为了夯实间接正犯的存在必要性,本章先就相关的理论前提进行评述,在此基础上再就不同类型“否定说”的基本理由进行回应。

第一节　基础理论简述

一、犯罪共同说与行为共同说

犯罪共同说与行为共同说是共犯的本质问题,背后所涉及的核心问题是,共同犯罪(主要是共同正犯)的成立,是否要求以符合同一犯罪构成为前提。换言之,复数行为人的行为,在哪些犯罪成立要素一致的情况下才成立共同犯罪?

犯罪共同说以古典犯罪论为基础，认为共同犯罪系数人共同实施特定的犯罪事实，也就是说，数行为人只能就完全相同的犯罪成立共同犯罪。例如，甲具有牟利目的，唆使没有牟利目的的乙传播淫秽物品。犯罪共同说的学者认为，由于乙不具有牟利目的，甲、乙二人触犯了不同的罪名，因而无法成立共同犯罪，只能以单独犯分别处罚。因为，犯罪共同说要求二人以上具有共同的犯罪故意，但就间接正犯而言，由于幕后操纵者与实际执行者之间通常缺乏共同的犯罪故意，且实际执行者最终往往并不成立犯罪，二者之间不可能成立共犯关系，因而持犯罪共同说的学者通常认为，间接正犯是与共同犯罪相对立的犯罪类型。

行为共同说是目前刑法理论的通说。按照该说，共同犯罪是指多数人共同实施了行为，而非共同实施相同的犯罪，主观上也就不要求行为人必须具有相同的犯罪故意，只要具备共同实施行为的意思联络即可。在行为共同说的基础上，有的学者认为利用不知情或者无责任能力之人实施犯罪，对二者之间成立共同犯罪（特别是教唆犯）并无影响，因而并不需要间接正犯的概念；[1]另有学者认为，间接正犯与共同犯罪属于不同的犯罪类型，有着本质的差别，二者似乎存在交叉的现象，也是因为对于自身界定不够明确而产生的问题，但并不能因此将二者混同，或者使间接正犯的全部情形囊括在共同犯罪之中。正确的做法应当是致力于清晰地界定间接正犯的成立范围，以区别于共同犯罪，罚当其罪。

本书主张行为共同说。共同犯罪仅是针对不法层面而言，共同犯罪中的“犯罪”首先是指不法层面上的犯罪，而完全意义上的犯罪必须包含符合构成要件的不法和责任两个层面。换言之，共同犯罪是指数人共同实施了刑法上符合构成要件的不法行为，而不是共同实施相同的犯罪。行为共同说要求数人行为的构成要件

---

〔1〕 参见林维：《间接正犯研究》，中国政法大学出版社1998年版，第23页。

之重要部分共同，各共犯人在自己的责任限度内承担责任即可，故而能够更加科学、合理地认定共同犯罪，并不会扩大处罚范围。同时，间接正犯与共同犯罪既有联系也有区别，并不会因为主张行为共同说即放弃对间接正犯的认可。因而，行为共同说是本书对间接正犯展开研究的基础理论之一。

二、共犯从属性说与共犯独立性说

从学说史上看，由于刑法对共犯的规定并不明确，涉及共犯从属性的问题，理论上经常把它与间接正犯的成立范围放在一起讨论，即对间接正犯的成立范围，可以从对教唆犯的成立范围的界限角度反向加以考量。另外，教唆或者帮助行为自身的法益侵害危险远低于作为正犯行为的法益侵害危险，其行为往往与具体的犯罪行为连在一起同时存在。这就产生了共犯的（实行）从属性问题。对此，学说上存在共犯从属性说与共犯独立性说之间的对立。

共犯从属性说是客观主义刑法理论的立场。该说认为，共犯的成立至少要求正犯实施了符合构成要件的行为。按照这一观点，即便实施了教唆、帮助行为，但尚未达到可罚的违法性程度，还要求被教唆者、被帮助者实施了犯罪行为。按照从属程度的强弱，存在四种不同的学说，而不同程度的共犯从属性对间接正犯的态度也是不一样的。（1）最小从属性说。该说认为，只要正犯实施了符合构成要件的行为，便可成立共犯，即纯粹的实行从属性。与共犯独立性一样，并不承认间接正犯具有独立的功能和意义，将其解构于教唆犯或者从犯之中。（2）限制从属性说。该说认为，正犯行为必须符合构成要件并且违法时，才能成立共犯。该说一般将间接正犯的一部分包含于共犯概念之中，比如承认阻却违法的间接正犯。（3）极端从属性说。该说认为，正犯行为必须完全具备构成要件符合性、违法性和有责性时，才能成立共犯。但依照此说，对于教唆、帮助无责任能力者的行为均无法适用共犯的规定加以处罚，为弥补该处罚漏洞并能够将此种情形按照正犯处罚，才创设了间接正犯的概念。(4)夸张从属性说。该说认为，正犯行为除了满足构成要件符合性、违法性以及有责性之外，还必须具备特定的处罚条件时，共犯才可能成立，又称最极端从属性说。该说在间接正犯问题上的结论与极端从属性说相一致。因此，共犯从属性说最早均认为间接正犯只是技术上用来弥补处罚漏洞的概念，是共犯的补充，其成立范围在于不能成立共犯的多数人犯罪的情形。[2]

共犯独立性说是近代主观主义刑法学的立场。该说认为，"共犯是各行为人固有的反社会性的表现，不论教唆犯的教唆行为或从犯的帮助行为，无一不是行为人固有的反社会性的流露，因而教唆犯或帮助犯的犯罪是独立的，并非从属于正犯而成立"。[3]共犯独立性说的理论基础首先是犯罪表征说，即当行为人确定地表征出犯意的外部行为，就是实行行为。因为教唆行为本身也是法益侵害之犯意的表征，因而也属于实行行为，教唆行为的着手就是实行行为的着手，共犯的处罚根据也独立于正犯的处罚根据。例如，牧野英一教授指出："犯罪是犯罪人恶性的表现，所以那些认为'犯罪是从属于他人的犯罪而成立'的观点便没有意义。教唆犯与从犯，因其固有的反社会性(故意或过失)表现于外，则必须说是基于其教唆或帮助行为本身而产生责任。"[4]这种见解，将行为人性格的反社会性作为共犯和正犯共同的处罚根据，共犯行为是实行行为的一种，如此一来，正犯和共犯之间便丧失了区别的意义。根据共犯独立性说的观点，共犯的犯罪性及可罚性是离开正犯的犯罪性和可罚性独立论定的，因而被共犯从属性说解释为

[2] 参见林维：《间接正犯研究》，中国政法大学出版社1998年版，第26页。

[3] 马克昌：《比较刑法原理——外国刑法学总论》，武汉大学出版社2012年版，第603页。

[4] [日]牧野英一：《日本刑法》(上卷)，有斐阁1939年版，第411页。

间接正犯的场合,按照共犯独立性说则都可以按照共犯或正犯处理,结局无疑是不再需要间接正犯的概念了。

本书采取共犯从属性说中限制从属性说的立场,认为共犯的处罚根据在于其通过正犯间接地侵害了法益,共犯的违法性来自共犯行为自身的违法性以及正犯行为的违法性,因此,正犯必须实施了符合构成要件的不法行为,只要共犯没有违法阻却事由,就必须肯定共犯的行为也是违法的。采取限制从属性说,并不会导致完全不需要间接正犯的结果,当然对于间接正犯的认定,尤其是在与其结构相似的教唆犯的区分问题上也并无实质意义的帮助,但该理论依然是本书开展间接正犯研究的基本立场之一。

第二节 基于共犯独立性说的否定说

持共犯独立性说立场的学者认为,利用他人实施犯罪的场合应当全部包含于共犯之中,自然就不需要间接正犯的概念。理由是,共犯的处罚根据在于其教唆行为或帮助行为本身,因此,通常被共犯从属性说认为是间接正犯的情形,都可以通过正犯或共犯加以解决,而无需间接正犯概念。〔5〕 从主观主义出发提倡共犯独立性说的观点认为,区分教唆犯与间接正犯是错误地混淆了事物的性质,是没用的讨论。〔6〕“因为犯罪不过是个人表现出自己的危险性格,教唆或帮助无责任能力人或者无犯罪意思人的行为实施犯罪的,就是通常意义的共犯,自应按共犯负责,丝毫没有承认

〔5〕 参见[日]大塚仁:《刑法概说(总论)》,有斐阁2008年版,第159页。

〔6〕 参见[日]牧野英一:《日本刑法》(上卷),有斐阁2001年重订版,第461~466页。

间接正犯必要。”[7]但是,本书并不赞同共犯独立性说的否定说的观点。

虽然共犯独立性说有其可取之处,比如“它强调教唆犯必须对教唆行为本身负刑事责任的观点,批判共犯对正犯完全从属性的见解,都有其合理的内核,应当予以肯定”。[8] 但在本书看来,共犯具备完全独立性的观点在我国的刑法语境下并不妥当。

第一,共犯独立性说将行为人的危险性格作为刑罚处罚的根据,认为当危险性格表露于外时便可以对行为人施予刑罚,这种主观主义的刑法理论不仅容易造成认定犯罪的恣意性,而且不符合刑法的谦抑性原则。正如陈子平教授所言:共犯独立性说之立场,“系以主观主义(近代学派)刑法思想为根底,着重行为人反社会危险性(恶性),此‘恶性’不仅为衡量刑罚轻重之标准,更左右犯罪之成立。惟此种立场却产生下列疑义:其一,为何不就刑法上之所有犯罪而却仅就教唆犯、从犯强调其‘恶性’? 其二,‘恶性’本身带有极端主观不确定性,如何认定‘恶性’之存在,实在有困难。其三,若因此而以社会伦理做为‘恶性’之衡量,更导致法与伦理(道德)之混同”。[9] 换言之,在共犯的成立问题上,共犯独立性说可能过于扩大了共犯的刑事责任范围,不符合刑法谦抑性的原理。例如,根据共犯独立性说,即便正犯者并未着手犯罪,甚至他人拒绝接受教唆或帮助的,教唆、帮助之人也要因其表现于外的反社会性而承担刑事责任。然而,当行为人的行为并未在客观上造成对法益的侵害或者侵害危险时,不能对其予以刑罚处罚。

---

[7] 陈家林:《外国刑法理论的思潮与流变》,中国人民公安大学出版社 2017 年版,第 528 页。

[8] 马克昌:《比较刑法原理:外国刑法学总论》,武汉大学出版社 2012 年版,第 605 页。

[9] 陈子平:《论教唆犯、从犯规定之独立性与从属性》,载蔡墩铭主编:《刑法争议问题研究》,台北,五南图书出版公司 1999 年版,第 314 页。

与主观主义刑法立场相对,“刑法客观主义的立场,使得判断有依托,且判定标准明确,符合现代法治国家的价值取向,因此,成为主流的刑法学思潮”。[10] 当行为没有对社会造成可以从外观上观察的实害或者危险时,便不能作为犯罪处理,这是现今处于通说地位的客观主义刑法立场的基本观点之一,以主观主义刑法理论为根基的共犯独立性说显然与现代刑法观相违背。

第二,共犯独立性说不符合我国刑法关于共同犯罪的规定。例如,《刑法》第 27 条第 1 款规定:“在共同犯罪中起次要或者辅助作用的,是从犯。”第 28 条规定:“对于被胁迫参加犯罪的,应当按照他的犯罪情节减轻处罚或者免除处罚。”根据上述规定,可以得出以下结论:(1)起辅助作用的从犯,就是帮助;(2)帮助犯既可能是从犯,也可能是胁从犯,亦即,如果被胁迫实施帮助行为的,虽然也是帮助犯,但应认定为胁从犯;(3)从犯与胁从犯只能存在于共同犯罪中。因为起辅助作用的帮助犯是“在共同犯罪中”起作用,而不是独立地起作用;胁从犯是被胁迫参加犯罪,而不是被胁迫独立地犯罪。显然,帮助犯只能存在于另有正犯的共同犯罪中,而不是可能独立构成犯罪。“再者,如果说对帮助犯也采取独立性说,那么,当被帮助的人没有犯罪时,对帮助犯也应当以犯罪未遂论处;而当被帮助的人只是实施了预备行为时,帮助犯是犯罪未遂,而被帮助的人是犯罪预备。这是不可思议的。所以,在主张教唆犯独立性说的情况下,不管是主张帮助犯从属性说还是独立性说,都存在疑问。”[11]

第三,共犯独立性说忽视了教唆犯、帮助犯在客观上对正犯存在一定程度的从属性。可以肯定的是,共犯的处罚根据与单独正

[10] 周光权:《刑法客观主义与方法论》,法律出版社 2013 年版,第 24 页。

[11] 张明楷:《论教唆犯的性质》,载陈兴良主编:《刑事法评论》第 21 卷,北京大学出版社 2007 年版,第 85 页。

犯的处罚根据是一样的，单独正犯的处罚根据在于行为侵害或者威胁了法益，共犯的处罚根据同样只能是侵害或者威胁了法益。如果没有产生作为处罚根据的法益侵害、危险，也就没有产生使刑法的介入、禁止（共犯处罚）正当化的事态。〔12〕共犯是通过正犯实现法益侵害的行为为实现构成要件结果提供引起或者帮助条件的行为类型，正犯是否实施构成要件行为直接决定了被教唆者和被帮助者对法益的侵害危险之有无。换言之，在正犯着手实行之前，共犯法益侵害危险的实现依然存在正犯是否实施犯罪行为这一障碍，共犯只有通过借助正犯才可能对法益起到间接的侵害危险，并且这种危险的实现也全部依赖于正犯的行为。因此，共犯特别是帮助犯在一定程度上对正犯具有从属性。例如，甲在乙实施盗窃之际，为乙提供了万能钥匙，使乙的盗窃行为得以顺利完成，乙成立盗窃罪，甲成立盗窃罪（既遂）的帮助犯；倘若乙并未着手实施盗窃行为，乙属于盗窃的预备，则甲也只是承担盗窃预备之帮助的责任；当乙着手实行盗窃却未得逞时，乙承担盗窃（未遂）的责任，甲也因此承担盗窃（未遂）之帮助的责任。显然，甲的行为性质的认定与直接实施者乙的正犯行为存在一定的从属关系。“否认共犯对正犯的这种从属性，也就是否认作为社会现象的共同犯罪的这种实际情况；并且不顾共犯者从属于正犯的不同情况而产生的差别，一律让教唆犯或从犯独立负责，就不可能贯彻罪刑相适应的原则，而只能导致司法专横。”〔13〕

总体来说，目前德日主张共犯独立性说的学者很少，国内绝大多数学者也都支持共犯从属性的观点，“如果不采用从属性说而采用独立性说，会导致处罚单位的扩大。而且这种处罚范围在很

〔12〕参见［日］山口厚：《刑法总论》，付立庆译，中国人民大学出版社2018年版，第326页。

〔13〕马克昌：《比较刑法原理：外国刑法学总论》，武汉大学出版社2012年版，第605页。

大程度上是一种道德上的、伦理上的处罚,和法律意义上的处罚距离较远。在刑法上处罚一种行为,一定是因为这种行为造成了法益的侵害或者法益侵害的危险。二次责任类型(共犯类型)是一个间接的责任类型,只有通过实行者的行为才能够对法益进行侵害,在正犯没有实行的前提下而承认其可罚性,实际上是在对一种离法益侵害相当远的行为予以处罚,这和刑法谦抑性相违背,和结果无价值立场相违背。所以只要不采取行为无价值的一元论,只要不认为一个人主观的危险时对其加以处罚的依据,就应当放弃共犯的独立性,肯定共犯的从属性"。〔14〕

就间接正犯而言,有论者基于共犯独立性说的立场,认为采取限制从属性说将会使对间接正犯的处理无所适从,"如果正犯的行为并非不法,那么正犯背后的行为人,无论是教唆犯、帮助犯或抑或是间接正犯,都无从附丽与正犯,从而不构成犯罪。但问题在于,通说一方面强调从属性,一方面又独立处罚间接正犯。从逻辑上来说,间接正犯概念证明了一个原则:不法必须就个人的情形独立判断,不法的判断是根本无法从属的"。〔15〕然而,该观点并不具有合理性。间接正犯是正犯,而从属性以及违法的连带都是就共犯而言的,与间接正犯无关。从下文可知,实际执行者的行为违法并非幕后操纵者间接正犯性的基础,换言之,即便实际执行者行为是合法的,幕后操纵者依然存在成立间接正犯的余地。因为间接正犯是独立的正犯,并不具有从属于实际执行者的特征。通过正犯(间接正犯)论证共犯原理的不妥当性,显然存在明显的逻辑错误。

持共犯独立性说的论者还认为,"限制从属性说直接导致的

---

〔14〕付立庆:《刑法总论》,法律出版社2020年版,第312页。

〔15〕陈文昊、郭自力:《从正犯化的向度看共犯独立性的刑事政策意涵》,载《辽宁行政学院学报》2016年第8期。

问题是，原本极端从属性说下认定为间接正犯的部分得以松动，因此，如何区分教唆犯与间接正犯的问题亟待解决。例如，行为人唆使未成年人盗窃的，根据极端从属性说成立间接正犯无可非议，但在限制从属性说的范式之下，应当如何根据被唆使者的年龄界分教唆犯与间接正犯，成为一个问题”。[16] 不可否认，如何区分教唆犯与间接正犯的确是亟待解决的问题，但鉴于前述共犯独立性说的根本缺陷，虽然坚持共犯从属性说面临如何判断间接正犯的成立范围这一研究课题，但毋宁说是在坚持了正确立场的前提下，对具体问题的进一步探究。换言之，不能因为间接正犯的范围存在认定上的困难，即放弃对其基础理论——共犯从属性以及间接正犯概念的坚持。本书仍然坚持共犯从属性的立场，并将间接正犯的成立范围作为本书研究的重要内容。

因此，共犯独立性说在我国的刑法语境下并不可取，而且以共犯独立性说为基础的间接正犯否定说之理论基础并不具有合理性。

第三节　基于单一制正犯体系和区分制正犯体系的否定说

一、单一制正犯体系与区分制正犯体系

如前所述，当多数人共同参与同一犯罪时，应当如何确定个别参与人的刑事责任范围，即刑法理论中所谓的“犯罪参与理论”。

---

〔16〕 陈文昊、郭自力：《从正犯化的向度看共犯独立性的形事政策意涵》，载《辽宁行政学院学报》2016 年第 8 期。

详言之,多数人参与同一犯罪行为,各参与人的行为对法益侵害结果(危险)所起的作用必然不同,因而其不法程度以及刑事责任范围也会存在相应的区别,应当予以区别对待,这是罪刑相适应原则的必然结论。围绕这一问题,大陆法系的犯罪参与理论发展出单一制正犯体系和区分制正犯体系的对立。鉴于此内容并非本书中心论点,但又是本书展开论述的前提,因此下文仅就二者区别作简单介绍。

区分制正犯体系,“是指在法律条文之中,不仅就犯罪之成立在概念上区分为‘正犯’和‘共犯’(教唆犯和帮助犯),而且在刑罚评价上对两者也加以区分的体系”;单一制正犯体系,“是指将所有共同参与犯罪实行的人均视为正犯,对于各个参与者,根据其参与的程度和性质来量刑,或者形式上虽承认犯罪参与形态的区别,但其区别作用仅限于量刑体系”。〔17〕 两者的主要区别在于:其一,各参与者的身份归属不同。单一制正犯体系并不区分正犯与共犯,认为凡是参与犯罪行为的均为正犯,据此,教唆犯、帮助犯本质上即为正犯;区分制正犯体系区分正犯与共犯,共犯是从属于正犯的犯罪参与类型。其二,各参与者的刑事责任不同。单一制正犯体系认为,刑法分则为所有正犯确立了统一的法定刑,至于责任的轻重则委由法官根据具体个案来确定;区分制正犯体系认为,正犯是各参与人定罪量刑的中心人物,共犯比照正犯之刑处罚。德日以及我国刑法学界通说都采取区分制度,学说上对于正犯、共犯的讨论也都是以区分制正犯体系为基础展开的。“然而,采取哪一种制度只是一个反射表象,背后有其根本的核心思考:应该如何理解刑法上的‘行为人’概念,也就是对于‘谁才是刑法所要处罚

---

〔17〕 江溯:《单一正犯体系研究》,载陈兴良主编:《刑事法评论》第24卷,北京大学出版社2009年版,第402、403页。

的对象'这个问题的回答。"[18]简言之,即如何理解刑法上"正犯"的概念。对此,学理上存在限制正犯概念与扩张正犯概念的对立。通常认为,单一制正犯体系源于扩张的正犯概念,而区分制正犯体系则是以限制正犯概念为基础。[19]

扩张的正犯概念以因果理论为基础,凡是造成或者引起法益侵害结果的人都是正犯,亦即只要与法益侵害结果具有因果关系,就是刑法处罚的对象,就是正犯。若刑法上对教唆犯、帮助犯另有规定,也只是一种"限缩刑罚事由"。据此立场,间接正犯、教唆犯、帮助犯都是引起构成要件结果实现之行为人,即使刑法上没有例外的规定,他们本来就是正犯,都具有刑法上的处罚根据。扩张的正犯概念试图以更松弛的方式对所有与构成要件结果存在因果关系的行为均不作区分,换言之,该说认为在归责层面,所有参与犯罪的行为类型之间并无本质差异,在造成法益侵害结果这一点上是相同的,不存在区别意义。

与扩张的正犯概念相对,形式的限制正犯概念认为,原则上,以自己的身体动静直接实施构成要件该当行为的是正犯,经由他人实施的构成要件该当行为从而引起构成要件结果之人均为共犯。可罚行为原本仅限于正犯行为,但刑法例外地处罚教唆犯和帮助犯,此即"刑罚扩张事由",也因此必须讨论共犯的处罚根据。据此,正犯仅指亲手实行犯罪这种过于形式化的理解,将间接正犯排除在正犯类型之外,因为在间接正犯的情况下,行为人是通过他人(而非亲自)来实现该当构成要件的,而在共同正犯场合,行为人可能仅实施了构成要件的一部分,甚至仅参与了犯罪的共谋。如此形式化的理解使得对正犯的理解太过狭窄,不仅在立法上与

---

〔18〕 蔡圣伟:《论间接正犯概念内涵的演变》,载陈兴良主编:《刑事法评论》第21卷,北京大学出版社2007年版,第52页。

〔19〕 参见许玉秀:《刑法的问题与对策》,春风煦日论坛1999年版,第6页。

采取区分制正犯体系国家的刑法规定不相一致，而且使间接正犯、共同正犯被划入共犯的类型中，导致刑罚处罚上的不均衡。

为弥补过于形式化的理解造成的缺陷，早期形式客观理论影响下的限制正犯概念逐渐走向更为实质的解释，此时正犯的成立不再要求必须亲自实现该当构成要件，而是包含了那些“在实体意义上，满足行为构成的还有那些使用其他方式控制着行为构成实现的人”。[20] 限制正犯概念的实质化发展直接影响了间接正犯的认定，详言之，正犯的成立不必以亲手实施构成要件该当行为为必要，利用他人之手但控制着构成要件行为和法益侵害结果实现之人亦属于正犯的范畴，即所谓实质—客观的限制正犯概念。如此一来，间接正犯的正犯性问题便迎刃而解。

站在扩张正犯概念的立场，有学者认为，无论是直接支配了法益侵害结果的实现，还是通过他人支配这一结果，仅仅是现象的描述，间接正犯的概念和规定只具有教学上的说明功能，并不具备任何规范上的意义；[21] 另外有学者认为，限制正犯理论存在诸多弱点，间接正犯概念的存在只会使基于限制正犯概念构建的犯罪参与体系自相矛盾，相反，依照扩张的正犯概念，间接正犯自然是正犯，也就不再需要间接正犯这一概念。[22]

本书坚持实质—客观的限制正犯概念立场，限制的正犯概念

---

〔20〕 [德]克劳斯·罗克辛：《德国刑法学总论——犯罪行为的特别表现形式》，王世洲等译，法律出版社2013年版，第15页。

〔21〕 参见黄荣坚：《刑罚的极限》，台北，元照出版公司1999年版，第266、284页以下。基于此，持扩张正犯概念的学者认为，即使在立法上明确规定了间接正犯（如《德国刑法》第25条第1款），也并非在直接正犯之外创设另一种犯罪类型，而仅是宣示，只要行为人能够使用任何一种方式实现构成要件该当事实，则行为人即属构成要件该当。

〔22〕 参见阎二鹏：《论间接正犯概念的消解》，载《法学论坛》2011年第4期；阎二鹏：《扩张正犯概念体系的建构——兼评对限制正犯概念的反思性检讨》，载《中国法学》2009年第3期。

虽然面临肯定间接正犯概念的难题，但扩张的正犯概念同样面临解释现行法中的共犯形式等难题。主张扩张正犯概念的学者，一方面采用构成要件理论，另一方面却又抛弃了构成要件概念的特殊性、类型性意义，让它消失在通常条件说的因果关系之中，这是在最重要一点上埋没了构成要件概念的意义。正如小野清一郎教授所言，限定的正犯概念不但是构成要件理论的正统思想，而且也是必需的要素。[23] 事实上，即便是主张限制的正犯概念，刑法理论也可以妥善地解决间接正犯这一理论难题。

二、基于单一制正犯体系的否定说

基于单一制正犯体系否定说的逻辑理由如下：间接正犯与处于通说地位的以限制正犯概念为基础的区分制正犯体系不相协调。这是因为，实质的限制正犯概念事实上已经从根本上脱离了早期限制正犯概念的核心——构成要件该当，并且与通说的区分制正犯体系自相矛盾。同时，限制正犯概念正在向扩张的正犯概念靠拢，因而主张直接采用以扩张的正犯概念为基础的单一制正犯体系；在单一制正犯体系下，凡是对不法构成要件在事实上有贡献者，而无须根据贡献程度区分各种参与形态，均应视为正犯，间接正犯当然是正犯，也就不必特别存在间接正犯这一概念了。

例如，刘明祥教授认为："扩张的正犯概念以与结果具有条件关系的行为全部等价这种条件说为前提，认为直接或者间接引起结果发生或与结果具有条件关系的行为，都是正犯行为，仅有根据法律特别将其排除在正犯之外的，才例外地成为共犯。因此，间接正犯的正犯性论证当然没有必要，间接正犯概念并无存在价值。""作为区分制体系中正犯的一种类型的间接正犯，即与共犯相对

〔23〕 参见［日］小野清一郎：《犯罪构成要件理论》，王泰译，中国人民公安大学出版社2004年版，第160页。

并与之有质的差异的间接正犯,在单一正犯体系中是不可能存在的。道理很简单,在单一正犯体系中,'所有行为主体在参与形式上,均为等价'。也就是说,无论是实施实行行为、教唆行为还是帮助行为者,都是等价的行为主体,不存在谁是核心人物、谁是依附(从属)者的问题。"〔24〕又如,阎二鹏教授也认为:"在扩张正犯概念下,刑法所关心的只是行为人是否支配了法益侵害的实现,至于是直接支配还是利用他人间接支配了此一法益侵害,都只是对现象的描述,而没有规范意义,间接正犯与直接正犯在'支配'的观念下一样,没有区分的必要。"〔25〕

在本书看来,基于单一制正犯体系的否定说之理由并非妥当,而且单一制正犯体系自身存在诸多局限性和不合理性,基于我国的刑法理论以及司法实践,仍然应当维持区分制正犯体系的立场。

第一,从实定法的角度看,我国刑法并未采取单一制正犯体系。

刘明祥教授认为,我国刑法采取的是单一制正犯体系,并提出两点理由,有必要展开讨论。

其一,刘明祥教授指出,区分制正犯体系的特点在于,"正犯实行了犯罪,共犯才可能构成犯罪;'对于正犯的处罚要重于教唆犯,对于教唆犯的处罚要重于帮助犯'……但在我国,正犯即便是未实行犯罪,共犯也仍然有可能构成犯罪。就教唆犯而言,我国刑法典第29条第2款明文规定,'如果被教唆的人没有犯被教唆的罪',对教唆犯也还要定罪处罚。这就意味着共犯的定罪不具有从属于正犯的特性"。〔26〕 换言之,刘明祥教授以我国《刑法》第29

〔24〕 刘明祥:《间接正犯概念之否定——单一正犯体系的视角》,载《法学研究》2015年第6期。

〔25〕 阎二鹏:《论间接正犯概念的消解》,载《法学论坛》2011年第4期。

〔26〕 刘明祥:《间接正犯概念之否定——单一正犯体系的视角》,载《法学研究》2015年第6期。

条第 2 款关于教唆犯的规定为依据，认为上述规定表明即便被教唆的人没有着手实施被教唆的罪时，对教唆犯也要定罪处罚，这就意味着共犯的认定并不具有从属于正犯的特征，而区分制正犯体系的最大特点是把正犯摆在定罪与处罚的核心位置，共犯则处于从属或依附的位置。[27]

然而，这是基于刑法主观主义立场对《刑法》第 29 条第 2 款其中一种字面含义的理解。任何一个法条的表述都可以存在多种字面含义，在对一个表述可以得出多种解释结论时，其中任何一种解释结论本身并不能成为解释理由。基于客观主义的立场，完全可能将"被教唆的人没有犯被教唆的罪"解释为"被教唆的人没有犯被教唆的既遂罪"或"被教唆的人没有犯罪既遂"，[28] 即被教唆者接受教唆且已经着手实行却没有达到犯罪既遂的情形。只有这样解释，才符合刑法保护法益的目的，避免陷入刑法主观主义的立场。如此一来，上述规定与共犯从属性说中的限制从属性理论完全可以协调，共犯的处罚以正犯的着手为必要，便可以反过来论证我国刑法确立了共犯依附于正犯的处罚原则，这与区分制正犯体系是一致的。概言之，在一个法律规定具有两种解释可能性的情况下，仅将其中的一种解释结论作为单一制正犯体系的法律根据，明显存在疑问。

其二，刘明祥教授指出："采取区分制国家的刑法，大多会对正犯与教唆犯特别是帮助犯的定罪与处罚做出明文规定。而我国刑法有关共同犯罪的规定中，并没有出现'正犯'（或'实行犯'）、'帮助犯'的概念，也没有出现与区分制的'正犯'具有相同或相似

---

〔27〕 参见刘明祥：《论中国特色的犯罪参与体系》，载《中国法学》2013 年第 6 期。

〔28〕 参见张明楷：《刑法学》，法律出版社 2021 年版，第 555 页；周光权：《"被教唆的人没有犯被教唆的罪"之理解——兼与刘明祥教授商榷》，载《法学研究》2013 年第 4 期。

含义的概念。"[29]刘明祥教授据此认为,我国刑法采取了单一制正犯体系。但本书并不认同这样的理由。

首先,刑法是否明确使用"正犯""帮助犯"等用语仅仅是一种极为形式化的判断标准,刑法没有直接使用上述用语并不能表明我国刑法不存在正犯或者帮助犯。换言之,刑法总则没有使用"正犯"这一概念,正是因为分则规定的均为正犯。"正犯"概念如同"构成要件"概念,刑法总则虽然没有使用"构成要件"一词,但刑法分则事实上明文规定了各种犯罪的构成要件。因此,刑法事实上规定了构成要件,不能否认构成要件概念。倘若因为刑法没有规定"正犯"概念即否认刑法规定了正犯的话,那么,单一制正犯体系也不可能是正当的。因为在单一制正犯体系下,为法益侵害结果设定条件的均为正犯,既然我国刑法中未有"正犯"这一概念,便也就无所谓单一制正犯体系。显然"否定说"的这一理由不可能成立。

其次,我国刑法实际上对某些共犯类型作了规定,或者说,即便刑法未明确表述的共犯类型,实则也包含在刑法总则的规定之中。例如,《刑法》第29条明确使用了"教唆犯"的表述;又如,我国现行刑法中虽未明文使用"帮助犯"这一用语,但《刑法》第27条对从犯的规定实际上包含了两类,即"在共同犯罪中起次要作用"的从犯和"在共同犯罪中起辅助作用"的从犯,其中"在共同犯罪中起辅助作用"的从犯所指就是帮助犯,只是没有使用帮助犯的概念而已。[30] 当然有学者对此存有质疑,认为"除了帮助犯的帮助行为发挥的作用属于'辅助作用'之外,也不排除有实行犯(正犯)或教唆犯在共同犯罪中发挥的仅仅只是辅助作用的情形,所以不能将二者完全等同。况且,在共同犯罪中,还有极少数实施

---

〔29〕 刘明祥:《论中国特色的犯罪参与体系》,载《中国法学》2013年第6期。

〔30〕 参见黎宏:《刑法学总论》,法律出版社2016年版,第289页。

帮助行为的帮助犯,有可能并非起辅助作用,而是起主要作用,应被认定为主犯”。[31] 然而,当实行犯或者教唆犯起辅助作用时,根据实质正犯论中的犯罪事实支配原理,该实行犯和教唆犯都属于“在共同犯罪中起次要作用”的从犯;反之,倘若某种形式上的“帮助行为”实际上对犯罪起到了支配作用,便不再属于《刑法》第27条规定的从犯,而应按照第26条的规定以主犯论处。退一步说,即使存在否定说所讲的上述情形,也不能否认《刑法》第27条规定的起辅助作用的绝大多数情形属于帮助犯。同样,对部分实行犯与教唆犯适用从犯的处罚规则,也不意味着刑法没有规定正犯、教唆犯与帮助犯。所以,前述质疑并不妥当,换言之,《刑法》第27条实则包含了“帮助犯”的规定。

再次,刑法分则有不少将狭义共犯(帮助犯、教唆犯)规定为正犯的情形,包括帮助犯的正犯化与教唆犯的正犯化。[32] 例如,明知他人实施强迫劳动行为,为其招募、运送人员或者有其他协助强迫他人劳动行为的,原本属于强迫劳动罪的帮助犯,但刑法分则第244条第2款将其规定为正犯,此即帮助犯的正犯化(至少在量刑上进行了正犯化)。在这样的场合,招募、运送人员等帮助行为不再以总则关于帮助犯的规定处罚,而是直接按照第244条的规定定罪量刑。如果采取单一的正犯体系,就意味着《刑法》第244条第2款的规定是多余的。反之,《刑法》之所以设置第244条第2款,就是因为其第1款规定的仅限于正犯,而不包括帮助犯。又如,《刑法》第104条第2款将胁迫、勾引、收买国家机关工作人员进行武装叛乱或者武装暴乱的人不再以教唆犯论处,而直接以武装叛乱、暴乱罪的正犯定罪量刑,即使被胁迫、勾引、收买的国家机关工作人员没有实施武装叛乱、暴乱行为的,对教唆者也应以该罪

---

〔31〕 刘明祥:《论中国特色的犯罪参与体系》,载《中国法学》2013年第6期。

〔32〕 参见张明楷:《刑法学》,法律出版社2021年版,第573页。

论处。其第 1 款规定的是正犯，否则，第 2 款的规定就没有存在的必要性。但是，“这并不意味着帮助犯的正犯化采取了共犯独立性说，而是原本的帮助行为已经被提升为正犯行为，故不需要存在另外的正犯即可成立犯罪（而且成立的是正犯）”。[33] 总之，刑法分则某些条文特别对帮助犯或者教唆犯作为正犯规定本身即足以说明帮助犯、教唆犯并非正犯，否则刑法分则不会有帮助犯、教唆犯正犯化的规定。这充分说明，单一制正犯体系缺乏刑法上的根据。反之，帮助犯、教唆犯正犯化的规定，说明我国刑法实际上区分了正犯与帮助犯、教唆犯，因而与区分制正犯体系相一致。

最后，单一制正犯体系将所有犯罪参与人等同视之，既然是同等看待，由此带来的是要不要同等处罚的问题。如果对所有参与人同等处罚，显然不符合我国刑法的规定；如果不同等处罚，则表明犯罪参与人实则并不一样，因为刑罚是法律后果，法律后果不一样的话，作为后果的前提一定不一样。如此看来，不论单一制正犯体系对所有“正犯”如何量刑，都是不符合刑法的规定或者无法自圆其说的。倘若主张对所有犯罪参与人同等看待，并适用相同的法定刑，则显然与我国立法并不一致。如基于单一制正犯体系的学者认为，“在我国，对各个共同犯罪人也都是适用相同的法定刑来量刑，不存在共犯与正犯适用不同法定刑的问题，也不存在以正犯的法定刑作为处罚基准，对共犯予以从轻或减轻处罚的规定”。[34] 然而，我国《刑法》第 27 条第 2 款规定，“对于从犯，应当从轻、减轻处罚或者免除处罚”；第 28 条规定：对于胁从犯“应当按照他的犯罪情节减轻处罚或者免除处罚”；第 29 条对教唆犯也特别规定了“按照他在共同犯罪中所起的作用处罚”的原则。可见，刑法首先对犯罪参与的不同类型作了明确区分，并且对除正犯

---

〔33〕 张明楷：《论帮助信息网络犯罪活动罪》，载《政治与法律》2016 年第 2 期。
〔34〕 刘明祥：《论中国特色的犯罪参与体系》，载《中国法学》2013 年第 6 期。

以外的犯罪参与类型均规定了较正犯更轻的法定刑。即便是对于教唆犯，虽然根据其在共同犯罪中的作用可以按照正犯的刑罚处罚，也可按照从犯减轻处罚，但就存在被评价为从犯进而减轻处罚的可能而言，其依然属于轻于正犯的犯罪类型。也就是说，从刑事责任轻重不同的安排可以推导出，立法上已明确对各种犯罪参与类型作了区分，这也符合区分制正犯体系的应有之意。反之，若采取单一制正犯体系，对正犯、教唆犯、帮助犯不作区分，均适用相同的法定刑，则有违罪刑法定原则之嫌。

倘若对所有犯罪参与人区别量刑，则又与单一制体系的基本主张相矛盾。如基于单一制正犯体系的学者认为，"根据我国刑法规定，在具体量定刑罚时，对各个共同犯罪人要根据其参与的程度和性质，确定其在共同犯罪中发挥作用的大小，分别认定为主犯、从犯或者胁从犯，给予轻重不同的刑罚，其充分体现区别对待的刑事政策精神"。〔35〕 换言之，根据单一制正犯体系的基本观点，所有参与人均为正犯，在参与形态上并不区分不法的轻重，而到了量刑阶段则要根据参与人的参与程度和性质区别量刑。如此逻辑，并不是自洽的。因为量刑的基础在于各行为人有责的不法程度，倘若量刑上有区别则必然表明各参与人行为的不法程度并不相同，既然如此，为何要在不法层面认为所有参与者没有差别呢？这显然不符合逻辑。

总之，我国刑法虽然没有直接使用"正犯""帮助犯"的概念，但是从刑法总则关于教唆犯、从犯、胁从犯（通说认为后两者是帮助犯）的规定可以推出，我国刑法对正犯与狭义的共犯作了区分。单一制最明显的特征在于，其并不区分犯罪参与人的身份归属，只要是为构成要件结果的实现赋予条件者，均为正犯。然而根据我国刑法关于共同犯罪的规定，仍然是依照共犯人在共同犯罪中所

---

〔35〕 刘明祥：《论中国特色的犯罪参与体系》，载《中国法学》2013 年第 6 期。

起的作用，首先区分出主犯、从犯、胁从犯等犯罪参与类型，然后根据总则的规定对各种参与类型处以不同的刑事责任，对犯罪参与类型的区分所做的努力，正是出于不同的犯罪参与类型的责任程度、范围，因其对法益侵害结果的实现所起的作用不同而有所区别的考虑，可见，我国刑法中的共犯模式是与区分制正犯体系相吻合的。因此，并不能以我国刑法中没有采用“主犯”“帮助犯”的表述来否认区分制正犯体系。

第二，单一制正犯体系损害了构成要件明确性的要求，有违罪刑法定主义之嫌。

罪刑法定主义原则是近代刑法的基本原则之一，是法治思想在刑法中最直接的体现，从中可以推导出刑法保障国民行动自由的重要机能。“刑罚法规的内容必须清晰明确，必须让国民容易理解，这也是罪刑法定主义的实质性内容。”〔36〕这就要求行为人的行为只有符合刑法分则明示的构成要件行为类型时，才可能成立犯罪。然而，根据单一制正犯论的观点，构成要件的该当被简单地抽象为因果关系的存在，教唆行为、帮助行为与构成要件的该当行为对法益侵害结果的发生均具有条件意义上等价的因果性，均为不法程度相同的正犯行为，从而对教唆犯、帮助犯就可以直接根据刑法分则的规定定罪量刑，甚至对教唆未遂与帮助未遂也要按照正犯未遂处罚。但是，为什么不同的犯罪参与形式在不法程度与责任程度上却可以成立相等的正犯，这是单一制正犯体系无法回避的根本性问题。

其一，在解释论上，将具备因果关系等同于满足了构成要件该当性，显然不符合构成要件明确性的要求，而且“法益与实行行为的表述越抽象——在公众法益时这种诱惑首先就很大——各种参

---

〔36〕［日］西田典之：《日本刑法总论》，王昭武、刘明祥译，法律出版社2013年版，第44页。

加人形式之间的差别就越模糊。这种对制度有害的、对法治国有危险的发展，必须加以坚决的抵制”。[37] 众所周知，构成要件本质上揭示了行为的客观方面，其中包括了行为人的身份、行为方式、行为结果等多个要素，行为与法益侵害结果之间具有因果关系，仅仅是判断行为是否该当于构成要件的因素之一，没有因果关系即无法将结果归责于行为人，也就无法成立犯罪。分则的构成要件是该罪不法行为的类型化表达，而与实行行为相比较，教唆行为、帮助行为无法体现构成要件行为的特征，显然是不同于前者的类型。例如，甲直接用砍刀杀死被害人的行为与乙明知甲要砍人依然将砍刀借给甲的行为在行为类型上具有明显的差异，很难说乙出借刀的行为是符合故意杀人罪构成要件的行为。另外，这种用行为与结果的因果性替代构成要件符合性的做法，也极大地挑战了民众的朴素法感情。暂且不论法律专业人士的态度，普通民众也很难将提供杀人工具的行为等同于杀人行为、望风的行为等同于实施盗窃的行为、起哄的行为等同于实施斗殴的行为等。

其二，刑法分则对各罪的构成要件作了具体的规定，因而正犯的行为一般具有定型性，即使定型性较差的，但核心依然很清晰，司法实践对正犯行为也容易认定。但是，教唆行为与帮助行为却缺乏定型性，可谓无边无际。如果采取单一制正犯体系，就必然导致教唆犯、帮助犯的处罚范围不明确。例如，杀人罪的场合，杀害他人的正犯行为很容易认定，而对杀人的帮助的范围却是无边无际的，即究竟哪些行为是杀人的帮助行为很难划定一个清晰的范围。司法机关现在之所以没有扩大帮助犯的认定范围，是因为司法机关在以正犯为中心判断帮助犯的成立与否。如果说帮助犯也

---

〔37〕［德］克劳斯·罗克辛：《德国刑法学总论——犯罪行为的特别表现形式》，王世洲等译，法律出版社2013年版，第10页。

是正犯，那么，对帮助犯的再帮助行为，又成为正犯行为。结局不仅导致帮助犯的范围无边无际，而且导致正犯的范围无边无际。又如，盗窃罪的场合，将他人占有的财物转移给自己或者第三人占有是盗窃的正犯行为，但盗窃罪的帮助行为却缺乏定型性，将被害人的家庭住址告诉行为人的属于帮助盗窃，将盗窃工具提供给行为人的也是帮助，鼓励行为人实施盗窃的同样是帮助。但这样说是以正犯实施了盗窃行为为前提的，如果没有实施将他人占有的财物转移给自己或者第三人占有这一正犯行为，我们不可能认定告知地址、提供工具等行为就是盗窃罪的帮助行为。这反过来说明，将帮助行为当作正犯行为，必然导致正犯行为漫无边际，盗窃罪的构成要件就会完全丧失定型性。

第三，单一制正犯体系一方面存在无限扩张刑事可罚性范围的危险，另一方面又有可能造成对身份犯的处罚障碍。

其一，单一制正犯体系将因果性等价于构成要件该当性的实现，将因果关系的起点作为可罚性的根据，不仅不对构成要件行为作类型上的限制，而且认为教唆未遂和帮助未遂本身即是可罚的，这无疑会扩大刑事可罚行为的范围。例如，甲教唆乙射杀丙，虽然乙产生了杀人决意，但在进一步行动之前又放弃了实行。在这种情形下，区分制正犯体系认为，既然乙仅仅是产生了犯意，还未着手实行，那么甲和乙均不成立犯罪。与此不同，根据单一制正犯体系的观点，甲对乙的教唆即为甲的杀人实行行为的着手，于是甲成立杀人未遂，乙因为并未着手、也未实施预备行为而不成立犯罪。但是，这样的结论显然令人难以接受。单一制正犯体系认为，实行的从属性和从属性程度在单一制正犯体系下完全不会出现，[38]但倘若不承认不法的连带，很难想象不借助正犯实施符合构成要件

[38]　参见江溯：《单一正犯体系研究》，载陈兴良主编：《刑事法评论》第24卷，北京大学出版社2009年版，第417页。

的行为而单凭教唆行为和帮助行为会对法益造成多么紧迫的危险。另外,虽然教唆行为和帮助行为也属于"间接行为",但又不具有传统理论中的间接正犯那样对正犯行为及法益侵害结果的支配力,根本无法达到正犯的不法程度,因此,其只能依附于正犯。教唆行为和帮助行为对法益的侵害本来就是间接的,对法益侵害的加工也只能借助正犯行为来实现,而在教唆未遂和帮助未遂的场合,其行为本身根本就不具有对法益侵害进行加功的可能,甚至很难说有侵害法益的紧迫危险,因此也就不存在刑罚的根据。显然,单一制正犯体系不当地扩大了刑事可罚行为的范围。

如前所述,当正犯实施了将他人占有的财物转移给自己或者第三人占有的构成要件行为时,我们才可以认定,将被害人的家庭住址告诉行为人的行为、将开门的钥匙提供给行为人的行为、鼓励行为人进入他人住宅盗窃的行为,都是盗窃罪的帮助行为。但是,如果采取单一制正犯体系,就意味着离开了正犯行为时上述行为也是盗窃的正犯行为。于是,我们日常生活中的许多行为都成为符合构成要件的正犯行为,这必然导致处罚范围的无限扩大,造成国民行为的萎缩,不利于保障国民的自由。

其二,单一制正犯体系会造成身份犯的处罚漏洞。身份犯的身份是构成要件要素,在身份犯的场合,如果行为人不具备这样的身份就无法充足构成要件该当性,也就不可能成立正犯。但是,根据单一制正犯体系,所有的教唆犯和帮助犯均是正犯,他们必须具备正犯的构成要件要素。于是,贪污罪、受贿罪等身份犯的教唆犯和帮助犯也必须具备国家工作人员的身份。但是,这样的结论很难令人信服。例如,国家工作人员甲利用职务之便挪用公款时,其前妻乙(国家工作人员)帮其制作了虚假的账目,二人无疑成立挪用公款罪的共犯,甲为正犯,乙为帮助犯。后甲乙离婚,甲再次挪用本单位公款时,其妻子丙(非国家工作人员)同样帮助甲制作了虚假账目。按照单一制正犯体系所主张的不法层面相互独立的观点，丙因不具备身份而不成立挪用公款罪的帮助犯。显然，要解决这样的处罚障碍，单一制正犯体系在身份犯的场合就只能放弃不法相互独立的观点，承认不具备身份者与身份者共同参与犯罪时，有身份者的不法可以连带至无身份者，最终所有参与者均成立相关犯罪。如此，则造成了单一制正犯体系内部的不协调。因此，为了既维护单一制正犯体系的完整性，同时又解决身份犯的处罚障碍问题，单一制正犯体系试图从解释论的角度来消除二者的矛盾，认为并不是“将特别犯（身份犯——作者按）的不法归责于非特别犯，而是根据非特别犯自己实现的不法来判断其是否成立特别犯”，〔39〕也就是说非身份犯的不法并不是来自身份犯的不法，而是非身份犯因为参与到身份犯的不法并与后者一起实现法益侵害结果从而实现了身份犯的不法。但这样的逻辑很难说是严密的，因为人们很容易就会产生“为什么非身份犯仅仅是参与到身份犯的行为中就会实现与身份犯相同的不法，而这种不法并非因身份犯的不法连带所致”这样的困惑。单一制正犯体系若不承认身份犯不法的连带，则很难仅从解释论上弥补这样的处罚漏洞。

第四，单一制正犯体系只是将构成要件层面的难题，推到量刑层面去解决。

单一制正犯体系看似化解了正犯与共犯区分这一难题，但事实上只是将区分制正犯体系下试图解决的构成要件层面的种种难题，全部推给法官在量刑层面去处理。“将各种参与的程度委于法官来评价，而法官在量刑时仍然必须考虑参与的种类和重要性，这与法治国家的思想相矛盾。”〔40〕换言之，单一制消解了构成要件层面犯罪参与类型的区分，而力图在量刑层面实现刑罚的个别化。

---

〔39〕 江溯：《关于单一正犯体系的若干辩驳》，载《当代法学》2011年第5期。

〔40〕 ［日］高桥则夫：《共犯体系和共犯理论》，冯军、毛乃纯译，中国人民大学出版社2010年版，第16页。

基于单一制正犯体系的否定论之核心论点是,“间接正犯概念是为弥补区分制的缺陷而提出的,但它没有也不可能从根本上解决问题,反而冲击了区分制的根基,使相关问题变得更为复杂,引发了更多的争论。然而,按我国刑法的相关规定和单一制正犯体系,在数人参与犯罪的场合,采取与单个人犯罪相同的定罪规则,即根据每个参与者自己实施的行为及其主观心理状态,确定其是否构成犯罪,而不考虑其他参与者参与的情况;对构成犯罪的参与者予以处罚时,则根据其参与行为的性质和程度,主要看其对整个犯罪及危害结果的发生起了何种作用,从而依法给予轻重适当的处罚。按这样的方式处理案件,既符合定罪处罚的基本原理,又不违背我国刑法的相关规定,并且易于操作执行”。〔41〕还有学者指出:“统一正犯概念最大的优势在于能够避免参与类型区分上的困难。二元参与体系纠缠于此,投入数代刑法学家们的艰辛努力,不仅无法最终解决问题,反使参与论部分沦为刑法理论上的‘黑暗之章’……二元架构无力区分正犯与狭义的共犯,而且这一区分也并无实务上的实益。”〔42〕

然而,不论采取何种理论体系,均须妥善解决犯罪参与者法律规制上存在的两个基本问题:一是解决构成要件行为的范围,也就是什么样的行为才是刑法分则规范规制对象的问题;二是解决各参与行为的量刑问题,根据各参与者的不法和罪责对之进行合理的量刑以实现刑罚个别化的问题。无论是单一制正犯体系抑或区分制正犯体系,都是解释者在实定法之外(当然,从解释论的角度,两套理论均可以在实定法上找到支持自己理论的依据)创设的用于解决上述两个问题的工具。主张单一制正犯体系的学者通

〔41〕 刘明祥:《间接正犯概念之否定——单一正犯体系的视角》,载《法学研究》2015年第6期。

〔42〕 刘洪:《我国刑法共犯参与体系性质探讨——从统一正犯视野》,载《政法学刊》2007年第4期。

常仅仅将关注点聚焦在单一制在构成要件符合性的判断层面所具有的“简单操作优势”上，同时也仅止于此，而对转移到量刑阶段的核心问题，即刑罚的个别化问题，并未设置细致的标准。但无论如何，法官依然要确定各参与人的参与类型和责任程度，再依照不同犯罪类型的法定刑加以处罚，最终的结果只能是将正犯与共犯的区分后置到规范标准缺失的量刑领域，由法官作出自由裁量。但是，“这种做法会导致法的不安全，并且导向在刑法中已经不再认为是正当的法官决定主义”，[43] 更重要的是，就我国目前司法实践中运用的粗糙的量刑体系而言，很难做到不同案件行为人之间的量刑均衡以及个案中不同类型参与人的罪责刑相适应。

第五，具体问题的解决上，单一制正犯体系并未体现出其优越性。

基于单一制正犯体系对间接正犯采取否定论的学者认为，采用德、日间接正犯概念，不仅不能合理解决我国与之相关的问题，在处理有关案件时还存在明显的弊病。例如，不具有国家工作人员身份的妻子乙，胁迫具有国家工作人员身份的丈夫甲受贿，并且乙负责收受行贿者提供的财物的情形（以下简称“无身份妻子胁迫有身份丈夫受贿案”）。基于单一制正犯体系的否定论者认为，依照德、日刑法关于间接正犯的规定，采取区分制正犯体系，对甲应认定为受贿罪的间接正犯，乙为受贿罪的帮助犯，且正犯就是主犯，帮助犯就是从犯，对甲的处罚就会重于乙，那就意味着将共同犯罪中起主要作用的人认定为从犯，起次要作用的人却认定为主犯，这明显违反我国刑法有关主、从犯的规定。[44]

---

〔43〕［德］克劳斯·罗克辛：《德国刑法学总论——犯罪行为的特别表现形式》，王世洲等译，法律出版社 2013 年版，第 22 页。

〔44〕参见刘明祥：《间接正犯概念之否定——单一正犯体系的视角》，载《法学研究》2015 年第 6 期。

然而,上述理由难以得到认同。以上论证隐含着一个前提,即论者是以德、日的间接正犯理论在我国刑法的语境下加以解读的,这显然存在逻辑上的不妥。更为重要的是,论者的上述观点其实是对区分制正犯体系的一种误读;按照区分制正犯体系的相关理论,对上述问题完全可以进行妥善解决。详言之,根据区分制正犯体系下的共犯理论,共同犯罪是不法形态,不法是指行为该当构成要件且违法。在多数人参与犯罪时,首先,要判断参与人中谁的行为该当了某罪的构成要件,再判断法益侵害结果的发生与哪些参与人的行为具有因果关系;其次,分别按照各参与人的责任,判断甲、乙各自成立什么罪名;最后,按照我国刑法关于主犯、从犯、胁从犯、教唆犯的处罚原则分别量刑。〔45〕依照上述思路,在上例中,首先,需要肯定的是甲的行为符合受贿罪的构成要件且违法,在不法层面成立受贿罪。其次,可以明显判断出乙的行为对甲行为造成的法益侵害结果具有贡献,根据限制从属性原则,只要正犯行为具备构成要件该当且违法,即可成立不法层面的共犯。因此,乙的行为在不法层面成立受贿罪的共犯。最后,根据教唆犯与帮助犯的成立条件很容易判断乙的行为成立教唆犯,即故意唆使并引起了甲实施符合受贿罪构成要件的不法行为。根据我国《刑法》第29条关于教唆犯的规定,乙的行为成立受贿罪的教唆犯,按照其在共同犯罪中所起的作用处罚。如果认为乙在共同受贿中起主要作用,依然可以不从轻或减轻处罚。由此可见,区分制正犯体系下的共犯理论完全可以非常合理地解决上述问题。另外值得一提的是,这类案件不适用间接正犯的理论不足以作为消解间接正犯概念的理由,换言之,正如本书第一章所言,间接正犯的适用范围确实需要限制,但现实生活中也的确存在需要利用间接正犯理论去解决的问题。

---

〔45〕　参见张明楷:《共同犯罪的认定方法》,载《法学研究》2014年第3期。

相反,单一制正犯体系对“无身份妻子胁迫有身份丈夫受贿案”的处理方式却并不周延。上述论者给出的解决方案是:“将上述妻子乙胁迫丈夫甲受贿的案件认定为双方构成共同犯罪,因乙在共同犯罪中起主要作用而将其定为主犯,甲起次要作用而将其定为从犯,对乙的处罚重于甲,这完全符合情理和我国刑法的规定。”〔46〕然而,这样的说理在逻辑上并不严密,而且只要案情稍加改动便会出现明显漏洞。首先,论者并未说明甲、乙二人为什么能够成立共同犯罪?妻子乙能否认定为受贿罪?若能,妻子欠缺国家工作人员这一身份要素该如何解释?若不能,乙又成立什么罪名?其次,论者并不承认共同犯罪是不法形态,认为共同犯罪的成立要求共同参与人具有相同故意,并认为实行行为、教唆行为以及帮助行为均属符合构成要件的行为。如此扩张地解释分则构成要件存在诸多弊端,前文已作批判,此处姑且不提,即便是按照这样的扩张解释,即妻子乙的行为与甲受贿的法益侵害结果具有因果关系,因而乙的教唆行为具备受贿罪的构成要件符合性,可是,当甲因乙的胁迫欠缺期待可能性时,按照上述学者的观点,因甲、乙二人并不成立共同犯罪,故对乙只能按照单独受贿罪处罚,但乙又不具备受贿罪的身份要件,因而不成立受贿罪,又该怎么办?如此便造成这样的窘境:乙的行为不能以受贿罪定罪,但却要依受贿罪的法定刑量刑,或者乙干脆不成立任何犯罪因而也不会受到任何刑事处罚。然而,即便丈夫甲不具有责任,也不会影响区分制正犯体系下对妻子乙的行为认定,因为共犯是违法形态,违法是连带的,而责任却是个别的。最后,论者认为具有国家工作人员身份的丈夫只成立从犯这一结论,也不一定具有合理性。因为受贿罪侵害的是职务行为的不可收买性,如果仅有妻子的行为,无论如何都

---

〔46〕 刘明祥:《间接正犯概念之否定——单一正犯体系的视角》,载《法学研究》2015 年第 6 期。

不可能侵害这一法益。即使丈夫只是同意收受贿赂,但在国民看来,正是丈夫出卖了国家工作人员的职务行为。在对职务行为的不可收买性的侵害这一点上,仍然是作为国家工作人员的丈夫起着关键性作用,所以,丈夫不可能成为从犯。单一制正犯体系单纯根据参与人的身体动作等得出的主、从犯结论,未必是妥当的。

就单一制正犯体系而言,姑且不论其自身固有的缺陷,虽然看似在构成要件的层面避免了在犯罪参与类型的区分上耗费精力,但也仅限于此。因为,最后单一制对犯罪参与者之量刑,还是要回到区分制正犯体系在构成要件层面所做的努力上。"区分"工作的后置不仅未能从实质上解决区分制下的问题,另外还制造了刑事可罚行为范围的扩张等新的问题,可谓既不经济又无功能意义的一种路径。犯罪参与理论并非孤立、抽象的存在,与其相关的还涉及正犯概念理论、共犯理论、未遂理论、刑罚理论等一系列基本理论,作为基础的犯罪参与理论可谓对整个刑法理论体系具有牵一发而动全身的影响。整个刑法理论就如同一个必须处处运行正常并且整体协调的庞大机器,犯罪参与理论仅仅是巨型机器的一部分,作为整体的一部分,首先要保证自身的正常运转,更重要的是有利于维持或者至少不影响机器整体的机能。在没有构建周全的、细致的、相应的其他理论时,切不可贸然撼动基础理论,否则很可能导致整个机器的运转发生紊乱。

总而言之,倘若立足于单一制正犯体系,的确没有间接正犯概念存在的必要,然而,概念的解构并非理论研究的目的,更不代表着问题的终结。与区分制正犯体系相比,单一制正犯体系自身具有不可忽视的缺陷,而且其在涉及间接正犯的处理上也并不存在任何实质优势。因此,基于单一制正犯体系的否定论并不是妥当的观点。

三、基于区分制正犯体系的否定说

基于区分制正犯体系否定论的基本立场是,在维持区分制正犯体系的基础上，坚持以限制的正犯概念和共犯从属性原则为前提，将传统上利用间接正犯理论解决的问题全部分流到狭义的共犯或者直接正犯等领域，从而达到消解间接正犯概念的目的。基于区分制正犯体系的否定说大抵包括两种途径，第一种途径是“严格保持限制的正犯概念，将共犯的从属性缓和为从属于正犯者符合构成要件的违法行为，采用所谓限制从属形态等主张扩张地承认共犯概念的扩张的共犯论，将相当于间接正犯的全部情形消解于狭义的共犯之中”。〔47〕第二种途径是“在立足于客观主义刑法观的行为共同说和限制从属性论之下，没有间接正犯存在的余地；原本作为间接正犯处理的案件可以分流到教唆犯、帮助犯、直接正犯或者共同正犯中进行处理”。〔48〕总体来说，基于区分制正犯体系的否定说，无非是将原本属于间接正犯的情形，分流到狭义的共犯、共同正犯或者直接正犯中加以解决。但是，本书并不认同这类否定说的见解。

（一）基于区分制正犯体系的否定说之论证方法

持否定说的学者认为，“在立足于客观主义刑法观的行为共同说和限制从属性论之下，没有间接正犯存在的余地；原本作为间接正犯处理的案件可以分流到教唆犯、帮助犯、直接正犯或者共同正犯中进行处理”。〔49〕换言之，否定论者主张将原本属于间接正犯的情形消解于其他犯罪类型之中。但在本书看来，否定说在方法论上就存在缺陷。

第一，事实上，不可能将所有的间接正犯均归入其他类型的共犯人中，否定说只是列举了部分现象，而没有也不可能列举出全部

---

〔47〕［日］大塚仁：《刑法概说（总论）》，有斐阁2008年版，第159页。

〔48〕黎宏、姚培培：《间接正犯概念不必存在》，载《中国刑事法杂志》2014年第4期。

〔49〕黎宏、姚培培：《间接正犯概念不必存在》，载《中国刑事法杂志》2014年第4期。

现象。例如,持否定说的学者指出:“原来的‘间接正犯’类型行为可还原为共犯形态进行处理。具体而言,利用无责任能力者的场合、利用他人的错误的场合、利用他人的合法行为的场合、强制支配行为场合,幕后行为人应按教唆犯论处。”〔50〕姑且不论将这些间接正犯以教唆犯论处是否妥当,但众所周知的是,间接正犯并不限于这几种类型。这是因为,从利用方式来说,凡是通过欺骗、强制等方法支配他人实施构成要件行为的,都是间接正犯。〔51〕从实际执行者的角度来说,在实际执行者的行为欠缺构成要件符合性、违法性与有责性中的任何一个要素的场合,幕后操纵者都可能成立间接正犯。〔52〕另外,实际执行者不仅包括第三者,而且包括被害人。所以,仅举少数或者部分案例,说明间接正犯可以按教唆犯或者直接正犯、共同正犯论处,在方法论上就不能被接受。例如,强制被害人自杀、自伤、毁坏自己财物的行为,属于间接正犯,但不可能按教唆犯处理,也不可能归入直接正犯与共同正犯。

第二,承认间接正犯概念的必要性,并不意味着将教唆犯当作间接正犯处理。即使持否定说的学者论证某种行为属于教唆犯而不是间接正犯,也不能成为否定间接正犯概念的理由。例如,持否定说的学者举例指出,甲唆使A对B实施杀人的不法侵害,但甲内心真实的想法是利用B的反击杀死A,结果果然是B的正当防卫行为杀死了A。对于这种利用他人合法行为的情形,否定说的学者指出,很难认为B的正当防卫行为是甲的杀人工具,如果实际执行者的行为合法,那么利用合法行为的行为也就是合法的,就

---

〔50〕张永江、成波:《论间接正犯概念之消解》,载《湘江法律评论》2016年第1期。

〔51〕参见[德]克劳斯·罗克辛:《德国刑法学总论——犯罪行为的特别表现形式》,王世洲等译,法律出版社2013年版,第20页以下。

〔52〕参见[德]乌尔斯·金德霍伊泽尔:《刑法总论教科书》,蔡桂生译,北京大学出版社2015年版,第411页以下。

甲教唆A杀害B来说,应使其承担针对B的故意杀人罪未遂的教唆犯的罪责,而并不成立利用B反击致A死亡的间接正犯。[53] 本书也赞成这样的结论,因为在上例中,很难说甲的唆使行为支配了B反击导致A死亡的整个犯罪事实,换言之,甲此时不具有正犯性,因而不能成立故意杀人罪的间接正犯。由于甲教唆A对B实施杀害的不法侵害行为,故甲只能成立对A的故意杀人罪的教唆犯。对间接正犯概念持肯定态度的其他学者,也认为甲仅对A成立故意杀人罪的教唆犯。[54] 显然,论证教唆犯不属于间接正犯,并不能否认间接正犯概念。进一步来说,即使承认上述甲的行为不成立间接正犯,也不意味着利用正当化事由的行为都不成立间接正犯。例如,张三通过指认现行犯的方式,利用司法人员拘禁他人。由于司法人员的行为并不违法,所以,必须认定张三的行为属于间接正犯。[55] 因为张三的行为不可能成立教唆犯、帮助犯与直接正犯、共同正犯。很显然,否认部分间接正犯不意味着否认全部间接正犯。

第三,即使可以将间接正犯分流到教唆犯、帮助犯、直接正犯或者共同正犯中,也不意味着否定说具有合理性。这是因为,教唆犯、帮助犯、直接正犯或者共同正犯都是共同犯罪中的犯罪形态或者广义的共犯人类型,我们可以将他们全部归入"共犯人"。但是,这并不意味着只要有"共犯人"的概念即可。刑法将共犯人区分为不同的类型,不仅是为了定罪,同时也为了量刑。一般来说,间接正犯的成立条件比教唆犯的成立条件更为严格,符合教唆犯

---

〔53〕 参见黎宏、姚培培:《间接正犯概念不必存在》,载《中国刑事法杂志》2014年第4期。

〔54〕 参见[德]乌尔斯·金德霍伊泽尔:《刑法总论教科书》,蔡桂生译,北京大学出版社2015年版,第411页以下;张明楷:《刑法学》,法律出版社2021年版,第529页。

〔55〕 参见[德]乌尔斯·金德霍伊泽尔:《刑法总论教科书》,蔡桂生译,北京大学出版社2015年版,第414页;[日]西田典之:《日本刑法总论》,王昭武、刘明祥译,法律出版社2013年版,第298页。

成立条件的并不一定符合间接正犯的成立条件,因此,对间接正犯的量刑,原则上就必须重于教唆犯。我国《刑法》的规定也能说明这一点,即按照《刑法》第 29 条第 1 款的规定,对于教唆犯既可能按主犯处罚,也可能按从犯处罚,但是,对间接正犯不可能按从犯处罚。然而,如果将所有的间接正犯都归入教唆犯,就有可能导致将间接正犯按从犯处罚。这明显不妥当。

此外,还有学者一方面认为间接正犯概念不仅使正犯与共犯的界限愈显模糊,而且侵蚀并瓦解了限制的正犯概念及以此为基础建构起来的二元犯罪参与体系;另一方面又主张扩张的正犯概念与统一的正犯体系,间接正犯概念应予消解。[56] 然而,这样的论证方法存在缺憾。这是因为,采取扩张的正犯概念并不必然要求采取统一的正犯体系,只要承认正犯这一概念,就可能承认正犯有不同的类型,即包括直接正犯、间接正犯、共同正犯等。[57] 而且,倘若论者主张扩张的正犯概念与统一的正犯体系,同时又认为间接正犯概念侵蚀并瓦解了限制的正犯概念及以此为基础建构起来的二元犯罪参与体系,那岂不是更需要间接正犯的概念吗?

(二)基于区分制正犯体系的否定说之具体结论

虽然我国刑法总则看似采取了作用分类法,但是,司法实践不可能直接以主犯、从犯、胁从犯来定罪。认定共同犯罪时,首先必须以正犯为中心,在确定了正犯之后,再判断哪些人的行为与正犯结果之间具有物理的或者心理的因果性,或者说,哪些人的行为对正犯结果起到了物理的或者心理的促进作用。[58] 概言之,就定罪而言,在确定了正犯(包括共同正犯与间接正犯)之后,需要确定哪些行为是对正犯的教唆行为,哪些行为是对正犯的帮助行为。

---

〔56〕 参见张伟:《间接正犯泛化与统一正犯体系的确立》,载《法商研究》2018 年第 3 期。

〔57〕 当然,共同正犯究竟是正犯还是共犯属于另一问题,本书不展开讨论。

〔58〕 参见张明楷:《共同犯罪的认定方法》,载《法学研究》2014 年第 3 期。

此外的行为，便不可能构成共犯。如果否认间接正犯概念，就会导致共犯处罚范围的不当。

一方面，就部分情形而言，基于区分制正犯体系的否定说将导致共犯成立范围不当缩小。

就我国目前的司法实践而言，倘若按照基于区分制正犯体系的否定说取消间接正犯的概念，将会导致现实生活中很多法益侵害行为无法以犯罪论处，进而产生刑罚处罚上的漏洞。因为即便按照否定说的观点，也不能将所有间接正犯的情形都纳入共犯之中。

众所周知，我国刑法理论的通说认为，成立共同犯罪以二人以上具有共同故意为前提，〔59〕受这一理论的影响，我国目前司法实践大多采取的仍是极端从属性原则，即正犯的行为只有满足构成要件符合性、违法性与有责性时，才可能成立共犯。根据此说，当实际执行者欠缺责任要件时，幕后者就不可能成立教唆犯。同样，如果帮助没有责任能力的人实施犯罪时，也不具有可罚性，这显然不合理。〔60〕 所以，事实上法院在具体案件的处理中，当正犯未达到刑事责任年龄或者正犯行为缺乏故意的，对幕后者是按照间接正犯来处理的。〔61〕 显然，就我国目前的司法实践状况而言，如果

---

〔59〕 参见高铭暄、马克昌主编：《刑法学》，北京大学出版社、高等教育出版社2017年版，第166页。

〔60〕 参见张明楷：《外国刑法纲要》，法律出版社2020年版，第268页。

〔61〕 例如，甘肃省甘谷县人民法院刑事判决书，（2020）甘0523刑初146号；甘肃省庆城县人民法院刑事判决书，（2019）甘1021刑初57号；浙江省绍兴市上虞区人民法院刑事判决书，（2016）浙0604刑初第883号；云南省双江拉祜族佤族布朗族傣族自治县人民法院刑事判决书，（2015）双刑初字第002号；浙江省嘉兴市秀洲区人民法院刑事判决书，（2015）嘉秀刑初字第585号；四川省泸州市中级人民法院刑事判决书，（2014）泸刑终字第143号；河南省舞阳县人民法院刑事判决书，（2013）舞刑初字第127号；西藏自治区贡觉县人民法院刑事判决书，（2013）贡刑初字第03号等。

取消间接正犯的概念,便会导致法官对很多犯罪行为陷入束手无策的窘境。

不仅如此,即便采取限制从属性说的观点,否定说同样可能导致处罚上的漏洞。如上文所言,利用他人合法行为实现犯罪时,倘若利用者在整个犯罪事实的实现过程中起到了正犯的支配作用,则不可能将其认定为教唆犯或其他参与人类型。例如,甲在A经过某处时放出一条藏獒对A进行追赶,A在别无选择的情形下闯入他人住宅。此时,幕后者甲在整个法益侵害结果实现的过程中处于核心的控制地位,A仅仅是作为工具被甲加以利用而已。在本案中,甲既没有教唆的行为,亦缺乏教唆的故意,很难说甲的行为符合教唆犯的成立要件。同样,甲的行为也不符合帮助犯、直接正犯与共同正犯的成立条件。此种情形下,毋宁说,利用者甲的行为成立非法侵入住宅的间接正犯更为自然。

另外,在利用被害人自伤的场合,利用者也未必均能成立教唆犯、直接正犯或共同正犯。例如,甲以杀害乙相威胁,迫使乙实施自我伤害行为,乙迫不得已对自己实施了伤害行为。众所周知,教唆犯是指教唆他人实行犯罪,根据限制从属性说,被教唆的正犯必须至少具备构成要件符合性与违法性。但是,由于故意伤害罪的构成要件内容是"伤害他人身体",所以,乙的行为并不符合故意伤害罪构成要件的对象要素。既然如此,在采取区分制正犯体系以及限制从属性说的前提下,就不可能认定甲的行为成立故意伤害罪的教唆犯。即使在区分制正犯体系下采取最小从属性说,被教唆的正犯至少必须具备构成要件符合性,因乙的行为并不符合故意伤害罪构成要件的对象要素,甲的行为仍然不成立故意伤害罪的教唆犯。甲的行为也不属于其他共犯人形态。但是,对甲的行为不以犯罪论处明显不合适。由此可见,倘若取消了间接正犯的概念,就不可避免地导致处罚上的漏洞。反之,若要对甲的行为以犯罪论处,就必须承认间接正犯的概念。亦即,由于甲在被害人实施自我侵害的过程中对侵害结果的发生起到了支配作用，具备正犯的特质但又不符合直接正犯的条件，应当成立故意伤害罪的间接正犯。

另一方面，就部分情形而言，基于区分制正犯体系的否定说将导致共犯成立范围不当扩大。

基于区分制正犯体系的否定说，通过把共犯的从属性缓和为最小从属性说，即共犯从属于正犯者的符合构成要件的行为要素，从而将所有间接正犯的情形分流到狭义的共犯之中的做法，无疑将会使共犯概念变得松弛，导致共犯的可罚范围不当扩大。〔62〕换言之，由于要素从属性的缓和，共犯的成立也变得更加容易，如此便可能导致不合理的结论。

例如，有身份者利用无身份者实施身份犯罪的场合，倘若将幕后有身份者认定为教唆犯，则不得不承认“没有正犯的共犯”，这反过来又会与共犯的从属性原理相违背。可是，既然不存在正犯，何谈共犯的从属性，又怎能说是以限制正犯概念为基础呢？这显然存在矛盾。彻底贯彻这种立场的最终结果，实质上会有导致处罚范围不当扩大的危险。这是因为，即使承认间接正犯的概念，间接正犯的成立还可以通过犯罪事实支配等间接正犯理论加以限定，而对狭义的共犯的成立范围却是没有任何限制的，于是，不论直接行为者是否实施了构成要件行为，教唆者一律成立狭义的共犯，例如，未遂的教唆的场合也要按照共犯处罚，这显然扩大了刑罚的处罚范围，与刑法保护法益、保障人权的目的背道而驰。也有论者认为，幕后者应当成立直接正犯，因为具有义务者总是在利用无身份的故意的工具时就已经违反了自己的义务，因而成立义务犯的直接正犯，完全不必再借助“无身份的故意工具”来获得一种

---

〔62〕参见［日］井田良：《犯罪论的现在与目的行为论》，成文堂1995年版，第175页以下。

间接正犯的正犯性。[63] 然而，即便规范地解释直接正犯，认为直接正犯的成立并不限于亲手实施构成要件行为，而是实质上对构成要件的实现起重要作用即可，但当幕后者客观上对因果流程的贡献几乎可以忽略不计时，仅因其具备了这样的一个身份，便将其“规范”地作为直接正犯的行为类型对待，这种解释未免过于实质化。而义务犯的理论很可能走向另一个极端，即哪怕是有身份者客观上对无身份者的行为决意只起到可以完全忽略不计的作用时，由于违反了规范义务，而仍被认为是亲自实现了构成要件的直接正犯，这将导致直接正犯的成立范围无限扩大；而基于限制的正犯立场，直接正犯承载着明示构成要件行为（违法行为）的教育意义，任意扩大其范围不仅与罪刑法定原则相冲突，同时与刑法保障国民自由的目的亦不相符。

（三）基于区分制正犯体系的否定说与共犯的通说理论相矛盾

基于区分制正犯体系的否定说，在理论上既存在自相矛盾的现象，也存在其他方面的缺陷。

第一，否定说没有区分处罚根据（能否处罚）与处罚程度（如何处罚）这两个层面的问题。众所周知，共犯因为什么而受处罚（能否处罚），这是共犯的处罚根据问题，是共犯理论的基础。根据刑法理论的通说即因果共犯论，共犯因为引起了违法的法益侵害结果而受处罚，正犯也是因为引起了法益侵害结果而受处罚。所以，狭义共犯的处罚根据与正犯的处罚根据没有任何本质区别。至于如何处罚（处罚程度），亦即，是作为正犯处罚还是作为狭义的共犯处罚，则是另一层面的问题。[64] 例如，正犯是直接引起法

---

〔63〕 参见何庆仁：《义务犯研究》，中国人民大学出版社 2010 年版，第 192、226 页以下。

〔64〕 参见［日］町野溯：《惹起说的梳理・检讨》，载［日］松尾浩也、芝原邦尔编：《刑事法学的现代的状况——内藤谦先生古稀祝贺》，有斐阁 1994 年版，第 115 页以下。

益侵害结果,间接正犯是通过支配他人的行为引起法益侵害结果,教唆犯、帮助犯是通过正犯引起法益侵害结果。但是,否定说仅因为间接正犯与教唆犯一样引起了法益侵害结果,就将间接正犯归入狭义的共犯,这显然混淆了处罚根据与处罚程度两个层面的问题。

例如,持否定说的学者指出:"医生甲指使不知情的护士乙给患者丙注射毒药最终导致丙死亡。在行为共同说看来,即便乙缺乏杀人故意,这也并不妨碍其与甲构成'杀人罪'的共犯,其中乙由于亲自实现杀人罪的构成要件结果而成立正犯,因无故意不承担故意杀人罪责任,视其是否有过失而认定成立过失致人死亡罪或者无罪,而甲则成立教唆犯,因其并不缺乏责任要件而最终承担故意杀人罪的刑事责任。可见,在这一认定过程中并不需要间接正犯这一概念。"〔65〕从能否处罚的角度来说,本书赞成这一结论。但是,由此并不能得出间接正犯概念没有必要的结论。这是因为,不管是认定甲是教唆犯还是间接正犯,都说明甲的行为与被害人死亡结果之间具有因果性,因而具备了处罚根据。但是,在如何处罚的问题上,则需要考察甲的行为是如何引起死亡结果的。既然甲完全支配了死亡结果的发生,那么,他与直接正犯不仅没有质的区别,而且没有量的区别。反之,在教唆犯的场合,并不要求教唆犯支配了死亡结果的发生,只要求教唆行为与死亡结果之间具有心理的因果性即可。所以,间接正犯与教唆犯不能混淆。概括起来说,不能因为间接正犯的不法程度高于教唆犯将间接正犯评价为教唆犯,否认间接正犯的概念。

第二,否定说与限制正犯概念可能产生冲突。例如,幕后操纵者甲知道乙患有严重的精神疾病,经常对周围的人实施暴力,在刑

---

〔65〕 黎宏、姚培培:《间接正犯概念不必存在》,载《中国刑事法杂志》2014 年第 4 期。

法上属于无责任能力者。甲出于伤害丙的目的，创设了乙能够对丙实施暴力的条件，导致乙的暴力行为造成丙受重伤的结果。按照否定论的观点，幕后操纵者甲成立故意伤害罪的教唆犯。然而，按照实质—客观说的限制正犯概念，对构成要件行为和法益侵害结果实现具有支配和控制之人，属于正犯的范畴，而幕后操纵者甲显然控制、支配了乙对丙的伤害行为以及法益侵害结果，本应认定为正犯。这显然与限制正犯概念存在矛盾。又如，在身份犯利用无身份犯实施犯罪的场合，倘若认为幕后操纵者成立教唆犯，非身份者因为欠缺身份亦不能成立正犯而只能成立帮助犯，这样就会出现没有正犯的共犯的局面。可是，既然不存在正犯，何谈共犯的从属性，又怎能说是以限制正犯概念为基础呢？这显然存在矛盾。再如，甲唆使乙强迫丙（儿童）伤害丁。在类似这种教唆间接正犯的场合，只要承认间接正犯的概念，就可以顺利地认定教唆犯，并且贯彻限制从属性原则。但是，如果将间接正犯当作教唆犯，就意味着乙是教唆犯，甲便是间接教唆。这不仅产生了间接教唆是否成立教唆犯的疑问，而且难以贯彻限制从属性原则。不难看出，将间接正犯当作教唆犯处理时，为了贯彻限制从属性原则，就有可能反过来将教唆犯当作正犯。于是，这样处理的结局就相当于采取了单一制正犯体系。

第三，否定说的基本观点与共犯从属性说相矛盾。按照共犯从属性的立场，一个人倘若并非亲自实现构成要件，则其行为成立共犯的依据就在于从属于正犯的违法行为。反过来说，倘若正犯行为并不违法，则参与者不可能成立共犯。然而，持否定说的学者一面坚持共犯从属性的立场，一面却又认为，利用他人合法行为（不符合构成要件该当性的行为或欠缺违法性的构成要件行为）实现犯罪的，成立共犯。理论上显然不能自洽。例如，持否定说的学者认为,“利用被害人自己行为的场合,利用者构成教唆犯”。[66] 但在唆使被害人自伤的场合,由于故意伤害罪的行为对象是“他人”,则伤害自己的行为便无法满足故意伤害罪的构成要件符合性,因此并不能说是违法的行为。倘若此时承认唆使者成立教唆犯,则突破了共犯从属性的原则,因为此种情况下,唆使者连最小从属性的要求(从属于正犯者符合构成要件的行为)都未能满足,这无疑与通说的限制从属性立场相矛盾。

又如,持否定说的学者指出:“立足于二元区分体制与限制正犯语境,间接正犯行为结构具有实行从属性特征,符合共犯从属性理论的第一层次要求,具备成立共犯的行为基础;于第二层次要素从属性中采取最小从属性说,在此观念下间接正犯概念失去适用的空间,原来的‘间接正犯’类型行为可还原为共犯形态进行处理。”[67] 据此,间接正犯必须从属于实际执行者。可是,首先,为了将间接正犯当作教唆犯处理,而使间接正犯从属于实际执行者,不仅有削足适履之嫌,而且明显不符合限制从属性说的基本观念。因为限制从属性,是指教唆犯、帮助犯对正犯的从属性,而不是指间接正犯对实际执行者的从属性。事实上,在间接正犯的场合,间接正犯不是从属于实际执行者,而是支配了实际执行者,正因如此,才将间接正犯区别于教唆犯。其次,在共同犯罪中,正犯是一次责任,教唆犯与帮助犯是二次责任。一次责任是不以其他正犯为前提的非从属性的犯罪形态,二次责任是以其他正犯的存在为前提的、派生性的、从属性的犯罪形态。[68] 倘若按照否定说的观

---

〔66〕 黎宏、姚培培:《间接正犯概念不必存在》,载《中国刑事法杂志》2014年第4期。

〔67〕 张永江、成波:《论间接正犯概念之消解》,载《湘江法律评论》2016年第1期。

〔68〕 参见[日]山口厚:《刑法总论》,付立庆译,中国人民大学出版社2018年版,第305页。

点将间接正犯归入教唆犯，从而使间接正犯成为二次责任形态，当实际执行者的行为不符合构成要件或者不违法时，也就不存在一次责任形态，则最终的结果便是仅存在二次责任形态而不存在一次责任形态，这显然不符合限制从属性说的原理。最后，倘若将利用无责任能力者的间接正犯作为教唆犯处理，则必然导致许多犯罪只有教唆犯与间接教唆犯，而没有正犯，这同样不符合限制从属性的原理。例如，甲唆使乙强迫没有责任能力的丙伤害丁。按照上述否定说的观点，丙是被利用者，乙从属于丙，不应认定为间接正犯，只能认定为教唆犯，而甲同样也只是教唆犯，于是，教唆犯从属于教唆犯，而不是从属于正犯，这显然难以成立。

第四，否定说的理论观点不符合一般观念。例如，持否定说的学者认为，"利用没有身份的故意工具的场合，利用者构成直接正犯"。〔69〕当然，本书并不否认在这种情况下，幕后者存在成立直接正犯的可能，但如上文所述，倘若不区分情形一概认定为直接正犯又过于武断。当有身份者并未参与犯罪的实行，而无身份者完全掌控了犯罪的因果流程时，即便实质地解释直接正犯，认为直接正犯的成立并不限于亲手实施构成要件行为，而是实质上对构成要件的实现起重要作用即可，但如前所述，当行为人客观上对因果流程的贡献几乎可以忽略不计或者并无贡献时，身份者仅仅因为具备了身份，便将其"规范"地作为直接正犯的行为类型对待，这种解释未免过于实质化了。如此"实质的直接正犯"，不利于维护构成要件的类型性，也与社会的一般观念相违背。

又如，幕后者甲知道乙患有严重的精神疾病，经常对周围的人实施暴力，在刑法上属于无责任能力者。甲出于伤害丙的目的，创设了乙能够对丙实施暴力的条件，导致乙的暴力行为造成丙受重

〔69〕 黎宏、姚培培：《间接正犯概念不必存在》，载《中国刑事法杂志》2014 年第 4 期。

伤的结果。按照否定说的观点,利用者甲成立故意伤害罪的教唆犯。然而,教唆犯概念本身就是以被教唆者具有一定的理解能力为前提的,承认对无责任能力的精神病患者的教唆,既不符合刑法的基本观念,也不符合一般人的观念。

总之,基于区分制正犯体系的否定说观点,要么因为与现有通说理论体系相矛盾,要么在具体问题的解决上存在不合理之处,均难以成立。"根据区分制的立法和理论,正犯始终处于核心地位,无论是在实行犯罪行为的主观意图方面,还是在实行犯罪行为的手段和方式方面,教唆犯、帮助犯与正犯始终存在着严格的界限,这一论断甚至可以推广至共同正犯和间接正犯。因为无论是共同正犯,还是间接正犯,都是正犯按照实施自己犯罪的主观意图,事实上实行了或者实质上支配了构成要件该当行为,是刑法重点打击和处罚的对象。将教唆犯、帮助犯和(间接)正犯相融合的企图,由于违背了区分制理论的核心观念而注定失败。"〔70〕"在区分制的二元参与体系下,间接正犯概念承担着补救者的角色,要完全否定其存在并不现实。"〔71〕

四、对基于区分制正犯体系的否定说之回应

如前所述,基于区分制正犯体系的否定说者对间接正犯概念提出了不少疑问与批评,本书有必要基于在区分制正犯体系之下肯定间接正犯概念的立场,对否定说观点作出回应。

(一)间接正犯概念不可能导致单一制正犯体系

持否定说的学者指出:"在间接正犯泛化的趋势下,与扩张正犯学说相比较,我们丝毫看不出限制正犯学说在维护构成要件明

〔70〕 黄明儒:《间接正犯消解说之审视与批判:基于单一制的立场》,载《法学家》2019年第5期。

〔71〕 陈家林:《外国刑法理论的思潮与流变》,中国人民公安大学出版社2017年版,第529页。

确性方面的任何优势,更看不出其具有限定正犯范围的特殊功效。相反,我们看到的是,正犯与共犯的区分愈加混乱,正犯的边界更显模糊。不仅如此,上述区分还可能导致共犯的严重萎缩及共犯立法的虚置。统计数据显示,日本从 1952 年至 1998 年,在共同犯罪的案件中,最终被认定为正犯者占 97.9%,而教唆犯与帮助犯仅分别占 0.2% 与 1.9%。如果说在共同犯罪的场合几乎所有的犯罪参与者都是正犯的话,那么做如此费尽心思区分的实际意义到底何在?这一数据似乎也从实践层面向我们反馈了一个重要的讯息:二元参与体系在实践中已经演变为统一正犯体系。"[72]否定说的这种说法明显缺乏根据。

第一,承认间接正犯概念并不等于间接正犯的泛化。间接正犯有比教唆犯、帮助犯更为严格的成立条件,并非将教唆犯、帮助犯都纳入间接正犯中来,而只是将通过支配他人实现构成要件的情形纳入间接正犯中。有的学者指出:"如一旦出现共犯制度解决不了的问题就通过扩大间接正犯范围进而扩大分则规范的直接适用范围来解决,就意味着分则构成要件的类型化限制作用不复存在,那么就与前述以挪威刑法典为代表的'单一制共犯制度模式'没有什么区别。"[73]然而,即使承认间接正犯的概念,也完全可能对间接正犯设置更为严格的成立条件,而不可能通过扩大间接正犯范围突破构成要件的规定。事实上,无论是从刑法理论上看还是从司法实践上看,间接正犯根本没有泛化的趋势;即使司法实践中存在扩大分则规范直接适用范围的现象,也并非因为间接正犯概念的运用。

第二,正犯与共犯的区分是否愈加混乱,正犯的界限是否更显

[72] 张伟:《间接正犯泛化与统一正犯体系的确立》,载《法商研究》2018 年第 3 期。

[73] 王志远:《我国现行共犯制度下间接正犯的泛化及其反思》,载《河南师范大学学报(哲学社会科学版)》2007 年第 5 期。

模糊,与是否承认间接正犯概念没有关系。只要承认正犯与共犯之分,二者就有界限问题;倘若不承认正犯与共犯之分,倒是走到了统一的正犯体系。同样,只要承认正犯与共犯之分,即使否认间接正犯这种类型,刑法理论与司法实践照样要将“间接正犯”归入正犯或者共犯,仍然存在正犯与共犯的区分问题。承认间接正犯只是意味着可以在正犯中再区分直接正犯与间接正犯,并没有增加区分正犯与共犯的难度。

第三,日本的教唆犯与帮助犯分别仅占0.2%与1.9%,与承认间接正犯概念没有关系。一方面,日本的教唆犯之所以较少,是因为日本普遍承认共谋共同正犯的概念,使一部分教唆犯成为共谋共同正犯,而共谋共同正犯并不是间接正犯。[74] 另一方面,日本的帮助犯较少,显然不是因为将帮助犯中的一部分情形作为间接正犯处理的结果,而是因为一些在我们看来属于帮助犯的情形被认定为共同正犯。[75] 而共同正犯是正犯还是共犯,在日本原本存在争议,一些学者认为共同正犯属于共犯。[76] 然而,德国同样普遍承认间接正犯的概念,而且刑法明文规定了间接正犯,但在德国司法实践中的教唆犯、帮助犯的数量远远多于日本。这就能够说明,是否承认间接正犯概念,与狭义的共犯是否萎缩没有任何关系,更不可能导致单一制正犯体系。

(二)间接正犯概念并未否定行为共同说与限制从属性说

在坚持行为共同说与限制从属性说的前提下,实有必要承认间接正犯概念。我国刑法理论的传统观点认为,“构成教唆犯必然要求教唆人和被教唆的人都达到一定的刑事责任年龄,具备刑

---

〔74〕 参见[日]西田典之:《日本刑法总论》,王昭武、刘明祥译,法律出版社2013年版,第309页以下。

〔75〕 参见[日]前田雅英:《刑法入门讲义》,成文堂2001年版,第220页。

〔76〕 参见[日]山口厚:《刑法总论》,付立庆译,中国人民大学出版社2018年版,第305页。

事责任能力。达到一定的刑事责任年龄,具备刑事责任能力的人,指使、利用未达到刑事责任年龄的人或精神病人实施某种犯罪行为,是不符合共同犯罪的特征的”。[77] 这种观点实际上采取的是犯罪共同说与极端从属性说。如果坚持这种传统观点,就必须有间接正犯的概念,将指使、利用未达到刑事责任年龄的人或精神病人实施某种犯罪行为的人认定为间接正犯,否则,就必然导致处罚漏洞。

持否定说的学者指出:“在行为共同说看来,共犯的成立只需要与正犯之间具有行为共同即可,从共犯从属性角度来说,共犯只要从属至正犯的违法性阶层就可以成立了,而有责性阶层的判断则分别进行个别的判断即可。如此一来,共犯的要素从属性便从极端从属性说转向了限制从属性说,在极端从属性说理论下产生的间接正犯概念便失去了其存在的价值。”[78] 本书也采取行为共同说与限制从属性说,但同时认为,不能据此否认间接正犯的概念。

众所周知,“共同正犯是两个以上的正犯者共同实行犯罪,故存在两个以上的共同行为者有什么共同的问题;这一问题就所有的共同正犯而言都是共同性的、本质性的问题”。[79] 行为共同说与犯罪共同说原本是围绕共同正犯的成立范围而展开的学说,所以,不可能根据行为共同说将本就属于正犯类型的间接正犯排除在正犯之外。相反,间接正犯与其他正犯是否因为行为共同而成立共同正犯,才是行为共同说所要解决的问题。例如,甲的两支气枪子弹均足以致人死亡,但甲欺骗乙说“最多只能造成轻伤”,并

---

[77] 陈兴良:《间接正犯:以中国的立法与司法实践为视角》,载《法制与社会发展》2002 年第 5 期。

[78] 黎宏、姚培培:《间接正犯概念不必存在》,载《中国刑事法杂志》2014 年第 4 期。

[79] [日]木村龟二:《犯罪论的新构造》(下),有斐阁 1968 年版,第 248 页。

让乙和自己同时向丙开枪，乙信以为真向丙开枪，乙的射击行为导致丙死亡。在本案中，甲具有杀人故意、乙仅具有伤害故意，行为共同说所解决的问题是，甲、乙二人是否成立共同正犯，能否将丙的死亡结果归属于甲、乙二人的行为。至于甲是否为故意杀人罪既遂的间接正犯，与行为共同说没有直接关系。坚持行为共同说，也不可能否认甲属于故意杀人罪既遂的间接正犯。

即使认为行为共同说与犯罪共同说的争议统一适用于正犯、教唆犯与帮助犯，也不可能因此而认为间接正犯概念没有存在的必要。因为不管是将间接正犯归入直接正犯，还是归入教唆犯或者其他类型的参与人，都存在行为共同说与犯罪共同说的判断问题。

即便认为间接正犯概念产生于极端从属性说，也不意味着在限制从属性说之下就可以否认间接正犯概念。采取极端从属性说，只是意味着教唆犯、帮助犯的成立范围窄，而不意味着直接改变了正犯的范围；采取限制从属性说，意味着教唆犯、帮助犯的成立范围有所扩大，但不意味着正犯的范围同时缩小。这是因为，各种从属性说，只是就狭义共犯的成立范围而言，至于正犯是否成立犯罪，则根本不取决于从属性的程度。

倘若采取限制从属性说，同时否认间接正犯的概念，就必然出现教唆犯对教唆犯具有从属性的现象。如前所述，甲教唆乙去强迫没有责任能力的丙伤害丁。倘若按照否定说的观点认定乙是教唆犯，则甲教唆犯从属于乙教唆犯。可是，这明显不符合各种从属性的基本含义。因为从属性是指教唆犯、帮助犯对正犯的从属性，既不可能是正犯之间的从属性，也不可能是狭义的共犯之间的从属性，更不可能是正犯对狭义的共犯的从属性。

在本书看来，正是因为采取限制从属性说，才需要有间接正犯的概念。例如，利用他人紧急避险或者正当防卫等合法行为的，因为阻却了违法性，因而其行为并非“符合构成要件且违法的行为”；利用他人实施以特殊身份作为构成要件要素的犯罪，对于欠缺身份要件的被利用者而言，因为其行为欠缺构成要件的符合性，也不可能被认为是“符合构成要件且违法的行为”。在这些情形中，按照限制从属性说，无法将利用者评价为教唆犯。特别是，“在利用他人的合法行为犯罪的场合，对‘教唆’他人实施合法行为进行处理，就会得出非常奇怪的结论”。[80] 反之，正是因为采取限制从属性说，才需要有间接正犯的概念，否则就有可能导致放纵犯罪的风险。

（三）间接正犯概念并未冲击限制的正犯概念

持否定说的学者指出：“间接正犯的存在本身即严重背离了二元参与体系赖以形成的基础——限制正犯学说。限制正犯学说严格以法定构成要件对行为的描述为标准，不考虑行为人在整个犯罪过程中所起的作用，仅将完全实现法定构成要件规定行为的人视为正犯，除此之外对构成要件的实现起作用的人只能被视为共犯。正因为限制正犯学说完全以法定构成要件为标准，具有形式上的直观性与明确性，契合早期古典犯罪论体系之形式客观主义的基本理念，所以该学说才被奉为圭臬，为实定法所青睐。反观间接正犯，不论基于何种理由而存在，均是对限制正犯学说的否定，也是对形式客观主义精神的背叛。如果坚持认为间接正犯概念在理论和实务中皆是必不可少和迫切需要的概念，那么只能说限制正犯学说和二元参与体系的逻辑设定从一开始就存在严重的弊端。”[81] 但是，这一说法存在重大疑问。

不可否认，“限制的正犯概念认为，原则上，以自己的身体动静直接实现分则规定的构成要件的是正犯，此外的参与者都是共犯。所以，刑法规定对正犯以外的共犯进行处罚，是对处罚范围的

〔80〕 周光权：《刑法总论》，中国人民大学出版社2016年版，第327页。

〔81〕 张伟：《间接正犯泛化与统一正犯体系的确立》，载《法商研究》2018年第3期。

扩大,即所谓刑罚扩张事由。按照这一思路,由于间接正犯是利用他人实施犯罪行为,因而是共犯。但这一结论不妥当,所以,主张限制的正犯概念的学者,必须说明间接正犯是正犯”。[82] 显然,正是因为限制的正犯概念产生了间接正犯不是正犯却属于间接正犯的现象。

但是,在当今的刑法理论中,限制的正犯概念与扩大的正犯概念,只是解决所有的参与人原本都是正犯还是原本只有一部分是正犯的问题。换言之,扩大的正犯概念认为所有的参与人原本都是正犯,限制的正犯概念认为所有的参与人中只有一部分人是正犯。至于如何区分正犯与共犯,则不是扩张的正犯概念与限制的正犯概念所要解决的问题。因为从结局上说,扩张的正犯概念与限制的正犯概念都区分了正犯与共犯,至于是正犯的范围大还是共犯的范围大,则取决于区分正犯与共犯的标准以及共犯的从属性程度。所以,在刑法区分了正犯与狭义共犯的前提下,不管是采取扩张的正犯概念,还是采取限制的正犯概念,都需要讨论如何区分正犯与狭义的共犯。由于现在对正犯与狭义的共犯的区分不再采取形式的标准,而是采取实质的标准即犯罪支配说或者重要作用说,[83] 所以,限制的正犯概念意味着,对犯罪起支配作用或者重要作用的参与人均为正犯,此外的则为共犯。显然,间接正犯概念虽然形成于原初的限制的正犯概念,但由于正犯与狭义的共犯的区分不再采取形式的标准,所以,间接正犯概念只是否认了区分正犯与共犯的形式标准,并且促进了以实质标准区分正犯与共犯,同时维护了限制的正犯概念。

还有学者通过举例说明间接正犯概念导致扩大的正犯概念。

---

〔82〕 张明楷:《刑法学》,法律出版社 2021 年版,第 509 页。

〔83〕 参见[德]克劳斯·罗克辛:《德国刑法学总论——犯罪行为的特别表现形式》,王世洲等译,法律出版社 2013 年版,第 18 页以下;[日]西田典之:《日本刑法总论》,王昭武、刘明祥译,法律出版社 2013 年版,第 312 页以下。

【例1】B误以为C是猎物，A明知C是人而唆使B向C开枪，A对于B的认识错误知情并且正是意在利用B的这一错误而达到其杀害C的目的，此时A构成间接正犯。

【例2】甲唆使乙向丙开枪，乙误以为丙是猎物而开枪，而甲对于乙的认识错误并不知情，没有利用乙的认识错误的意思。

例1中A的行为与例2中甲的行为"在客观上来看一模一样，为何由于A主观上比甲多了一些对事实的认识以及利用意思，就导致了一个构成正犯一个构成共犯这样巨大的差别？客观上完全一样的行为，仅仅因为主观上的不同，导致处理结论上如此迥异，实在是让人瞠目！但是更多的人会认为，甲与A都具有正犯的不法，只是由于甲仅具有教唆犯故意，因而成立教唆犯，A具有正犯故意，因而成立间接正犯。果真如此的话，便是在正犯概念问题上采取了扩张的正犯概念，因为这种观点将典型的教唆犯甲的行为在客观层面认定为正犯，而在责任层面才将其限缩为共犯，这正是扩张的正犯概念的思维模式"。[84]

上述观点显然是先断定A的行为与甲的行为在客观方面完全相同，都属于教唆行为，而间接正犯概念导致A因为"多了一些对事实的认识以及利用意思"即正犯故意而成为间接正犯，从而扩大了正犯概念。然而，一方面，A与甲的行为在客观方面并不完全相同。与甲相比，A并不是只"多了一些对事实的认识以及利用意思"，而是多了支配行为。在B产生了认识错误的情况下，A的行为内容是通过利用B的认识错误，使B成为不知道A的犯罪计划的执行者，从而在背后引导着事件的发展，形成了对B的意志控制；但是，甲的行为内容只是引起乙实施杀人行为的意思，没有形成对乙的意志控制。另一方面，即使退一步不承认A与甲的

---

〔84〕 黎宏、姚培培：《间接正犯概念不必存在》，载《中国刑事法杂志》2014年第4期。

客观行为存在区别,即认为A与甲的客观行为都分别形成了对B与乙的意志控制,也不能说明是扩张的正犯概念的思维模式。这是因为,如果认为A与甲在客观上都形成了对他人的意志控制,就表明他们在客观上符合了间接正犯的前提条件,原本在客观上都是间接正犯,只是由于甲没有间接正犯的故意而仅以教唆犯论处。在此意义上说,正是因为对间接正犯故意的要求,限制了间接正犯的成立范围,而没有导致正犯概念的扩大。

(四)间接正犯概念不会危及罪刑法定原则

不可否认的是,我国刑法中并没有间接正犯的概念,但这并不意味着间接正犯概念违反罪刑法定原则。本书认为,实际上我国刑法存在间接正犯的规定。这是因为,刑法总则明文规定了教唆犯、帮助犯,但教唆犯与帮助犯都是与正犯相对的概念。只是由于刑法分则所规定的都是正犯行为,所以,刑法总则不需要再规定正犯。〔85〕只要承认刑法规定了正犯,那么,就完全可能承认正犯包括直接正犯、间接正犯与共同正犯、同时正犯。如同刑法总则仅规定了犯罪预备、犯罪未遂、犯罪中止而没有规定犯罪既遂,但我们不能不承认犯罪既遂一样。与其他国家的刑法理论相比较,也能说明这一点。例如,日本刑法没有规定间接正犯,但日本的刑法理论与判例普遍承认间接正犯概念。〔86〕又如,韩国刑法没有规定间接正犯,但韩国的刑法理论与判例普遍接受间接正犯的概念。〔87〕这是因

〔85〕参见周光权:《"被教唆的人没有犯被教唆的罪"之理解》,载《法学研究》2013年第4期。

〔86〕参见[日]西原春夫:《犯罪实行行为论》,江溯、戴波译,北京大学出版社2006年版,第179页以下。

〔87〕参见[韩]金日秀、徐辅鹤:《韩国刑法总论》,郑军男译,武汉大学出版社2008年版,第554页;[韩]李在祥:《韩国刑法总论》,韩相敦译,中国人民大学出版社2005年版,第384页以下。

为,现实生活中确实存在应该肯定为间接正犯的社会现象,〔88〕承认这种现象不违反罪刑法定原则。

就具体适用而言,也不能认为间接正犯概念危及罪刑法定原则。例如,甲系A公司下属工厂厂长,乙系工厂副厂长。A公司购买了一辆汽车,配发给工厂使用,产权属A公司,A购车后在保险公司办理保险,投保人和受益人均为A公司。后来,工厂的债权人到工厂将汽车强行开走。甲、乙二人向公安机关报案,谎称汽车丢失,后又向A公司谎报车辆丢失。A公司遂向保险公司索赔,保险公司向A公司支付理赔款12万元。对此,学者指出:"对于本案,有学者认为两名被告人构成保险诈骗罪的间接正犯。〔89〕然而问题在于,保险诈骗罪的主体是特殊主体,即投保人、被保险人和受益人,换言之,保险诈骗罪是真正身份犯。〔90〕而本案中的投保人和受益人均为汇众公司,而非被告人,如果说两名不具有特殊身份的被告人能够构成保险诈骗罪的间接正犯,那刑法关于保险诈骗罪特殊身份的规定便失去了构成要件上的限定意义","承认间接正犯会导致构成要件认定上的松弛,危及罪刑法定原则"。〔91〕但本书不赞成这一观点。

第一,认为两名被告人构成保险诈骗罪的间接正犯只是部分

---

〔88〕参见[日]西田典之:《日本刑法总论》,王昭武、刘明祥译,法律出版社2013年版,第295页以下。

〔89〕陈兴良、周光权:《刑法学的现代展开》,中国人民大学出版社2006年版,第308、309页;徐建东:《保险诈骗罪间接正犯的认定》,载《江苏经济报》2005年10月19日,第B02版;陈兴良:《间接正犯:以中国的立法与司法为视角》,载马克昌、莫洪宪主编:《中日共同犯罪比较研究》,武汉大学出版社2003年版,第89~108页;陈兴良:《间接正犯:以中国的立法与司法实践为视角》,载《法制与社会发展(双月刊)》2002年第5期。

〔90〕参见张明楷:《论身份犯的间接正犯——以保险诈骗罪为中心》,载《法学评论》2012年第6期。

〔91〕黎宏、姚培培:《间接正犯概念不必存在》,载《中国刑事法杂志》2014年第4期。

学者的观点，并不是间接正犯概念的必然结论，显然不能因此认为间接正犯概念危及罪刑法定原则。这就类似于，虽然承认直接正犯概念，但有学者主张直接正犯不需要身份，此时并不能认为直接正犯概念危及罪刑法定原则。事实上，德国刑法理论的通说与判例认为，刑法所规定的身份就是针对正犯而言的，由于间接正犯是正犯而不是共犯，所以，就身份犯而言，间接正犯必须具有身份，否则只能成立教唆犯与帮助犯。[92] 日本刑法理论的通说与判例也认为，间接正犯必须具有身份。如团藤重光教授指出："就特别成为问题的身份犯而言，如果行为主体不具有身份，就应认为不成立正犯。例如，即使非公务员使不知情的公务员对公文书作不实记载，也不成立制作虚伪公文书罪的间接正犯。"[93] 在我国，也有一些承认间接正犯概念的学者认为，"无身份者不可能成为身份犯的间接正犯。最基本的理由是，在身份犯中，身份是正犯必须具备的构成要件要素，而且与身份相联系的'利用自己身份的行为'也是正犯必须具备的构成要件要素。成立犯罪首先要求正犯行为符合构成要件，即具备构成要件的全部要素，而不能只是具备其中的部分要素。间接正犯是正犯而不是共犯，在身份犯中，间接正犯必须具备身份，并且实施了'利用自己身份的行为'。所以，无身份者不可能成立身份犯的间接正犯"。[94] 由此可见，承认间接正犯概念，不意味着间接正犯不需要具备构成要件要素（身份），因而与罪刑法定原则没有任何冲突。

第二，承认间接正犯概念反而更有利于坚持罪刑法定原则。这是因为，间接正犯的成立条件比教唆犯更为严格。就身份犯而

---

〔92〕 参见［德］冈特·施特拉腾韦特、洛塔尔·库伦：《刑法总论Ⅰ——犯罪论》，杨萌译，法律出版社2006年版，第292、309页。

〔93〕 ［日］团藤重光：《刑法纲要总论》，创文社1990年版，第155页。

〔94〕 张明楷：《论身份犯的间接正犯——以保险诈骗罪为中心》，载《法学评论》2012年第6期。

言，要认定某人属于间接正犯，就必须要求他具有身份。反之，如果不认定为间接正犯仅认定为教唆犯，反而不要求他具有身份。从限制犯罪的成立范围而言，承认间接正犯概念显然更符合罪刑法定原则的精神。

（五）间接正犯的刑罚与教唆犯的刑罚并不冲突[95]

基于区分制正犯体系的否定说学者认为，间接正犯的刑罚与教唆犯的刑罚存在不协调之处，理由如下：根据《刑法》第 29 条第 1 款的规定，教唆已满 14 周岁的未成年人犯罪的，必然将以教唆犯论处适用应当从重处罚的规定，相反，教唆不满 14 周岁的未成年人犯罪的，我国司法实践中通常会以间接正犯论处，因而无法适用从重处罚的规定，而教唆不满 14 周岁的未成年人犯罪的行为人的违法性及有责性均明显高于教唆已满 14 周岁的未成年人实施犯罪的行为人，因而导致刑罚处罚的不协调。[96]

不难发现，否定说的上述理由暗含了如下命题：即教唆不满 14 周岁的未成年人犯罪的，一律按照间接正犯处罚，并且不可适用从重处罚的规定。但本书并不认同这一命题。

对于如何理解《刑法》第 29 条第 1 款后段“教唆不满十八周岁的人犯罪的，应当从重处罚”这一规定，目前学术界主要有以下几类观点。

第一类观点认为，应当区分教唆者成立教唆犯抑或是间接正犯，成立间接正犯时不能适用从重处罚的规定。其中一种观点认为，“不满十八周岁的人”仅指 14 周岁以上 18 周岁以下的人，未满 14 周岁的人属于无刑事责任能力的人，教唆其犯罪的，成立间接正犯。教唆已满 14 周岁不满 18 周岁的未成年人实施犯罪的行为

---

〔95〕 此部分的讨论系基于《刑法修正案（十一）》通过之前的刑法规定展开。

〔96〕 参见黎宏、姚培培：《间接正犯概念不必存在》，载《中国刑事法杂志》2014 年第 4 期。

人成立教唆犯，应当适用从重处罚的规定；教唆 14 周岁以下的人实施犯罪的，成立间接正犯，此时教唆犯的角色和地位均发生了变化，对其不再适用从重处罚的规定。[97] 然而，该观点并不可取。从立法目的来讲，刑法之所以对“教唆不满十八周岁的人犯罪”的行为人从重处罚，一方面，相比自己实施犯罪行为，教唆未成年人去实施犯罪的行为人更加狡诈，不仅利用未成年人侵害法益，而且侵蚀未成年人的身心健康，表现出的非难可能性更大，有责性更重；另一方面，出于刑事政策上的考虑，未成年人正处于身心健康发展的重要阶段，思想仍不成熟，容易受外界影响，行为人教唆未成年人犯罪的行为很可能使未成年人从此走上违法犯罪的不归路，因而，刑法特意对这种行为适用从重处罚的规定。既然教唆犯都有从重处罚的必要，间接正犯作为比教唆犯更严重的犯罪类型，更有理由适用从重处罚的规定，否则不仅会导致刑罚的不均衡，而且很有可能给犯罪分子传递一种十分危险的讯息：既然准备唆使未成年人犯罪，行为人大可选择 10 周岁以下的未成年人作为教唆对象，因为即便罪行被发现也必然不会适用从重处罚的规定，刑罚会更轻。如此一来，不仅会助长利用未成年人犯罪的行为，而且非常不利于对儿童的保护。正如吴振兴教授所言：“教唆已满十四岁未满十八岁的人犯罪的，应当从重处罚。教唆十四岁以下的人比前者更为恶劣，反倒没有从重处罚。这在理论上是难以自圆其说的，在司法实践上对于打击教唆未满十四岁的人的犯罪，也是有

---

[97] 参见魏东：《教唆犯研究》，中国人民公安大学出版社 2002 年版，第 268 页。司法实践中按照这样处理的情形亦为常见，例如，在《刑法修正案（十一）》正式通过之前，对于行为人多次指使未满 14 周岁的女儿实施盗窃的案件，法院明确采纳了辩护人的辩护意见，即行为人“构成盗窃罪的间接正犯，不构成教唆犯并适用从重处罚”[参见浙江省绍兴市上虞区人民法院刑事判决书，(2016) 浙 0604 刑初第 883 号]。

百害而无一利。”[98]

另一种观点则主张以被唆使的未成年人是否具有规范意识来区分“教唆不满十八周岁的人犯罪”的唆使人是成立教唆犯还是间接正犯，并且认为，在唆使者成立教唆犯的场合，“按照他在共同犯罪中所起的作用处罚”“可以认定为从犯从而从轻、减轻或者免除处罚”，而在唆使者（幕后者）成立间接正犯的场合，对幕后者处以单独犯罪的普通之刑，并且在成立间接正犯的场合，就不应该按照刑法第 29 条第 1 款的规定从重处罚，同时，也不能酌定从重处罚，而只能按照单独犯罪，科以普通的刑罚。[99] 其中的逻辑在于，在从重处罚之外，根据唆使者在共同犯罪中所起的作用，其仍然能被评价为从犯从而从轻或减轻处罚，如此便可以解决相对于能够适用《刑法》第 29 条第 1 款后段的教唆犯而言，引诱未达到刑事责任年龄者犯罪的间接正犯罪责更大，却反而不能被从重处罚，违反罪刑均衡原则的困境。

然而，一方面，我国虽然没有如德日刑法那样明确规定对教唆犯科以正犯之刑，但司法实践中，教唆犯大多都是以主犯论处的，因此，试图通过将教唆犯认定为从犯的解决路径来平衡不能从重处罚间接正犯的缺陷便过于理想化。[100] 另一方面，如前所述，对于实际支配了犯罪事实和法益侵害结果的间接正犯之处罚，却轻于不论是从违法程度或责任类型考虑还是从刑事政策考虑均应当轻于间接正犯的教唆犯，无论如何都是说不通的。

第二类观点认为，“不满十八周岁的人”应当包括 14 周岁以

---

〔98〕 吴振兴：《论教唆犯》，吉林出版社 1986 年版，第 74 页。

〔99〕 参见付立庆：《犯罪概念的分层含义与阶层犯罪论体系的再宣扬——以“教唆不满十八周岁的人犯罪”的规范理解为切入》，载《法学评论》2015 年第 2 期。

〔100〕 参见黄巍：《刑法第 29 条第 1 款后段的教义学分析——兼与付立庆教授商榷》，载《法律科学》2018 年第 6 期。

下的所有未成年人。教唆未满14周岁的未成年人实施犯罪的，可以从通常意义上成立间接正犯的范围中分离出来，作为一种例外，应当按照教唆犯从重处罚。[101] 但该观点也不可取。因为教唆犯与间接正犯本就是不同的犯罪类型，即便不承认间接正犯的学者，也不能否认教唆犯以下这一特征，即行为人的教唆行为必须引起被教唆者实施犯罪的意思。然而，在间接正犯的场合，实际执行者可能完全没有任何意思。所以，将这种情况从间接正犯中分离出来，作为教唆犯处罚，在理论上确实难以自圆其说，因而并不可取。

第三类观点认为，“教唆不满十八周岁的人犯罪”是指唆使14周岁以上不满18周岁的人犯罪，此时行为人成立教唆犯，并且按照《刑法》第29条第1款的规定从重处罚；唆使14周岁以下的未成年人实施犯罪的，行为人成立间接正犯，但是按照《刑法》第61条规定的量刑根据，依然可以酌情从重处罚。[102] 本书不赞同该观点，因为《刑法》第61条的规定并非法定从重情节，这将导致对于间接正犯是否从重处罚全凭法官的自由裁量，可能从重，也可能不从重。

但是，从刑法设置的法定刑上看，间接正犯的违法性明显高于教唆犯。具体而言，间接正犯是正犯，对其直接适用刑法分则所规定的法定刑，就其本身而言，不存在从轻或减轻处罚的情节；换言之，对间接正犯实际上是按主犯处罚的。《刑法》第29条明文规定：“教唆他人犯罪的，应当按照他在共同犯罪中所起的作用处罚。”可见，教唆犯既可能按照主犯处罚，也可能按照从犯处罚，而

---

〔101〕 参见吴振兴：《论教唆犯》，吉林出版社1986年版，第76页。

〔102〕 参见马克昌主编：《犯罪通论》，武汉大学出版社1999年版，第562、563页。当前我国的司法实践中，按照该观点处理的判决并不罕见，如福建省晋江市人民法院刑事判决书，(2017)闽582刑初字第1076号；云南省双江拉祜族佤族布朗族傣族自治县人民法院刑事判决书，(2015)双刑初字第2号等。

通常情况下因教唆者并不亲自参与实施犯罪,一般以从犯论处。既然如此,将教唆14周岁以上的未成年人犯罪作为法定的从重处罚情节,而将唆使不满14周岁的未成年人犯罪作为酌定的从重处罚情节,就明显不协调。另外,从刑法理论上讲,教唆犯属于狭义的共犯,本身即具有从属的性质。既然对于唆使14周岁以上的未成年人实施犯罪的应当从重处罚,那么唆使14周岁以下的未成年人实施犯罪的更应当从重处罚,这是当然解释的应有之义。此外,将成立间接正犯的行为人是否从重处罚,完全交由法官自由裁量的做法,在我国目前的司法环境下,不能说是妥当的策略,甚至有违反罪刑相适应原则的风险,因而并不可取。

第四类观点认为,"教唆不满十八周岁的人犯罪"应理解为只要行为人客观上实施了教唆的行为,不管教唆的对象是否具有刑事责任能力,都构成教唆犯,都可以适用《刑法》第29条第1款从重处罚的规定。〔103〕基于同第二类观点相同的理由,本书认为第四类观点亦不可取,因为不论判断标准上有何种争议,毋庸置疑的是,教唆不满18周岁的人犯罪的教唆者并非全部成立教唆犯,也存在成立间接正犯的可能。

除此之外,对于该问题还存在另一种解决方案,即在坚持单一制正犯体系(所有参与人都是正犯)的前提下否定间接正犯概念,〔104〕对于唆使未达刑事责任年龄者实施犯罪行为的唆使者,直接按照所唆使犯罪的单独实行犯处理。因本书旨在针对基于区分制正犯体系的否定说观点展开讨论,以夯实间接正犯的地位,因而

---

〔103〕参见肖吕宝:《关于"教唆不满十八周岁的人犯罪的,应当从重处罚"的理解与适用》,载《政法学刊》2007年第5期。

〔104〕参见刘明祥:《间接正犯概念之否定——单一正犯体系的视角》,载《法学研究》2015年第6期;黄明儒、王振华:《论单一正犯体系视域下间接正犯概念之否定》,载《东南大学学报(哲学社会科学版)》2017年第6期;张伟:《间接正犯泛化与统一正犯体系的确立》,载《法商研究》2018年第3期。

此处无法详细展开。“但只要肯定罪刑法定原则是对犯罪构成要件解释的指导原则，只要承认构成要件的定型性机能，则在诸参与人中不区分分工而一概认定为正犯，就存在问题。”〔105〕

本书认为，唆使不满18周岁的未成年人实施犯罪，当行为人成立教唆犯时，无疑应当适用《刑法》第29条第1款从重处罚的规定；当行为人成立间接正犯时，同样应当适用《刑法》第29条第1款的规定从重处罚。理由在于，对第29条第1款的规定可以作如下解释：第29条第1款前段是就共同犯罪而言，即对狭义的共犯之教唆犯的规定；后段则在广义上既包括了共同犯罪也包括了非共同犯罪（广义的教唆犯），即既包含了教唆他人成立教唆犯的情形，同时也包含了成立间接正犯的情形。所以，当行为人唆使5岁的儿童实施犯罪成立间接正犯时，同样可以适用第29条第1款后半段的规定，应当从重处罚。如此处理，既不会与教唆犯、间接正犯的刑法理论产生不协调之处，也不至于轻纵犯罪，不失为一种妥当的解决办法。

退一步说，即使否认《刑法》第29条第2款所规定的是广义的教唆犯，也可以对唆使幼童犯罪的行为适用该款规定从重处罚。这是因为，间接正犯与教唆犯并非对立关系，教唆犯虽然不符合间接正犯的特征，但间接正犯完全可能符合教唆犯的特征。况且，根据限制从属性的原理，只要行为人唆使他人实施符合构成要件不法行为的，就成立教唆犯。所以，行为人唆使幼童盗窃或者杀人时，唆使行为既符合间接正犯的特征，也符合教唆犯的成立条件。既然如此，在认定行为人为间接正犯的同时，也应当基于其行为符合教唆犯的成立条件及《刑法》第29条第2款规定的客观事实，对其从重处罚。

---

〔105〕 付立庆：《阶层体系下间接正犯与教唆犯的区分标准：理论展开与实践检验》，载《华东政法大学学报》2018年第6期。

由此可见,就唆使未成年人实施犯罪的情形而言,间接正犯的刑罚与教唆犯的刑罚并不冲突,间接正犯否定说的理由难以成立。

第四节　间接正犯概念的必要性

区分教唆犯、帮助犯与正犯,是近代刑法的一个文化性收获。[106] 正犯是实施构成要件行为、实现构成要件结果的核心人物。但是,在实施构成要件行为、实现构成要件结果的过程中,作为核心人物的不只是直接正犯,还是间接正犯,因为间接正犯支配了构成要件的实现。间接正犯概念在整个刑法理论体系以及当前司法实践中,均具有不可或缺的地位与意义。

第一,在坚持限制从属性说的前提下,有必要承认间接正犯概念。如后所述,利用他人紧急避险或者正当防卫等合法行为的,因为阻却了违法性,因而其行为并非"符合构成要件且违法的行为";利用他人实施以特殊身份作为构成要件要素的犯罪,对于欠缺身份要件的实际执行者而言,因为其行为欠缺构成要件的符合性,也不可能被认为是"符合构成要件且违法的行为"。在这些情形中,按照限制从属性说,无法将幕后操纵者评价为教唆犯,倘若没有间接正犯的概念,则有导致放纵犯罪的风险。

第二,现实生活中确实存在应该肯定为间接正犯的社会现象。[107] 尽管我国刑法和司法解释尚未明确使用间接正犯这一概念,但间接正犯的理论已经在司法实践中发挥重要作用,尤其在利

[106] 参见[日]小野清一郎:《刑法概论》,法文社1956年增订版,第149页。

[107] 参见[日]西田典之:《日本刑法总论》,王昭武、刘明祥译,法律出版社2013年版,第295页。

用未达刑事责任年龄之人犯罪的场合。由于司法实践中的通说观点认为,“构成教唆犯必然要求教唆人和被教唆的人都达到一定的刑事责任年龄,具备刑事责任能力。达到一定的刑事责任年龄,具备刑事责任能力的人,指使、利用未达到刑事责任年龄的人或精神病人实施某种犯罪行为,是不符合共同犯罪的特征的”。[108] 因此,引入间接正犯的概念,对于此类案件的定罪处罚具有积极作用,避免了放纵犯罪行为、导致处罚漏洞的后果。

第三,间接正犯概念不仅有利于避免处罚上的漏洞,而且对案件的正确定性以及审判理由的精细化发展也发挥着积极作用。例如,被告人白某某擅自出具虚假农业承包合同和证明,使银行审贷人员疏于职责提升了贷款的额度,造成了帮助 8 户农民骗取银行增加农民贷款信用、贷款额度的后果,截至公安机关立案时尚有 60.5 万元没有按期偿还。一审法院认为,被告人白某某以欺骗手段取得银行贷款,给银行造成重大经济损失,其行为已构成骗取贷款罪。然而,虽然实施骗取贷款行为的是 8 户农民,但 8 户农民却并没有犯罪的故意,换言之,8 户农民对自己是在实施骗取贷款的行为并不知情,而是由白某某于幕后操控,那么白某某的行为性质究竟是属于直接骗取贷款,还是通过他人骗取贷款呢?

对此,法院认为,“贷款人不是被告人白某某,而是 8 户农民,因此本案 8 户农民取得银行贷款与白某某本无必然联系。但是白某某一方面主动为 8 户农民联系解决贷款,另一方面利用其是村干部的身份擅自出具虚假农业承包合同和证明,使银行审贷人员疏于职责提升了贷款的额度。故白某某擅自出具虚假农业承包合同和证明的行为造成了事实上帮助 8 户农民增加贷款信用贷款额度的骗取行为。该行为不是公诉机关指控的唆使农民骗取贷款,

[108] 陈兴良:《间接正犯:以中国的立法与司法实践为视角》,载《法制与社会发展》2002 年第 5 期。

而是用欺骗的手段帮助农民获取贷款，白某某是骗取贷款罪的间接正犯。原判发现了唆使认定的不当，判定白某某本人骗取银行贷款。但该认定易产生白某某本人直接骗取的歧义，所以不够准确”。[109] 由此可见，间接正犯概念已经深入到法官的视野，确实有利于审判理由向着更加精细化的方向发展。

总之，“假如‘间接正犯’概念是一个新鲜事物，则中国刑法理论和司法实务或许没有必要吸收进来，造成已有体系的混乱，但事实上恰恰相反”。[110] 间接正犯已经在我国刑法理论与司法实践中广为流传和普遍使用，“一个概念广为流传之后，在整个学界是基本上不可能被废除的”。[111] 如同不少学者试图废除牵连犯的概念却不可能废除一样，试图废除间接正犯的概念，也根本不可能。事实上，描述各种犯罪形态的概念只能越来越多。这是因为，刑法理论总是越来越精细，于是会不断地将原本属于同一犯罪形态的现象区分为不同的形态，从而产生新的概念。反过来说，如果动辄废除已有的概念，就可能使刑法理论越来越粗放，导致对具体犯罪处罚程度的随意性与不精确性。因此，与其将已经存在了上百年并早已深入刑法理论及实践中的间接正犯概念全盘否定，倒不如在现有研究基础上，继续前人的努力，进一步完善间接正犯理论，使刑法理论和司法实践均朝着更加精细化的方向发展。

---

〔109〕 黑龙江省萝北县人民法院刑事判决书，(2015)萝刑再字第1号。

〔110〕 付立庆：《刑法总论》，法律出版社2020年版，第301页。

〔111〕 张明楷：《罪数论与竞合论探究》，载《法商研究》2016年第1期。

第三章　间接正犯的概念

有关间接正犯概念的界定可谓众说纷纭,采取的表达方式也各不相同。然而,间接正犯概念的厘清对间接正犯研究的关键问题即具体判断标准起着重要作用,故而应当将其作为前置性的基本问题进行讨论。

第一节　间接正犯概念评述

一、列举式定义

列举式定义法是定义者以自己所承认的间接正犯成立范围为依据,对行为类型进行的具体描述,通过列举的方式定义间接正犯。例如,日本学者西原春夫教授认为,间接正犯是指利用适法行为人、无责任能力者,或者无故意者的行为来实现自己犯罪的情形;[1]我国台湾地区也有学者采取这样的分类方法,认为间接正

---

〔1〕 参见[日]木村龟二主编:《刑法学词典》,顾肖荣、郑树周等译,上海翻译出版公司 1991 年版,第 335 页。

犯是指利用欠缺构成要件故意之人、不知情者、无责任能力之人的行为或者利用他人违法行为以实现自己犯罪之人。[2]

列举式定义的最大优势在于简单明了，对什么样的行为属于间接正犯、什么样的行为不属于间接正犯的把握十分明确，便于司法实践具体操作。然而，其缺陷也是显而易见的。首先，列举方法本身存在固有的缺陷，即无法穷尽所有行为样态。社会生活中的行为形态各异，间接正犯的行为类型亦复杂多样，采取一一列举的方式很难将所有的间接正犯类型囊括在内。其次，没有揭示间接正犯的本质特征。因为这种列举的方式实际是对间接正犯成立范围的梳理，本应是在间接正犯概念之后解决的问题。换言之，间接正犯概念的功能在于揭示其内涵与本质，而间接正犯的具体类型应在解决了其自身概念问题之后，根据该概念所揭示的间接正犯本质来确定。

二、特征式定义

特征式定义是从实际执行者的“工具性”特征或者幕后操纵者与实际执行者之间的“利用关系”着手对间接正犯所下的定义，这也是目前间接正犯理论中最常见的定义方法。例如，目前德国通说的定义将间接正犯解释为透过他人以之为行为工具来实现犯罪构成要件的情形；[3]黄荣坚教授（基于德国刑法的规定）将间接正犯理解为利用他人作为犯罪之工具来实现自己的犯罪行为；[4]张明楷教授也采取此种定义方式，认为犯罪的实行行为不仅限于行为人自身的直接身体动作，和利用动物、工具一样，也存

---

〔2〕 参见郭君勋：《案例刑法总论》，台北，三民书局1983年版，第404页。

〔3〕 参见蔡圣伟：《刑法问题研究（一）》，台北，元照出版有限公司2008年版，第138页。

〔4〕 参见黄荣坚：《基础刑法学》（下），中国人民大学出版社2009年版，第517页。

在将他人作为媒介实行犯罪的情形，这种通过他人实现犯罪的情况，就是间接正犯。[5]

这类定义一般强调实际执行者的工具性特征，或者强调幕后操纵者对实际执行者的利用，换言之，行为背后的幕后操纵者对整个犯罪事实具有全盘的认知，居于优势地位。显然，这种定义方法有利于揭示间接正犯的本质，但其缺陷是显而易见的：将所有利用他人实施犯罪的情形均认定为间接正犯则有可能不当扩大间接正犯的处罚范围。比如，在众多犯罪类型中，利用行为不只是间接正犯的独有特征，教唆犯、片面共犯也具有这样的特点。另外，“工具”等用语本身过于笼统，因此将幕后操纵者与实际执行者之间的“利用关系”或者实际执行者的“工具性”特征作为标准来界定间接正犯，不能为区分间接正犯与共犯尤其是教唆犯提供具可操作性的依据。

三、区别共犯类定义

区别共犯类定义的着眼点是间接正犯与共同犯罪的区别，即幕后操纵者通过一个介入行为实现了构成要件内容，当幕后操纵者与实际执行者不构成共犯关系之时，幕后操纵者成立间接正犯。例如，陈兴良教授认为，间接正犯是指把一定的人作为中介实施其犯罪行为，其所利用的中介由于某些情节而不负刑事责任或不发生共犯关系，间接正犯对其通过中介所实施的犯罪行为完全承担刑事责任，其具有实施犯罪行为的间接性和承担责任的直接性相统一的特点；[6]又如，马荣春教授认为，间接正犯是指利用他人达

---

〔5〕　参见张明楷：《刑法学》，法律出版社2021年版，第523、524页。

〔6〕　参见陈兴良：《论我国刑法中的间接正犯》，载《法学杂志》1984年第1期；陈兴良：《间接正犯——以中国的立法与司法为视角》，载《法制与社会发展》2002年第5期。

到自己的犯罪目的但却并不构成共同犯罪的犯罪。[7]

指出间接正犯与共同犯罪的差异是这类定义方式的特点，这在一定程度上揭示了间接正犯的本质特征，即间接正犯与共同犯罪是不同的犯罪类型。然而，此类定义依然存在不妥之处。其一，此类定义并未对如下问题作出明确回答：间接正犯究竟是犯罪行为人的一种类型还是犯罪类型的样态之一？其二，间接正犯区别于共同犯罪仅仅是间接正犯本质的表征之一，而并非其本质。换言之，根据上述定义，我们必然会追问间接正犯既然不是共同犯罪那究竟是什么？其三，更为实质的理由是，间接正犯的成立，并不意味着一定要否定共同犯罪。正如罗克辛（Roxin）教授所说，"幕后者成立间接正犯和实施者成立直接正犯，二者之间并不是绝对相互排斥的关系。相反，在强制性支配的情形下，幕后者的意思支配以实施者的行为支配为前提"。[8] 例如，甲以杀害乙作为威胁，强迫乙对丙实施伤害行为，乙迫不得已对丙实施了重伤行为。此时，甲是故意伤害罪的间接正犯，乙是直接正犯，但由于乙不具备有责性而不构成犯罪，甲乙仍构成不法意义上的共同犯罪。又如，幕后操纵者使实际执行者基于可避免的违法性认识错误而实施犯罪行为时，实际执行者成立直接正犯，幕后操纵者原则上依然应当成立间接正犯，二者构成不法且有责意义上的共同犯罪。由此可见，区别共犯类的定义方式亦存有缺陷。

四、本书的观点

由上可知，以往对间接正犯的定义并未关注间接正犯的本质，要么是从既存的间接正犯情形倒推其定义，要么是着眼于实际执行者的特征来定义，再或是以间接正犯非共犯性的特征为视角来

---

〔7〕参见马荣春：《刑法诸问题的新界说》，中国检察出版社 2007 年版，第 226 页。

〔8〕张明楷：《刑法学》，法律出版社 2021 年版，第 532 页。

对其界定,因而并不可取。本书认为,间接正犯的概念,应以其本质作为基础,然后结合间接正犯的其他特征进行科学界定。

在能够肯定构成要件该当性的场合,除了行为人自己实施构成要件行为、直接引起法益侵害结果的情形外,还存在从外观上看并非行为人自己亲手实施,而是通过他人的行为实现构成要件的情形。前者的场合当然能看作行为人引起了构成要件该当事实,属于直接正犯的情形,而后者的场合即属间接正犯的情形。正如山口厚教授所言:“直接正犯与间接正犯的差异不过是肯定了(正犯的)构成要件该当性事例中的事实上的区别而已。”〔9〕但是,行为人并非自己实施而是通过他人实现构成要件的场合,依然存在成立共犯的可能性。换言之,在介入了他人行为并由该行为导致结果的场合,行为人什么时候成立间接正犯而不成立共犯,是间接正犯的定义必须体现的本质内容。

综上所述,本书认为,间接正犯是指基于法律或者事实之理由支配了实际执行者的构成要件行为或者法益侵害结果,从而居于幕后操纵者之地位,有效而确实地控制了犯罪实现的整个因果流程之人。

第二节　间接正犯的基本特征

一、间接正犯的支配性

根据本书主张的犯罪事实支配理论,正犯是指在犯罪过程中居于核心地位,操控、支配整个犯罪因果流程实现的人物。其中,

〔9〕［日］山口厚:《刑法总论》,付立庆译,中国人民大学出版社2018年版,第67页。

通常情况下由行为人亲自实施构成要件行为的,即为直接支配了构成要件实现的直接正犯;二人以上相互支持、相互利用,共同支配犯罪实现的,属于共同正犯;而并不亲自实现构成要件事实,通过支配或者操控他人的构成要件行为,从而实现法益侵害结果的即为间接正犯。由此可见,"支配"是正犯类型最本质的特征,换言之,间接正犯的"支配性"也是其正犯性的根据。正如大塚仁教授所言,从规范的观点出发,"间接正犯应该与直接正犯同等对待,这应该说是从认识其本质特征中产生的观念"。[10] 与此相对,在多数人参与犯罪的场合,仅仅为构成要件的实现提供条件或者契机,在犯罪的实现过程中仅起诱发或者帮助作用,对犯罪实现的因果流程尚未达到支配程度的,即为共犯。显然,间接正犯相比狭义的共犯最本质的特征即在于,正犯对法益侵害的过程具有优越的犯罪支配,而共犯仅起次要或辅助作用。

有学者认为,对犯罪的支配必须从既有的因果关系概念进行理解,就犯罪构成而言,单独正犯、间接正犯、共同正犯以及教唆犯、帮助犯等所有的犯罪类型之前提无不以因果关系为核心,认为行为人的参与行为与法益侵害结果之间具有因果关系,其参与行为影响了犯罪的流程,支配了法益侵害的过程,换言之,就犯罪的因果关系而言,仅存在有无之分,而无强弱之别。在犯罪参与的场合,可以说一切参与犯的参与行为与法益侵害之间均有因果关系,所以都存在支配力,而共犯亦不缺少犯罪支配。[11] 本书难以认同这样的观点。

上述论者之所以认为正犯与共犯不存在支配力上的区别,是因为其将奠定正犯基础的"犯罪事实支配"用所谓"支配力"所替代,而该论者所讲的"支配力"却是指正犯和共犯一样具备的因果

〔10〕 [日]大塚仁:《刑法概说(总论)》,有斐阁2008年版,第159页。

〔11〕 参见张伟:《正犯后正犯与犯罪参与理论研究》,载《法学家》2015年第5期。

关系，从而得出正犯与共犯都具有“犯罪事实支配”的特征。显然，上述论者在论证的过程中偷换了概念。诚然，构成要件行为与法益侵害结果之间的因果性确实是各种犯罪参与类型所必需的要素，是归责的基本前提，因此仅仅依据是否具有因果关系的确不能区分正犯与共犯。但是“因果关系”（前述论者所讲的“支配力”）与“犯罪事实支配”并非同等概念，前者是指构成要件行为与法益侵害结果之间所具有的引起和被引起的关系，而后者是指行为人对整个犯罪实现过程的决定性影响。退一步讲，即便将这种因果关系称为“支配力”，共犯与正犯的“支配力”也有高低强弱之分。也就是说，在各种参与行为与法益侵害的因果关系的基础上，立足于不法评价的量的程度这一视角，也不得不承认，在所有具有“支配力”的犯罪参与类型中，仍然存在这样的差别：间接正犯具有优越的犯罪支配，对整个犯罪事实的实现起着决定性影响，而共犯仅仅是边缘的支配，对结果的实现只能评价为次要影响，既然处于边缘或者次要地位，“支配力”便不能说是一种恰当的表达。

上述论者进一步指出，即便是共犯者也可能具有优越的支配力，“参与形式并不单独决定参与犯的不法程度或作为是否存在优越的犯罪支配的依据……即使分担了非构成要件行为，诸如作为典型的犯罪帮助的‘望风行为’，也会被认为在共同犯罪中起到了主要作用或处于支配性地位。实践中，日本的判例自古以来就习惯性地将望风者作为共同正犯予以对待，且该种看法延续至今，就是最有力的说明”。[12] 然而，如此说理存在疑问。诚然，犯罪参与形式并不是决定行为人是否具备犯罪事实支配的依据，而恰恰相反，犯罪事实支配与否确实是决定行为人的犯罪参与类型是正犯还是共犯的判断标准。而论者所举的“望风行为”，的确有依照（共同）正犯论处的情形，但这并不能证明该论者所持的“共犯具

〔12〕 张伟：《正犯后正犯与犯罪参与理论研究》，载《法学家》2015 年第 5 期。

有优越支配”这一论点。因为“望风行为”仅仅是对客观事实的抽象表达，其本身并不表明一切为实际执行者实施望风帮助的人自然成立共犯，简单形象地讲，“望风行为≠狭义共犯”。换言之，即便是“望风行为”，也应当对行为人在犯罪实现过程中所起的作用进行实质的、规范的评价，当其具备犯罪事实支配即应当以正犯论处，不具备时至多只能成立共犯（帮助犯）。总之，“犯罪事实支配”或者说“支配性”，是间接正犯自身以及区别于共犯的最本质特征。

二、间接正犯的独立性

行为人要实现法益侵害，或者说实现不法构成要件，无非是自己去实施或者通过他人实施构成要件行为，单独正犯即属前者，而包括间接正犯、共同正犯在内的其他犯罪参与类型都或多或少介入了他人的行为。间接正犯虽然同样介入了他人行为，但由于其通过支配实际执行者的行为从而控制了整个犯罪事实的实现，实际执行者的违法行为及法益侵害结果均要归属于幕后操纵者，因而处于行为支配的地位，是独立的正犯类型。[13]

在间接正犯的场合，由于从因果关系的惹起类型或者自然的因果流程上看，在通过他人行为实现法益侵害结果或侵害危险这一点上与教唆犯、帮助犯是完全一致的。据此，有学者主张间接正犯应当具有从属性而非独立性的特点，即幕后操纵者与实际执行者之间应当是从属的关系。[14] 但本书并不赞同该观点。

---

〔13〕 认为间接正犯具有独立性，或者说间接正犯是独立的正犯类型，只是意味着间接正犯并不从属于其他正犯，而不意味着间接正犯是并不利用（操纵）他人的普通单独犯罪。

〔14〕 参见黄继坤：《间接正犯的从属性及实行着手——基于间接正犯之拟制性的反思》，载陈兴良主编：《刑事法评论：不法评价的二元论》，北京大学出版社2015年版，第321页。

就共犯与间接正犯的违法性而言，共犯的违法性源于共犯行为自身的违法性和正犯行为的违法性，前者并不是指与正犯行为割裂开来的教唆或帮助行为本身的行为不法，而是指共犯不具有违法阻却事由，换言之，共犯的违法性来自正犯的违法性，即所谓“违法的连带”。但是，在间接正犯的场合，幕后操纵者却并不需要从属于实际执行者行为的违法性。

第一，间接正犯是通过介入他人行为实现法益侵害的正犯类型，刑法对其违法性的评价针对的是能表明幕后操纵者自身违法性的要素，虽然表明幕后操纵者的不法性的所有要素中包括了实际执行者的构成要件行为以及法益侵害结果，但由于幕后操纵者具有“支配性”，因而与实际执行者相关的要素都是直接作为幕后操纵者自身的不法要素来评价的。换句话说，与共犯相区别，间接正犯的违法性来源于其自身的构成要件事实，而共犯的违法性却来自其所教唆或者帮助的正犯行为的违法性。

第二，介入行为是否违法并不直接影响对间接正犯成立与否的判断。“犯罪事实支配理论”是正犯性判断的基准，介入行为是否违法并不能表明幕后操纵者对犯罪事实实现过程的支配程度，因为“支配”是从自然意义的角度，根据幕后操纵者对法益侵害结果的实现客观上所具有的影响，而不涉及价值评价的问题，介入行为是否违法，不影响幕后操纵者对实际执行者行为的操纵支配状况。换言之，实际执行者行为在价值评价上是合法或者是违法并不是幕后操纵者是否具有“支配性”的影响因素，毋宁说实际执行者的客观行为才是表明幕后操纵者“支配性”的决定因素，因此，间接正犯具有从属性的观点不具有合理性，间接正犯是独立的正犯类型。

第三，在共同犯罪理论中，“从属性”一词具有特殊的含义，即狭义共犯对正犯的从属性。利用他人的行为实现犯罪，以及倘若没有他人的行为自己的犯罪意图就不可能实现这样的客观事实，并不是“从属性”的含义。例如,“教唆犯必须通过被教唆人的犯罪决意、并且去实施他所教唆的犯罪行为,才能实现自己的犯罪意图,这是各国刑法所规定的教唆犯的特点,而非教唆犯的从属性。如果说这一特点就是教唆犯的从属性,那么,在采取共犯独立性说的刑事立法例与刑法理论中,其教唆犯也具有这一特点,因为共犯独立性说所讲的教唆犯,同样要通过被教唆人的犯罪决意、并且去实施他所教唆的犯罪行为,才能实现自己的犯罪意图,因而也包含了从属性。这是不可思议也没有意义的”。〔15〕 同样,间接正犯的犯罪意图也需要实际执行者的行为来实现,但这并不意味着间接正犯从属于实际执行者。在间接正犯对整个犯罪过程具有支配性的情况下,更不能说间接正犯具有从属性。

第三节　间接正犯与其他犯罪类型的关系

间接正犯是不同于共同正犯、教唆犯、帮助犯的行为类型,它不适用刑法总则有关共犯(主、从犯)的规定,而是按照分则的规定加以处罚,具有自己独特的性质,也就是说,间接正犯是与共同正犯、狭义共犯相区别的犯罪类型。

第一,在因果关系的惹起类型上,共同正犯属于“法益侵害的共同惹起”,狭义的共犯属于“介入了正犯行为的间接惹起”,而间接正犯则属于“支配介入行为的间接惹起”,显然,三者在因果惹起的类型上是存在区别的。

第二,从因果程度上看,共同正犯的因果性与教唆犯、帮助犯

---

〔15〕 张明楷:《论教唆犯的性质》,载陈兴良主编:《刑事法评论》第 21 卷,中国政法大学出版社 2007 年版,第 78 页。

相同，是较单独犯的因果性更加缓和的共犯的因果性。与此相对，间接正犯的因果性却应当是与单独犯的场合相当的。

第三，从行为类型上讲，就共同正犯而言，各共同犯罪人自己并未独立满足基本的犯罪构成要件，而间接正犯却是满足了该当构成要件的行为类型。

第四，狭义的共犯与共同正犯相比，不只是较轻的犯罪参与类型，而且还涉及共犯的从属性问题。教唆犯和帮助犯需要要素的“从属性”，但共同正犯并不需要（实际上也不可能）从属于其他犯罪参与者的犯罪成立要件，而是更注重共同正犯人之间的“共同性”。就间接正犯而言，既非“从属性”，也非“共同性”，间接正犯与狭义的共犯以及共同正犯区别的关键在于其“支配性”的本质特征。因此，就几种犯罪类型的处罚根据而言，教唆犯、帮助犯对正犯具有实质的或者精神上的重要作用，这与间接正犯对犯罪实现过程的支配作用在程度上是完全不同的。

但是，也不能说间接正犯和狭义的共犯是完全不同的犯罪类型。因果关系是归责的必要前提，如果法益侵害结果的发生与行为人的行为之间没有因果性，则不能让行为人对结果负责。无论是单独正犯、共同正犯还是狭义的共犯，因果关系都是必要的要件。因此，对间接正犯而言，就没有理由否定这样的要求。刑法理论上，因果性问题一般是在共犯论领域加以探讨的，“共犯论的核心，是能否认定共犯行为（共同或间接）引起了法益侵害、危险的共犯的因果性问题，以及在具有因果性的前提下，将共犯构成要件限定在何种范围的共犯的限定性问题”。〔16〕 然而，虽然间接正犯是正犯的一种类型，但仅从外观上看，其与狭义的共犯也存在相似之处，即二者在表现形式上都是通过介入他人行为实现构成要件。

---

〔16〕 ［日］佐伯仁志：《刑法总论的思之道·乐之道》，有斐阁2013年版，第370页。

但在因果性上，二者依然存在差异。其一，因果性的程度不同。教唆犯、帮助犯是较单独犯的因果性更加缓和的共犯因果性，而与此相对，间接正犯的因果性却与单独犯的场合相当。其二，因果性的惹起类型不同。狭义的共犯是介入了正犯行为的间接因果惹起类型，[17]而间接正犯是支配了他人行为的直接因果惹起类型。

就间接正犯与教唆犯的关系而言，只要故意引起了被教唆人产生实施符合构成要件的违法行为的意思进而实施违法行为的，首先便可以肯定幕后者能够成立教唆犯，其次需要进一步判断背后者是否具有对犯罪事实的支配以及支配的故意，当得出肯定结论时，幕后操纵者便成立间接正犯，当得出否定结论时，幕后操纵者便应认定为教唆犯。在此意义上讲，间接正犯与教唆犯具有阶层或者说包容的关系，间接正犯的故意也能够包容教唆犯的故意。

由于间接正犯是正犯，所以，在一个案件中同一行为人可能同时存在直接正犯行为与间接正犯行为。

第一，行为人在预备阶段直接实施预备行为（预备阶段的直接正犯），在实行阶段实施间接正犯行为。例如，王某原是某乡政府民政办公室工作人员，其子因患肌肉萎缩症去世，由于其为儿子买了人寿保险，得到了保险公司的赔偿。王某工作中，了解到村民张某俊的儿子小张也患有严重的肌肉萎缩症，于是，趁张某俊夫妇外出之际，从张某俊岳父陈某手中骗走了小张及其父亲的身份证。2012年4月6日至7月3日，王某隐瞒小张患有严重的肌肉萎缩症的事实，以张某俊的名义分别向5家保险公司为小张购买了5份人寿保险，保额共计120万元。次年8月26日，小张因病离世，王某指使陈某以张某俊的名义向各保险公司申请理赔，各保险公

---

〔17〕 参见［日］山口厚：《刑法总论》，付立庆译，中国人民大学出版社2018年版，第308页。

司均以隐瞒疾病为由拒赔并报案。[18] 在本案中，王某隐瞒小张患病事实，以张某俊的名义分别向5家保险公司为小张购买了5份人寿保险的行为，应评价为诈骗罪的预备行为。但是，这一行为是由王某直接实施的，所以，王某就预备行为而言是直接正犯。[19] 王某指使陈某向保险公司申请理赔的行为，则是诈骗罪的间接正犯。因为，向保险公司申请理赔的行为，是诈骗罪的实行行为。[20]

第二，在犯罪表现为复行为时，行为人完全可能就其中一个行为成立直接正犯，就另一行为成立间接正犯。例如，甲为了讨好丙男，对17周岁的乙女以杀害相威胁，逼迫乙女在与丙男发生性关系时，表现出极为自愿的姿态。随后，甲向丙男谎称乙女是其请来的"卖淫女"，唆使乙与丙发生性关系，乙在与丙发生性关系时假装表现为"卖淫女"。就胁迫行为而言，甲实施的是直接正犯的行为，但就奸淫行为而言，由于丙没有强奸的故意，甲实施的则是间接正犯行为。甲承担强奸既遂的刑事责任。

第三，在共同正犯中，一个行为人可能同时实施直接正犯行为与间接正犯行为。例如，A以暴力手段奸淫了不满14周岁的C女，并以杀害相威胁，要求C女与B发生性关系，并要求C声称自己是已满16周岁的"卖淫女"。随后，A唆使B与C发生性关系，B误以为C是已满16周岁的"卖淫女"，缺乏奸淫幼女的故意，因而不承担强奸罪的刑事责任。A奸淫C的行为是直接正犯，但其唆使B与C发生性关系的行为则是间接正犯，故对A应当适用轮

---

〔18〕 参见阮能文：《无特定身份者骗保如何定性》，载《检察日报》2017年1月20日，第3版。

〔19〕 正犯并非仅存在于实行阶段，在预备阶段也存在正犯（参见张明楷：《未遂犯论》，中国法律出版社、日本成文堂1997年联合出版，第466页以下）。同样，在预备阶段也可能存在间接正犯，即利用不知情的人为自己的犯罪实施预备行为时，就是预备阶段的间接正犯。

〔20〕 保险诈骗罪是身份犯，如后所述，间接正犯必须具有身份，所以王某的行为不成立保险诈骗罪，只能认定为普通诈骗罪。

奸的法定刑。

另外，间接正犯的成立，并不意味着当然否定共同犯罪的成立。这是因为，很多场合下，实际执行者成立直接正犯与幕后操纵者成立间接正犯，两者之间并非绝对排斥的关系。例如，在强制性支配的场合，幕后操纵者的意志支配便是以实际执行者的行为支配为前提的。又如，在罗克辛教授列举的“对不法程度的欺诈”与“对加重情状的欺诈”的场合，德国的主流观点认为，在构成要件不同的情况下，就某一行为或同样的行为而言成立教唆犯或间接正犯都是有可能的，伤害罪的教唆犯可能同时成立谋杀罪的间接正犯。[21] 换言之，“在同一构成要件范围内或者不同构成要件重合的范围内，依然可以确认直接正犯与幕后利用者即间接正犯间的共犯关系”。[22]

---

〔21〕 参见[德]克劳斯·罗克辛：《正犯与犯罪实施支配理论》，劳东燕译，载陈兴良主编：《刑事法评论》第25卷，北京大学出版社2009年版，第25页。

〔22〕 张伟：《正犯后正犯与犯罪参与理论研究》，载《法学家》2015年第5期。

第四章　间接正犯的正犯性

在大陆法系国家尤其是日本，间接正犯通常是在与共犯的要素从属性关系上加以讨论的。但是“虽说这种关联性不容否定，但间接正犯与共犯的要素从属性终归是两个不同的问题。间接正犯不应从共犯概念的边界开始讨论，而应该从正犯概念本身出发加以考虑，即间接正犯的正犯性问题”。[1] 有关正犯的学说，在刑法理论中一般是以“正犯与共犯的区分”这一问题展开讨论的。

第一节　正犯与共犯的区分理论

一、整体理论

整体理论以德国学者施米得霍伊泽（Schmidt Hoyzer）教授为代表，他认为在区分正犯与共犯时，单个要素独自从来不起决定作用，而只有在整体关系的内部每一单个要素才起着决定性作用。

---

〔1〕 付立庆：《刑法总论》，法律出版社 2020 年版，第 302 页。

他以并未穷尽的列举方式指出16个这样的“要素”，如在犯罪现场出现、投入力量、利益、犯罪计划等……在确定正犯时，各种要素都可能起决定性作用。〔2〕

但是，该说并未说明依据上述评价要素作为判断正犯性依据的根据，也未能给出这些要素之间的优先顺序，未能给正犯与共犯的区分提供一个指导性的原则，完全依赖于法官的自由裁量，尤其在我国的司法环境下，不能说是适当的策略选择，甚至有违反罪刑法定原则的风险，因而并不可取。

二、主观理论

主观理论一般被认为是德国帝国法院时期以来实务界所采取的正犯理论，以因果关系理论中的条件说为基础，将正犯与共犯的区分着眼于行为人的主观意志与内心态度上。根据该理论，与法益侵害结果具有条件关系的人，都是对结果设定原因的人，客观上参与人的行为对结果的作用都是等值的，所以从因果关系的角度出发并不能区分正犯与共犯，因而只能诉诸行为人的主观方面。行为人若是以所谓的正犯意志实施其行为，则属于正犯；行为人若是以所谓参加犯意志实施行为，并且意在引发或者帮助他人犯罪，则属于共犯。〔3〕

最早的主观理论曾发展至极端主观说的程度，亦即行为人即使实施了全部构成要件，但由于主观上意在为他人犯罪，而非为了自己犯罪，所以仅以共犯论处。〔4〕 这种极端的主观理论不仅在结果上难以令人接受，而且也因为违背了后来德国刑法的明文规定而很快退出历史舞台。后来，主观理论慢慢发展出客观化的判断

〔2〕 参见［德］克劳斯·罗克辛：《德国刑法学总论——犯罪行为的特别表现形式》，王世洲等译，法律出版社2013年版，第16页。

〔3〕 参见张明楷：《外国刑法纲要》，法律出版社2020年版，第261页。

〔4〕 参见［日］浅田和茂：《刑法总论》，成文堂2019年版，第417页。

标准,即不再简单地根据行为人的内心态度来区分正犯与共犯,而是在全部情况(包括行为人的参与程度、对于犯罪的支配、支配的意思等)基础之上予以查明,使正犯意志受制于客观事实。其中,最主要的依据是行为人与犯罪结果的利益相关程度,此外还包括行为人参与犯罪实现的程度,以及对犯罪事实的支配(或支配的主观意愿),这些都是判断行为人主观意志的重要依据。[5] 发展至此,也可谓客观化的主观理论。

主观理论受到的批判主要有以下几个方面,其一,根据该理论得出的结论存在明显不合理的情形。例如,行为人为了第三人的利益实施盗窃、抢劫、杀人等行为时,均不可能成立正犯,甚至会出现没有正犯的共犯的荒谬结论。其二,倘若不考虑行为,而完全根据行为人的主观方面区分正犯与共犯的标准,根本不可能清楚地界分二者。例如,当行为人内心同时为了自己和第三人利益而实施犯罪,例如共同正犯的场合,便无法适用该标准。其三,如何判断行为人的主观内容,即行为人是基于为自己利益还是为他人利益而行为的内心态度,本身就是十分困难的事情。其四,刑法分则对各罪的描述大多是就该罪的客观构成要件的表述,主观理论与不法构成要件理论并不相符,因而主观理论实不可采。[6] 其五,主观理论的内容空洞而不确定。尤其是结合诉讼上证据法的观点来看,主观理论几近于毫无可以证明的标准,因此,沦为一种可以任由法官操纵结果的学说,极端情况下,即便是亲手杀人的人,也可能被认定为杀人罪的共犯而非正犯。[7]

上述批判的见解确实揭示了主观理论的不足之处,纯粹根据行为人的主观方面根本无法操作也并不科学。可见,主观理论本

---

〔5〕 参见黄荣坚:《基础刑法学》(下),中国人民大学出版社 2009 年版,第 513 页。

〔6〕 参见林山田:《刑法通论》(下册),北京大学出版社 2012 年增订版,第 11 页。

〔7〕 参见林钰雄:《新刑法总则》,台北,元照出版有限公司 2020 年版,第 413 页。

身不仅疑问重重,而且也无益于解决间接正犯的问题,因而并非关于正犯理论的科学之选。

三、客观理论

(一)形式的客观说

形式的客观说认为,正犯是指以自己的身体动静实施符合基本构成要件行为的人,而共犯是指实施了对正犯的实行行为进行加担的,符合修正构成要件的教唆行为和帮助行为的人。[8] 换言之,亲自实施不法构成要件之全部或一部分的是正犯,实施基本构成要件之外的行为的是共犯。该观点对构成要件的理解,着眼于构成要件描述的文意,因而被称为形式的客观说。限制正犯论最早是以形式的客观说作为其理论基础的,即将正犯的成立范围严格限制在符合构成要件的行为之内,认为构成要件的实现必须由行为人亲自为之。

形式的客观说为1930年之前的德国通说。该说同样受到了质疑:以形式的客观说为标准,正犯的成立范围十分有限,仅仅及于直接正犯以及一部分共同正犯。具体而言,其一,该理论面临的最大难题是无法解释间接正犯。例如,有学者认为,间接正犯处于幕后,在形式客观层面不能将其评价为正犯之构成要件该当行为,[9]换言之,根据该理论,由于间接正犯是利用他人而非自己亲手实施构成要件行为,因而并不属于正犯。倘若按照这种观点,教唆3岁幼童实施犯罪的场合,幕后操纵者由于并未实施构成要件行为,便不能以正犯论处,但现实中,确实存在并非亲手实施构成要件行为的幕后人物,这也是形式的客观说所不能解决的。其二,该理论无法解释共同正犯。根据该理论,行为人只有参与全部或

---

〔8〕 参见张明楷:《刑法学》,法律出版社2021年版,第510页。

〔9〕 参见林山田:《刑法通论》(下册),北京大学出版社2001年版,第8页。

部分构成要件该当行为之实行，才能构成共同正犯，至于在形式客观层面并无实行构成要件该当行为之人，则不能成立共同正犯。[10] 其三，实行行为概念本身也很难说是具有明确内容的确定概念，有必要规范评价。

（二）实质的客观说

从因果关系的角度看，形式的客观说显然有违因果归责理论，而实质的客观说即是为了克服形式客观说的缺陷而产生的理论。所谓实质客观说理论，是指从行为之实质支配作用的角度来论断犯罪参与人的刑事责任范围。[11] 也就是说，“正犯与共犯的区分并不是只看行为人是否实施了构成要件行为，而是要看行为人对构成要件实现所起的作用”。[12] 其实，实质的客观说只是一个泛称，由于没有形成统一的认识，这其中又包含有多种学说。

原因说认为，对犯罪的结果给予原因者即为正犯，仅给予条件者则属共犯。原因说将实施了导致结果发生的行为当作实行行为，即正犯是实施实行行为之人，而共犯是实施实行行为之外的行为之人。[13] 原因说看似并未放弃实行行为的定型功能，但从实质上看，其对实行行为的认定并不是以构成要件该当行为为标准，而是将其扩大为只要是与结果有关的行为均为实行行为，这种做法并不妥当。另外，犯罪包括行为犯和结果犯，对于行为犯并不要求结果的发生作为构成要件内容，因而把造成结果发生的原因行为与实行行为等同起来，显然不够恰当。因此，原因说已被彻底淘汰。

重要作用说认为，对构成要件结果的发生起重要作用的即为

---

〔10〕 参见林山田：《刑法通论》（下册），北京大学出版社2001年版，第8页。

〔11〕 参见黄荣坚：《基础刑法学》（下），中国人民大学出版社2009年版，第512页。

〔12〕 参见张明楷：《刑法学》，法律出版社2021年版，第534页。

〔13〕 参见马克昌：《比较刑法原理：外国刑法学总论》，武汉大学出版社2012年版，第570页。

正犯，反之则为共犯。例如，平野龙一教授认为，对于正犯与共犯的区分，应当从实质上进行考察，正犯的行为对犯罪的完成必须在实质上起到“必要的或重要的作用”；必要性说与重要作用说相类似，认为正犯是对于犯罪事实不可或缺的加工者，而共犯则并非不可或缺；同时性说认为，在犯罪行为的同时对该犯罪事实予以加工者为正犯，而在犯罪行为之前予以加工者则属于共犯；优势说认为，共同正犯与帮助犯之间没有固定的区分标准，需要根据不同情况进行具体判断。而共同正犯与共犯的最大区分标准是，正犯对犯罪事实具有优势关系，而共犯所加功的犯罪事实仅为附属的部分。[14] 这些学说中有的是判断标准不明确，如重要作用说、必要性说、优势说，看似提出了正犯与共犯的区分标准，实则其标准本身的内容界定便是一个很困难的问题。而同时性说虽然提出了较为明确、方便认定的标准，但是该理论却无法解释间接正犯，因而均不能说是恰当的正犯理论。

犯罪事实支配说（或称行为支配说）认为，在实现犯罪中作为关键人物或核心人物对事件施加决定性影响的人，拥有犯罪事实支配，是正犯。[15] 换言之，犯罪事实支配是论证“正犯是谁”时的指导原理，而谁是正犯，谁是共犯，主要取决于谁在犯罪进程中居于实质性的支配地位。其中，凡是能够以自己的意思驾驭、主导、操纵整个犯罪流程，从而将结果的发生牢牢掌控在自己手中的，就是正犯；凡是对犯罪的实现仅起诱发、启动或促进等参与作用，而不能对犯罪进程实行支配控制的，就是共犯。[16] 该说的集大成者

---

〔14〕 参见张明楷：《外国刑法纲要》，法律出版社2020年版，第262页。

〔15〕 参见［德］克劳斯·罗克辛：《正犯与犯罪事实支配理论》，劳东燕译，载陈兴良主编：《刑事法评论》第25卷，北京大学出版社2009年版，第5页。

〔16〕 参见钱叶六：《间接正犯与教唆犯的界分——行为支配说的妥当性及其贯彻》，载陈兴良主编：《刑事法评论》第28卷，北京大学出版社2011年版，第364页。

罗克辛教授认为,“犯罪事实支配”具体包括以下三种样态:第一种是作为行为支配的直接正犯,第二种是作为意志支配的间接正犯,第三种是作为功能支配的共同正犯。〔17〕 犯罪事实支配理论同样受到学者的质疑,例如,有学者认为,“‘行为支配’这一概念,即便适合于说明间接正犯的正犯性,但在共同正犯中,难以认定对其他共同参与者也存在‘支配’。为此,有观点将‘行为支配’视为仅仅是狭义的正犯的特有性质,而共同正犯作为共犯的一种类型,就在其射程之外”。〔18〕 然而,犯罪事实支配理论中“支配”的对象并非犯罪参与人,而且也不止于对“行为”的支配,而是对包括行为和法益侵害结果在内的整个犯罪事实实现过程的支配。在共同正犯的场合,因为正犯之间相互补充、相互利用其他人的行为,便使自己的行为与其他正犯的行为结合在一起共同导致了法益侵害结果的发生,虽然形式上看各自只承担了部分行为,但是实质上每个正犯者的行为对构成要件的实现都起到了关键作用,即达到对整个犯罪事实的支配,因而上述批判并不一定妥当。

四、主客观择一标准说

我国台湾地区的实务界有关正犯与共犯区别的立场,可谓独树一格,采取的是极端扩张的“主客观择一标准说”,〔19〕亦即,扩张到主、客观标准中“择一”(主观 V 客观)为正犯者,即可认定为正犯,并据此承认了共谋共同正犯。〔20〕 按照该说的立场,以自己

〔17〕 参见[德]克劳斯·罗克辛:《正犯与犯罪事实支配理论》,劳东燕译,载陈兴良主编:《刑事法评论》第25卷,北京大学出版社2009年版,第8页。

〔18〕 [日]松原芳博:《刑法总论重要问题》,王昭武译,中国政法大学出版社2014年版,第284页。

〔19〕 该说仅为我国台湾地区实务界所采学说,但学理界仍以犯罪事实支配理论为通说。

〔20〕 参见林钰雄:《新刑法总则》,台北,元照出版有限公司2020年版,第414页。

犯罪的意思参与犯罪,不论行为是否属于构成要件行为,均为正犯;以为他人犯罪之意思参与犯罪,但若行为至少符合了构成要件的一部分,则仍属正犯,只有参与者的行为属构成要件之外的行为时,才为共犯。例如,2017 年台上字第 862 号刑事判例指出:"现行刑法关于正犯、从犯之区别,本院所采见解,仅以其主观之犯意及客观之犯行为标准,凡以自己犯罪意思而参与犯罪,无论其所参与者是否犯罪构成要件之行为,皆为正犯,其以帮助他人犯罪之意思而参与犯罪,其所参与者,苟系犯罪构成要件之行为,亦为正犯,必以帮助他人犯罪之意思而参与犯罪,其所参与者又为犯罪构成要件之外之行为,始为从犯(按帮助犯)。"

然而,这种择一立场的缺陷十分明显。一方面,该说一定具有主观说的所有缺陷。例如,按照该说,行为人只要是为了第三人的利益实施盗窃、抢劫、杀人等行为时,均不可能成立正犯,这就为意欲犯罪之人提供了一道护身符,即任何人犯罪之时均可以伪装成为他人犯罪,且这种伪装从证据证明角度很难被识破。另一方面,虽然该说与主观说相比加入了与构成要件相关的考虑,但尚不足以解决主观说过度扩大正犯范围又不当缩小共犯范围的问题,与刑法的谦抑性相违背,亦脱离了犯罪的本质。按照该说,只要参与构成要件行为一部分者,均为正犯,而没有共犯成立余地,而且即便没有参与构成要件行为,但只要为了自己犯罪,则也要成立正犯。如此,同样是为盗窃望风的行为,甲主观上为帮助盗窃者而望风的,成立共犯;乙主观上为泄私愤而为盗窃者望风的,却要成立正犯。然而,倘若就犯罪的本质是法益侵犯的角度而言,甲与乙的望风行为本质上都是通过盗窃者的行为对法益产生侵害,且作用大小也无异,因此,将甲乙的行为区别认定,将乙望风的行为等同于盗窃者的正犯行为,明显不合理。

五、犯罪事实支配理论之提倡

犯罪事实支配说发轫于德国,并在德国居于通说的地位,同时在大陆法系其他国家中也可谓主流学说。例如,大谷实教授认为,将间接正犯和直接正犯等同看待的根据在于,利用人按照自己的意思对被利用人的动作或者行为进行支配,也就是按照自己的愿望进行驱使,以实现其所预期的犯罪目的,因此,实质上,行为支配说是妥当的。〔21〕 在我国,多数学者认可犯罪事实支配说的观点。例如,张明楷教授在其第5版《刑法学》中指出,在正犯与共犯的区分上,犯罪事实支配理论具有可取性,即行为人自己直接支配构成要件事实的(直接正犯),或者通过支配他人的行为进而实现构成要件事实的(间接正犯),以及在共同实现构成要件事实的过程中居于支配地位的(共同正犯),都是正犯。〔22〕 陈兴良教授也认为:"支配说从幕后操纵者对实际执行者实质的支配关系上来论证间接正犯的正犯性,是较为可取的一种学说。"〔23〕

犯罪事实支配理论以"犯罪支配"这一上位概念一举解释了直接正犯、间接正犯以及共同正犯所有的正犯类型,理论上居于优势地位。本书也遵从犯罪事实支配说的立场。相比其他学说,犯罪事实支配说具有以下优势:

第一,犯罪事实支配理论使得间接正犯与"正犯优先性"这一基本观点相吻合。间接正犯作为本来意义上的正犯,必须从固有之正犯概念论证其正犯性。间接正犯的正犯性认定,自然应当立足于正犯自身的属性,其他类似的判断角度及判断标准都是下位的。犯罪事实支配说不像其他类似理论一样将关注的焦点过多地集中于实际执行者一方,而是着重揭示幕后操纵者客观上存在的

〔21〕 参见[日]大谷实:《刑法讲义总论》,黎宏译,中国人民大学出版社2008年版,第142页。

〔22〕 参见张明楷:《刑法学》,法律出版社2016年版,第392页。

〔23〕 陈兴良:《教义刑法学》,中国人民大学出版社2010年版,第199页。

犯罪支配事实，优先考虑行为人是否成立间接正犯，这与“正犯优先性”的路径是相符的。

第二，犯罪事实支配理论在解释间接正犯的正犯性问题上具有优越性。详言之，由于参加人对犯罪的实施可以是以有层次的形式得到行为支配，区别间接正犯与共犯就取决于实际执行者的行为是否被幕后操纵者的“意志支配”所决定。间接正犯应当被认为，如果幕后操纵者认识到实行执行者无责任能力，或者认识到可以导致不提起责任谴责的情况，以及如果幕后操纵者对他正确认识的情况以这样的方式加以利用，使他对该实际执行者如同工具一般把握“在手”，利用他强势的意志支配间接地掌控该实际执行者对行为的实施。[24] 间接正犯具有犯罪事实支配性的先决条件是，整个事件表现为幕后操纵者意志操纵的杰作，幕后操纵者通过其影响力将实际执行者控制在手里。对幕后操纵者而言，为了其犯罪事实支配能够被肯定，犯罪工具必须处于从属的地位，从属地位的认定能够以强迫、错误、无责任能力等事实为基础。间接正犯的法角色并不是无限制地被加以适用，在作为犯罪工具的行为人本身是负完全责任的正犯的情况下，间接正犯的可能性消失，因为刑法认为，直接行为之人在此情况下应当以正犯身份对行为承担后果，因此，他不可能同时成为他人手中的“犯罪工具”。[25]

第三，相较于其他客观说，犯罪事实支配理论可以为包括直接正犯、间接正犯以及共同正犯在内的所有类型正犯的正犯性提供合理的理论依据，并能为正犯与共犯的划分提供清晰的指导原理，

---

〔24〕 参见［德］约翰内斯·韦塞尔斯：《德国刑法总论》，李昌珂译，法律出版社2008年版，第302页。

〔25〕 参见［德］汉斯·海因里希·耶赛克、托马斯·魏根特：《德国刑法教科书》（下），徐久生译，中国法制出版社2017年版，第898页。

因而具有适用上的普遍性。[26] 在犯罪事实支配理论提出之前，学界一直在探求一种将包括直接正犯、间接正犯、共同正犯在内的所有正犯类型与共犯（特别是教唆犯）相界分的有效方法，而犯罪事实支配理论恰好满足了这一要求。

第四，犯罪事实支配理论对间接正犯与教唆犯的界分起到更加积极的作用。在间接正犯的场合，虽然存在第三者的介入，但该实际执行者仅仅是行为人所操纵的行为工具。行为人居于幕后却能确实主宰、支配实际执行者的行为决定、行为与否以及行为样态等，换言之，行为人掌握着犯罪的整个过程。这与教唆犯显然不同，教唆犯虽然也居于幕后，但它却具有共犯从属性的本质。在教唆犯的场合，固然被教唆者的意思决定同样受到教唆者的重大影响，教唆者对被教唆者存在一定程度的影响力，然而，被教唆者对于是否实行以及如何实行，仍然具有决定的自由，而非教唆者所能独立支配的情状，教唆者对被教唆者尚未达到“支配”的程度。因此，虽然间接正犯与教唆犯在客观上均属幕后之人，但犯罪事实支配理论很好地解释了两者属于本质区别的犯罪类型。

基于上述理由，本书主张犯罪事实支配理论，即正犯是指在犯罪过程中居于核心地位，操控、支配整个犯罪因果流程实现的人物。行为人亲自实施构成要件行为，即为直接支配构成要件实现的直接正犯；二人以上相互支持、相互利用，共同支配犯罪实现，属于共同支配构成要件实现的共同正犯；并非亲自实现构成要件事实，而是通过支配或者操控他人的构成要件行为，从而实现法益侵害结果的即为间接正犯。由此可见，“支配”是正犯类型最本质的特征，间接正犯具备“支配性”也是其正犯性的根据；间接正犯与

---

〔26〕 参见钱叶六：《间接正犯与教唆犯的界分》，载陈兴良主编：《刑事法评论》第28卷，北京大学出版社2011年版，第365页。

直接正犯应当等同对待。与此相对,多数人参与犯罪的场合,仅仅为构成要件的实现提供条件或者契机,在犯罪的实现过程中只起诱发或者帮助作用,对犯罪实现的因果流程尚未达到支配情状的,即为共犯。显然,间接正犯相比狭义的共犯,最本质的区别在于,正犯对法益侵害的过程具有优越的犯罪支配,而共犯仅起次要或辅助作用。

第二节　间接正犯的正犯性

一、学说分类

间接正犯是正犯,具有独立的正犯性。间接正犯的正犯性所讨论的问题,是在幕后操纵者以他人为媒介,间接地实现犯罪的场合,幕后操纵者什么情况下成立间接正犯、什么情况下成立共犯?理论上存在实行行为说、意志支配说、工具说、规范障碍说等诸多学说。

以往,学者们通常只是介绍各种学说的内容,并从中选取自己主张的观点进行阐述,但却往往忽视了学说之间的内在联系。在本书看来,各种理论实质上未必不同,很大程度上只是思考角度的区别。实际上从不同的视角,可以将这些学说分为两类,第一类是从幕后操纵者的角度出发的学说,包括以幕后操纵者是否具备实行行为性为根据的实行行为说,以及以幕后操纵者是否对犯罪事实具备意志支配的意志支配说。第二类是着眼于实际执行者的各种学说,包括强调实际执行者工具属性的工具说,以及着眼于实际执行者自身答责性的各种学说。进一步而言,与实际执行者答责性相关的学说又可以分为两类:一类是以日本学者为代表的学说,包括自律行为介入说、一次责任说、规范障碍说；另一类是以德国学者为代表的答责原理。

二、以幕后操纵者为视角的学说

以幕后操纵者为视角，从实质客观说的角度说明间接正犯的正犯性，可谓处于德、日刑法理论的通说地位，但是，德、日在实质客观说的内部却表现出不同倾向：日本基本是以构成要件实现或者结果发生的“现实危险性”为判断基准，主张实行行为说（或危险性说）的立场；而德国则是以行为人对构成要件实现或者结果发生的过程具有“支配性”作为判断基准，主张犯罪事实支配说的立场。

（一）实行行为说

实行行为说是目前日本通说的间接正犯的正犯性理论。该说的主要观点是：实行了构成要件类型化行为的均为正犯，直接正犯为亲自实现构成要件之人，因而具有实行行为性；间接正犯的场合，幕后操纵者虽未亲手实现构成要件，但在通过利用不知情者等实际执行者实现犯罪这一点上，与直接正犯只不过是行为方式上的差别而已，依然应当肯定其实行行为性。该说在具体判断间接正犯行为是否为符合构成要件的行为时又分为“现实危险性说”与“伦理评价说”两种不同路径。

日本通说采取的是“现实危险性说”。该说认为，“所谓正犯，应解释为自己亲手实行具有实现构成要件之‘现实的危险性’行为者。间接正犯系与直接正犯同样，由于实行具有构成要件的现实危险之行为，故被视为正犯”。[27] 例如，其中有力的观点认为：若以实行行为性为基准，间接正犯的正犯性格的实体存在与直接

〔27〕［日］川端博：《刑法总论二十五讲》，余振华译，中国政法大学出版社2003年版，第382页。

正犯无差别的实行行为性，即幕后操纵者主观上具备实行的意思，客观上具有利用实际执行者的行为实现法益侵害结果或危险的现实的危险性。〔28〕换言之，本来正犯是指实施了可能实现构成要件“现实的危险性”行为的人，从规范上讲，间接正犯与直接正犯一样，同样是因为实施了上述危险行为才成立正犯。

“伦理评价说”认为，从伦理评价上看，幕后操纵者的行为应当是符合构成要件的实行行为，因而应当将幕后操纵者视为正犯。该说的代表性表述为：“所谓间接正犯，也是伦理性的，因而也成为构成要件行为的问题。这是一种自己不下手，而通过利用他人——然而并不是教唆他人去实行犯罪——来实行自己的犯罪的情形。例如，唆使精神病人去放火的行为，让不知道的护士给患者服下毒药的行为等，即可认定为是自己放火和杀人。这些行为的构成要件，尽管是以物理的行为（身业）为其内容的，但又是以智能地使动他人的行为（语业）为内容的，并且在具体事件中，从伦理评价中认定其符合构成要件行为即为实行的。这是间接正犯的特点。”〔29〕

（二）意志支配说

最早的间接正犯理论——“工具说”的基本观点是，直接实施构成要件行为的实际执行者是按照幕后操纵者的意思实施违法行为的，故将实际执行者解释为“工具”，背后的幕后操纵者是正犯。但实质上，这种场合毋宁说是因幕后的操纵者对实际执行者的支配而成为正犯，此即“犯罪支配理论”的核心观点。就间接正犯的认定而言，犯罪事实支配理论认为，行为人不仅可以通过亲自实施犯罪来实现对整个犯罪流程的控制，同时也可以利用意志控制将

---

〔28〕参见［日］大塚仁：《刑法概说（总论）》，有斐阁2008年版，第158页；［日］川端博：《刑法总论讲义》，成文堂2013年版，第541页。

〔29〕［日］小野清一郎：《犯罪构成要件理论》，王泰译，中国人民公安大学出版社2004年版，第94页。

他人工具化，假他人之手来完成犯罪，这时行为人构成间接正犯，即所谓的“意志支配说”。

按照罗克辛教授的观点，成立间接正犯的情形大致可以分为三种类型：利用威胁强制对他人进行意志控制，利用欺骗等手段使他人陷入认识错误而完成意志控制，或者利用有组织的国家机器来实现意志控制。〔30〕

第一种，利用强制的意思支配。利用强制的意思支配，是指幕后操纵者能够通过强制实际执行者去实现行为构成，从而作为幕后操纵者控制行为构成。此时，问题的焦点在于，幕后操纵者施加的压力必须达到什么程度才足以认为其控制了整个行为构成，进而成立间接正犯。主流观点认为，幕后操纵者是否成立间接正犯取决于被强制者的行为是否符合《德国刑法》第35条规定的前提，即幕后者的行为对实际执行者形成了现实的、别无他法可以避免的对生命、身体或者自由的危险，从而使实际执行者丧失答责能力时，就应当认为幕后者所实施的行为足以构成意志支配，便成立间接正犯。〔31〕此外，在幕后操纵者创设一种符合《德国刑法》第35条规定的外部状况，并将他人拖入这样的免责性紧急避险的状态，或者幕后操纵者虽然没有创设这样的外部状况，但是发现了该状态，并将其与自己的犯罪目的绑定时，幕后操纵者都可能成立间接正犯。〔32〕不同的是，如果幕后操纵者发现这种免责性紧急避险的状态后，仅仅作为局外人发挥作用，帮助他人摆脱危险，而没有创设或者改变该状态，则幕后操纵者就不可能构成间接正犯，而仅

---

〔30〕 参见［德］克劳斯·罗克辛：《德国刑法学总论——犯罪行为的特别表现形式》，王世洲等译，法律出版社2013年版，第21页。

〔31〕 参见［德］克劳斯·罗克辛：《德国刑法学总论——犯罪行为的特别表现形式》，王世洲等译，法律出版社2013年版，第21页。

〔32〕 参见［德］克劳斯·罗克辛：《德国刑法学总论——犯罪行为的特别表现形式》，王世洲等译，法律出版社2013年版，第22页。

可能构成教唆犯或者帮助犯。[33]

第二种,利用认识错误的意志控制。利用认识错误的意志控制,是指幕后者往往能预见到幕前人所不知道或者不愿意承认的事实,其不必通过强迫,而仅仅借助广泛的认知优势,将幕前人作为单纯的原因,纳入自己的犯罪计划之中。在这样的意志控制中,幕前人答责能力的丧失与否同幕后者对幕前人的利用并不(也不需要)一致或者同步,换言之,由于意志控制结构的差别,在利用强制的意志控制中所适用的答责原则不能转用到这里。根据幕前人所发生的认识错误的类型,这样的意志控制大致可以分为以下四种类型:

类型一:幕后者利用实际执行者欠缺构成要件故意的行为。

其中包括:(1)幕后者使幕前人陷入一种排除故意的构成要件错误之中,以此利用幕前人实施犯罪。[34] (2)幕后者虽然没有造成幕前人阻却故意的认识错误,但是却利用这样的认识错误,使幕前人成为其实施犯罪的工具。(3)在幕前人处于有认识的过失的场合,幕前人有认识但却否定结果出现的可能性,而幕后者则可能凭借认知上的优势,认识到结果发生的确定性或者高度盖然性。在这里,较多的认识使幕后人可以创设或者利用幕前人的过失进而对结果进行控制,而幕前人则相信结果不会发生。(4)幕后者欺骗幕前人,让幕前人错误地认为自己处于一种正当化状态;或者

---

〔33〕 参见[德]克劳斯·罗克辛:《德国刑法总学论——犯罪行为的特别表现形式》,王世洲等译,法律出版社 2013 年版,第 22 页;[德]汉斯·海因里希·耶赛克、托马斯·魏根特:《德国刑法教科书》(下),徐久生译,中国法制出版社 2017 年版,第 906 页。

〔34〕 参见[德]汉斯·海因里希·耶赛克、托马斯·魏根特:《德国刑法教科书》(下),徐久生译,中国法制出版社 2017 年版,第 905 页;[德]克劳斯·罗克辛:《德国刑法学总论——犯罪行为的特别表现形式》,王世洲等译,法律出版社 2013 年版,第 25 页;[德]乌尔斯·金德霍伊泽尔:《刑法总论教科书》,蔡桂生译,北京大学出版社 2015 年版,第 411 页。

利用幕前人已经发生的对正当化前提事实的认识错误,来实现自己的犯罪目的。[35] (5)利用“合法工具”的问题。这里主要是指,幕前人的行为在客观和主观上都是合法的,但这样的合法状态却是幕后人为实现犯罪所创设出来的。实践中主要包括:利用国家行为,诉讼欺诈,有意识地造成正当防卫的状态等。[36] (6)欺骗他人自伤的情况。一般认为,通过欺骗使他人陷入一定的认识错误,导致被害人自杀的场合,幕后者通常不成立间接正犯;如果幕后者利用自己所掌握的优越知识,更好地预见到了结果出现的风险,就可能出现被害人仅有过失而幕后者却是故意造成被害人死亡的情况,这里也有成立间接正犯的可能。[37] 简言之,在前四种情况下,幕前人因为对构成要件认识错误或者对正当化前提事实认识错误,而没有故意(但有可能有过失);第五种情况下,幕前人行为合法,当然也没有故意;第六种情况下,行为人的行为不符合构成要件的客观方面,当然也不具有故意;在幕后者创设或者利用这些情况进行犯罪的场合,都有成立间接正犯的可能。

类型二:幕后者利用实际执行者具有禁止性认识错误的行为。

---

〔35〕 参见[德]乌尔斯·金德霍伊泽尔:《刑法总论教科书》,蔡桂生译,北京大学出版社 2015 年版,第 414 页;[德]克劳斯·罗克辛:《德国刑法总学论——犯罪行为的特别表现形式》,王世洲等译,法律出版社 2013 年版,第 26 页。

〔36〕 参见[德]克劳斯·罗克辛:《德国刑法总学论——犯罪行为的特别表现形式》,王世洲等译,法律出版社 2013 年版,第 27 页;[德]汉斯·海因里希·耶赛克、托马斯·魏根特:《德国刑法教科书》(下),徐久生译,中国法制出版社 2017 年版,第 903 页。

〔37〕 参见[德]克劳斯·罗克辛:《德国刑法总学论——犯罪行为的特别表现形式》,王世洲等译,法律出版社 2013 年版,第 27 页;[德]汉斯·海因里希·耶赛克、托马斯·魏根特:《德国刑法教科书》(下),徐久生译,中国法制出版社 2017 年版,第 900 页;[德]乌尔斯·金德霍伊泽尔:《刑法总论教科书》,蔡桂生译,北京大学出版社 2015 年版,第 414 页;[德]冈特·施特拉腾韦特、洛塔尔·库伦:《刑法总论 Ⅰ——犯罪论》,杨萌译,法律出版社 2004 年版,第 308 页。

如果幕后人使幕前人陷入不可避免的认识错误,并以此来控制整个犯罪流程,幕后者成立间接正犯。有争议的是,如果(由幕后人所导致的)幕前人陷入的认识错误是可避免的认识错误时,幕后者是否成立间接正犯?

例如,“邪魔猫王案”:“T1、T2 及 W 三人好友,终日怪力乱神。T1 与 T2 嫉妒 O 女,欲杀之而后快,两人深知 W 迷信甚深且易受左右,遂向 W 宣称,邪魔猫王指定要以 O 女的身躯献祭,命 W 执行,否则邪魔猫王发怒将大祸于人间,取走百万生灵之性命。W 知道,这是要他执行‘杀人’之事,遂援引《圣经·九月》摩西十诫的第五诫(不得杀人),但 T1 与 T2 说服 W,又如上帝要亚伯拉罕杀子献祭一样,第五诫有但书规定,并不适用在执行上帝委托的任务,更何况这是拯救百万生灵的合法志业。W 屈服此说,遂执行杀死 O 的任务。”[38]

有观点认为,处于可避免的禁止性错误中的幕前人 W,总能迫使幕后人退回到单纯教唆人的位置,其理论基础是在“凭借强制的意志控制”中适用的答责原则。[39] 更具说服力的观点则认为,禁止性错误是否可以避免,并不能影响在实际案件中幕后者通过编造允许性事由来造成幕前人的禁止性错误的发生,进而完成对犯罪行为的支配。也就是说,幕后者并不会因为幕前人仍然具有责任能力而丧失对整个犯罪计划的控制;相反,正因为幕前人具有责任能力,具有避免认识错误的可能性,幕后者必然要做更多的努力才能完成对幕前人的欺骗和洗脑,使其陷入认识错误,实现意

〔38〕 林钰雄:《新刑法总则》,台北,元照出版有限公司 2020 年版,第 419 页。本案例基础事实改编自德国的“邪魔猫王案”:BGHSt 35,347(Katzenkönigfall)。

〔39〕 参见[德]汉斯·海因里希·耶赛克、托马斯·魏根特:《德国刑法教科书》(下),徐久生译,中国法制出版社 2017 年版,第 906 页;[德]冈特·施特拉腾韦特、洛塔尔·库伦:《刑法总论 I ——犯罪论》,杨萌译,法律出版社 2004 年版,第 303 页,不过斯特拉腾韦特教授的观点偏中立。

志控制;这更表征了幕后者对整个犯罪流程的掌控,更能肯定其成立间接正犯而不是教唆犯。[40]

例外的情况在于,如果幕前人的认识错误是以敌视法律为基础,或者幕后者没有直接造成幕前人作出决定,也没有引起禁止性错误,而仅仅是对幕前人予以支持的话,幕后者对幕前人的意志控制一般被否定,不成立间接正犯。例外的例外在于,如果幕后者注意到幕前人完全没有法律认识,因而决定性地影响他去实施犯罪,在这里又可以肯定间接正犯的成立,因为,幕后者控制事件的关键在于造成幕前人去实现构成要件的行动,而不是引起幕前人的禁止性错误。

类型三:幕后者利用实际执行者对免责性紧急避险的认识错误。这主要是指,幕后者虚构《德国刑法》第35条规定的条件,从而使幕前人产生认识错误,以为自己处于免责的紧急避险的状态中,从而造成了幕后者追求的结果。在这种情况下,造成实际执行者的错误或者利用其错误的幕后者成立间接正犯。

类型四:幕后者就与犯罪相关的事实对实际执行者进行欺骗。此时,实际执行者具有完全的犯罪性,即构成要件符合性、违法性和有责性,但由于幕后者的欺骗,导致实际执行者实现了幕后者的计划,幕后者成立间接正犯。一般认为主要包含三种情况:对不法程度的欺骗、对加重情节的欺骗以及对被害人身份的欺骗。这里需要强调的是,当不法程度或者说加重情节本身属于其他(加重的)犯罪的构成要件,那么幕后者创设或者利用幕前人对这些情状的认识错误进而达到犯罪的目的,就可能构成间接正犯,当然这

---

〔40〕 参见[德]克劳斯·罗克辛:《德国刑法总学论——犯罪行为的特别表现形式》,王世洲等译,法律出版社2013年版,第30页;[德]乌尔斯·金德霍伊泽尔:《刑法总论教科书》,蔡桂生译,北京大学出版社2015年版,第415、416页。

里可能存在一个基本犯的教唆犯和加重犯的间接正犯的竞合。[41]

最有争议的是对被害人身份的欺骗。例如,甲欺骗乙使其相信,在夜色中从路上走过来的丁就是其所想要杀害的仇人丙,从而借助乙的手将丁杀害。罗克辛教授认为,在这里,甲杀人的故意(对象是丙)已经产生,甲不可能构成教唆犯。而对于乙想要杀害丙这个计划而言,甲的欺骗行为不仅没有帮助到乙,反而使其犯罪计划落空。而就丁的死亡结果而言,甲的欺骗行为具有决定意义,如果没有甲的欺骗,即使丁同样从路上走过来,也不会被乙射杀;因为乙的目的不是要杀害丁,而是要杀害丙,之所以会发生丁死亡的结果,完全是甲的欺骗所致;因此甲构成故意杀人罪的间接正犯。此外,需要注意的是,乙发生了对行为对象的认识错误,这个认识错误对于乙的行为定性和法律评价没有影响;但这个认识错误正是甲完成其意志控制,实现犯罪计划的核心,也是认定甲成立间接正犯的关键。反对的观点认为甲不成立间接正犯,但究竟如何认定,则并不统一。[42]

总之,由于意志控制结构的不同,在凭借认识错误的意志控制的场合,实际执行者是否具有答责能力与幕后者是否成立间接正犯之间没有必然联系,实际执行者对犯罪结果直接的行为控制与幕后者通过认识错误的意志控制进而控制犯罪结果的发生之间并不矛盾,甚至前者是后者得以实现的前提。

第三种,利用有组织的国家机关的意志控制。利用有组织的国家机关的意志控制是指,幕后者对实际执行者的意志控制不需

〔41〕 以上四种类型,参见[德]克劳斯·罗克辛:《德国刑法总学论——犯罪行为的特别表现形式》,王世洲等译,法律出版社 2013 年版,第 31 ~37 页。

〔42〕 参见[德]克劳斯·罗克辛:《德国刑法总学论——犯罪行为的特别表现形式》,王世洲等译,法律出版社 2013 年版,第 37 页;[德]冈特·施特拉腾韦特、洛塔尔·库伦:《刑法总论 I ——犯罪论》,杨萌译,法律出版社 2004 年版,第 306 页。

要依赖强制或者欺骗,因为国家机器本身就能够保证幕后者犯罪目的的实现;实际执行者虽然具有完全的责任能力,也要成为具体犯罪的直接正犯,但其仍然沦为幕后者犯罪的"工具",并不能阻碍幕后者间接正犯的成立。因为在这类案件中,对于幕后者所要实现的犯罪控制而言,重要的是国家机器所确立的对命令执行性的保障,而不是实际执行者是否具有完全的责任能力;甚至实际执行者是谁也并不重要,其随时也可能被"替换"。〔43〕 当然,这种凭借组织的意志控制并不仅仅存在于国家机关之中,在组织极其严密,控制性极强的恐怖组织、极端组织以及黑社会组织中,也可能存在。有争议的是,能否将组织控制扩展至经济企业,大部分学者都拒绝了这样的想法,因为在经济企业中缺乏组织控制所要求的严苛的条件。〔44〕

(三)以幕后操纵者为视角的学说评价

实行行为说的观点是从构成要件的立场理解间接正犯的实行行为性,这与直接正犯的正犯性判断思路相一致,维护了罪刑法定原则的基本要求,它从实质、规范的角度考察构成要件行为的标准,克服了构成要件形式客观说的弊端,具有可取之处,而且实行行为说认为间接正犯本质上具有与直接正犯的实行行为相同的性质,因而肯定间接正犯的正犯性无疑是正确的思路。但是,实行行为说也并非完美,相较之下,意志支配说的观点更具妥

〔43〕 参见[德]克劳斯·罗克辛:《德国刑法总学论——犯罪行为的特别表现形式》,王世洲等译,法律出版社2013年版,第37页及以下;[德]乌尔斯·金德霍伊泽尔:《刑法总论教科书》,蔡桂生译,北京大学出版社2015年版,第416页。

〔44〕 参见[德]克劳斯·罗克辛:《德国刑法总学论——犯罪行为的特别表现形式》,王世洲等译,法律出版社2013年版,第44页及以下;[德]冈特·施特拉腾韦特、洛塔尔·库伦:《刑法总论Ⅰ——犯罪论》,杨萌译,法律出版社2004年版,第307页;[德]乌尔斯·金德霍伊泽尔:《刑法总论教科书》,蔡桂生译,北京大学出版社2015年版,第417页。

当性。

第一，实行行为说中的“现实危险性说”常常受到这样的批判，首先，在间接正犯的场合，导致构成要件实现的现实危险性通常并非幕后操纵者的利用行为，而是实际执行者导致构成要件实现的工具行为。〔45〕 其次，一般意义上的实行行为是指符合刑法规定的犯罪构成要件并具有侵害法益的现实危险性的行为，但间接正犯只是对他人实施犯罪行为起到诱致、促进作用，自己并未着手实施犯罪，很难认为其具有与实行行为相当的侵害法益的现实危险。另外，实行行为概念本身就具有相当的模糊性，“实行行为”的内涵也有多种不同的解读，如“基本构成要件之行为”“实现犯罪之现实危险性之行为”“法益侵害之现实危险性之行为”“法益侵害之一般危险性之行为”等，因此，以实行行为作为间接正犯之正犯性的根据，理论本身及判断标准均不明确；〔46〕 实行行为说中的“伦理评价说”，从伦理评价或者观念上将间接正犯评价为正犯，是基于公平正义的价值观，刑法理论的构造要尽可能地符合一般人的感觉。然而，伦理道德观念的内容并不清晰，也没有可操作性的具体标准，使用一个内容含糊的日常概念论证间接正犯的正犯性似乎并不妥当。〔47〕

第二，正犯行为也好，教唆、帮助行为也好，事实上都是对结果发生具有危险性的行为。即便是以危险性的大小作为区别标准，教唆犯的危险程度同样可能达到正犯行为的危险程度，因而即便行为具有一定程度的危险性，并且与结果之间具有现实的危险实现的关系，但仅仅是具有危险性这一要件，还不足以区分是间接正

---

〔45〕 参见［日］高桥则夫：《间接正犯》，王昭武译，载马克昌、莫洪宪主编：《中日共同犯罪比较研究》，武汉大学出版社2003年版，第74、75页。

〔46〕 参见陈子平：《刑法总论》，台北，元照出版有限公司2017年版，第487页。

〔47〕 参见廖北海：《德国刑法学中的犯罪事实支配理论研究》，中国人民公安大学出版社2011年版，第170页。

犯还是共犯。换言之，使用“危险”概念对间接正犯与共犯进行区分，依然很困难。

第三，从更加实质的角度来看，在间接正犯的场合，究竟基于什么样的理由使法益侵害结果不能归属于实际执行者，而是跳过实际执行者将结果的实现归责于幕后操纵者的责任？危险性说虽然是在讲“危险性”，但是其本质上也是在回答不法事实和结果应当归属于谁的问题；相比危险性说，意志支配说更加直接，它讨论的不再是危险性的问题，而是直接判断不法事实和结果应当归属于谁，即作为正犯性的基准，谁在该当构成要件的实现中扮演了主导的角色，或者起到支配作用者即为正犯。

第四，与实行行为说的观点不同，意志支配说认为，行为人不必出现在犯罪现场，也不必参与共同实施，而是通过强制或者欺骗手段支配直接实施者，从而支配构成要件实现的，就是间接正犯；概言之，之所以肯定间接正犯的正犯性，是因为间接正犯与直接正犯一样，支配了犯罪事实，支配了构成要件的实现。[48] 显然，该说能够适应间接正犯理论的现代发展，它是从幕后操纵者自身出发证明间接正犯的正犯性，真正立足于间接正犯的本质阐释问题，以正犯是行为事件的核心人物作为方法论中的原则，而不是停留在间接正犯弥补处罚漏洞的原始视角。另外，间接正犯存在不同情形，意志支配理论根据不同情形表现出来的实质特点将其分别归类，细分出凭借强制的支配、凭借错误的支配以及凭借有组织的权力机器的支配，从而更清晰、彻底地展现出间接正犯的正犯性根据。意志支配说虽然看似放弃了统一界定间接正犯的正犯性的做法，但这一点并不能说是理论上的牺牲，这样的做法，无论如何都使得间接正犯的分类更加详细，向更加明确的判断规则迈进了一大步，值得借鉴。

---

〔48〕 参见张明楷：《刑法学》，法律出版社2021年版，第524页。

三、以实际执行者的工具性特征为视角的学说（“工具说”）

“工具说”（也称“道具说”），最先由德国刑法学者迈耶（Meyer）所倡导，是关于间接正犯的正犯性最原始的理论。工具理论的基本观点是，在间接正犯看来，实际执行者与刀枪棍棒并无差别，只不过是自己实施犯罪的工具，既然利用刀枪棍棒的行为是实行行为，那么也应肯定利用他人的行为具有实行行为性。[49] 具体而言，“在‘利用’的场合，被利用者完全丧失作为人的独立地位，其与物品、动物等无实质差别，就是纯粹的工具，其动作完全相当于利用者手臂的延长，由此可以看作是利用者动作的延伸，这也就是被评价为‘间接实行’的根据”。[50]

虽然“工具化”这一用语现在已经被法学界广为接纳，但在基本法的教义学中，这一概念仍在某种程度上被批判。其中有力的批判主要有两点：

第一点是，工具说虽然在表述上生动形象，但究竟什么是“工具”，什么行为能够评价为“将他人像工具一样加以利用（工具化）”，实在是一种朴素的法直感，将其作为“间接正犯”这一法概念的正犯性理论或者判断标准难免有模糊不清之嫌，缺乏积极的证明。正如赫蒂根（Hertigan）教授在对《德国基本法》第1条的评注中，就将其称为“工具化”的“修辞学”。[51]

迄今为止，我国刑法学界对“工具化”这一术语的精确化尝试，似乎并未给予充分关注。希尔根多夫（Hilgendorf）教授认为，可以评价为“将他人像工具一样加以利用（工具化）”情形的，必须具备三个核心要素：其一，工具化的目的是利用另外一个人；其二，

---

〔49〕 参见张明楷：《外国刑法纲要》，法律出版社2020年版，第270页。

〔50〕 付立庆：《犯罪概念的分层含义与阶层犯罪论体系的再宣扬——以“教唆不满十八周岁的人犯罪”的规范理解为切入》，载《法学评论》2015年第2期。

〔51〕 参见［德］埃里克·希尔根多夫：《德国刑法学从传统到现代》，江溯、黄笑岩等译，北京大学出版社2015年版，第122页。

从被害人的立场出发,利用的目的与他自己无关;其三,在工具化的过程中,当事人被当作工具或者被纯粹当做工具使用。[52] 例如,A 利用手枪击碎花瓶与 A 利用 B 这个人击碎花瓶的两种情形中,唯一的区别在于,被作为工具利用或者说被工具化了的不再是手枪,而是 B 这个人。抽象而言,两种情形的相同之处在于,一个行为人引发了一个因果流程,这一流程改变了行为对象(花瓶),在此过程中,工具(手枪、作为人的 B)的介入成为因果关系流程的重要组成部分,或者说改变行为对象的一个必要条件。此时,在后一种情形中,倘若 A 的目的是利用 B,而 B 主观上并没有击碎花瓶的意思,同时,A 是把 B 当作纯粹的工具来使用(例如,将 B 扔向花瓶致使花瓶被砸碎的情形),则可以肯定 B 被工具化了,换言之,两种情形在法律上可以等同评价。

然而,上述试图积极证明或者精确"工具化"的尝试并不理想。其一,希尔根多夫教授提炼的要素更多是从哲学层面,侵犯人的尊严的角度为"工具化"设立的判断标准,但这一标准很难适用到间接正犯的理论中。例如,"被纯粹当作工具"依然是很抽象的描述,将 B 这个人直接砸向花瓶毫无疑问是其示例,但倘若是利用了 B 的某个行为的情形时,要怎样判断其是否被当作纯粹的工具又成为新的问题。其二,在当今的分工社会,相互协作是社会发展的必要元素,于是难以将所有利用其他人的行为直接作负面评价。换言之,上述对"工具说"的精细化研究可能会扩大处罚范围。其三,将他人当作纯粹的工具侵害法益与行为人直接侵害法益确实应当等同评价,但多数情况下,应当直接认定为直接正犯,而非间接正犯。例如,A 基于毁坏财物的目的推倒无故意、过失的 B,使 B 压碎 C 的贵重物品。在这种情形下,A 的行为与其直接使

[52] 参见[德]埃里克·希尔根多夫:《德国刑法学从传统到现代》,江溯、黄笑岩等译,北京大学出版社 2015 年版,第 123 页。

用斧头侵害C的财物的行为并无区别。换言之,B仅仅是A行为的物理工具,在A行为的过程中B的介入丝毫不会使A的行为产生偏差,毋宁说将A认定为直接正犯才是合理的结论。

本书认为,“工具说”的本质问题并不在于其语言表述的模糊性、抽象性,因为毕竟任何一种描述都不会做到十分明确、精细。“工具说”认为,实际执行者作为法的不自由者,在法的性质上与直接正犯使用器械或器具的情形相同,只不过是利用“有灵魂的道具”而已,虽然工具性质有差别,但是法律评价却相同,这也导致将间接正犯理解为“拟制的正犯”的观点。〔53〕换言之,刑法教义学上的工具说更类似于一种刑法解释上的法律拟制,即将规则的适用扩大至原本不包含在内的行为或者情形之上。那么,问题的关键并非“工具说”的语言描述,而在于“工具说”的这种拟制本身是否科学?

法律拟制(或法定拟制)的特点是,将原本不同的行为类型按照相同的行为类型处理,即“法学上的拟制是:有意地将明知为不同者,等同视之”。〔54〕具体到“工具说”,是将原本不符合正犯规定的利用他人实施犯罪的行为也按照正犯规定进行处理。言外之意便是,间接正犯本来不是正犯,但要和正犯同样地对待,这实际上是以肯定的方式否定了间接正犯的正犯性。因为拟制正犯概念主张处罚的不是真正的正犯而是拟制的正犯,这种概念本身便是违背罪刑法定原则的。如此便陷入了逻辑上的悖论,即原本“工具说”是用来证明间接正犯的正犯性,但其逻辑起点却是间接正犯并非真正的正犯。显然,“工具说”本身即存在先天不足。

第二点是,人与刀枪棍棒最明显的区别就是前者有根据自己

---

〔53〕参见林维:《间接正犯研究》,中国政法大学出版社1998年版,第62、63页。

〔54〕[德]卡尔·拉伦茨:《法学方法论》,徐显明译,商务印书馆2003年版,第142页。

的自由意志行动的一面，具有主观能动性，所以，能够将人与欠缺主观能动性的刀枪棍棒完全同等对待的情形，在实践中几乎是不存在的。〔55〕 简言之，使用刀枪棍棒实施犯罪行为对法益造成实质侵害的盖然性程度明显较高，而以人为工具实施犯罪行为对法益造成实质侵害的不确定性因素较多。“工具说”太过专注于实际执行者的工具属性，却在一定程度上忽视了幕后操纵者自身所具有的人身危险性和法益侵害性。依据“工具说”可得出这样的结论：如果实际执行者存在意思自治时，幕后操纵者就不可能被评价为间接正犯，但这一结论显然过于绝对。例如，在众所周知的屏风案中，幕后操纵者利用行为人故意枪击屏风的行为实现自己杀人的目的，实际执行者并非一个失去意思自由的工具或者器具，其行为中也包含着按照自己意思实施行为的一面，仅仅是与幕后操纵者的杀人意思不一致而已。

四、以实际执行者答责性为视角的学说

近年来，与实际执行者的答责性相关的学说逐渐在德国和日本产生有力影响。这类学说基本上认为，当实际执行者对结果不存在答责性时，幕后操纵者成立间接正犯，实际执行者对结果具备答责性时，则幕后操纵者不成立间接正犯。

（一）答责性学说的根源——溯责禁止思想

有关答责性的学说基本是将实际执行者是否能够独自对结果进行答责作为幕后操纵者能否成立间接正犯的标准，如此考虑的思想根源在于溯责禁止的观念。溯责禁止（溯及禁止）指的是，一个完全且充分答责的自由行为不可以再追溯至另一个自由行为，换言之，一个直接实施构成要件且有责的行为人的背后，只可能是

〔55〕 参见［日］林干人：《刑法总论》，东京大学出版会2008年版，第413页。

共犯，而不可能是正犯。[56]

早期的溯责禁止理论认为，与结果存在因果性的、自由的条件才是原因，以此决定正犯；而不自由的前条件则是共犯。[57] 德国学者赫鲁施卡（Hrushka）对此进行了详细的论述，他认为，“理解人类的行为可以有两个视角，自然的视角和自由的视角。自然地看，结果由无数个条件引起，诸条件间是等价的；自由地看，在因果链中，人的自由可以创设一个决定性的原因，从而区别于其他条件。其中，自由是行为可归责的前提，不承认自由和可归责性，就没有答责性。尽管有人试图仅仅从自然的视角寻求答责的根据，但是所有努力都注定是徒劳的，因为不结合自由，从一大堆条件中挑出若干条件来决定答责性，显然具有随意性。如果承认了自由行为之意义，那么一个自由的行为就是终极原因，是不能再被其他条件引起的。归责于是意味着一个新因果链的开始”，基于此，在正犯与共犯的区分问题上，赫鲁施卡认为，倘使某人的行为在自由意志下符合了构成要件，那么就是正犯，在其背后不可能再有其他终极原因，其他为该构成要件提供了条件的人只能构成共犯。[58] 简言之，正犯是不受他人制约、按照自己意志实施犯罪，并创设独立因果链条的终极原因，而共犯所设定的条件是不自由的，其必须依赖于正犯所设定的条件，因此并非终极原因，据此，正犯和共犯的区分界限即清晰可辨了。因此，按照早期溯及禁止理论的观点，当幕后操纵者与结果之间介入了“自由的实际执行者”时，便否定幕后操纵者的间接正犯性。

德国学者伦齐科夫斯基（Renzikovsky）是将自律性或自己答

---

〔56〕 参见何庆仁：《溯责禁止理论的源流与发展》，载《环球法律评论》2012 年第 2 期。

〔57〕 参见何庆仁：《溯责禁止理论的源流与发展》，载《环球法律评论》2012 年第 2 期。

〔58〕 何庆仁：《溯责禁止理论的源流与发展》，载《环球法律评论》2012 年第 2 期。

责原理作为规范的基础展开的讨论，该学者认为，溯及禁止原理以及与此相关的限缩的正犯概念都是以下面的理论为基础的：

现在的法秩序是以不受他人或社会的干涉即能够自己答责的自由个人为前提的，每个人都被赋予了一个可以自由利用自己的法益，并且不受外部侵害的个人领域，但作为代价，每个人也都需要承担这种自由选择的责任，因此必须对超出自己领域而实施自我侵害和介入他人领域侵害他人利益的概念区别对待。延伸到共犯论领域，每个人在自己的规范范畴内，原则上刑法只能对其亲手实现的不法结果加以处罚，但有关共犯的规定却打破了通常情况下的溯及禁止，不仅如此，为了肯定在存在他人行为介入的场合幕后操纵者作为"一次责任"的正犯性，如果仅仅是单纯的因果惹起行为，则有必要增加对实际执行者最终是否为一个自律的行为的考虑，此时，必须根据"自己的行为存在选择的余地"以及"以法作为评价行为的尺度，自己能够根据意志控制行为"两个标准进行判断。也就是说，倘若在幕后操纵者行为之后，距离结果最近的实际执行者存在自律决定时，则不能肯定幕后操纵者的正犯性。[59]

按照溯责禁止的思想，不能认识自己行为的规范违反性，便不是自律行为人，换言之，自律行为人必须是对自己行为性质有充分认识并且能够控制自己行为的个人。那么，当实际执行者存在错误的场合（非自律行为人），溯及禁止理论便不再适用，幕后操纵者成立间接正犯。但是，像动机错误、具有回避可能性的禁止错误等场合（不影响实际执行者的故意成立），幕后操纵者便不能成立间接正犯。另外，在同一犯罪构成要件内存在关于不法程度的错误（如对加重构成的认识错误）的场合，幕后操纵者也能成立间接

〔59〕 参见［日］照沼亮介：《体系的共犯论与刑事不法论》，弘文堂2005年版，第77、78页。

正犯。[60] 基于溯责禁止的思想，德、日两国刑法理论发展出一系列与实际执行者答责性有关的学说，虽然这类学说均与实际执行者的答责性相关，但日本的学说通常是从实际执行者自律性的角度进行讨论，而德国的学说通常是以实际执行者对结果的答责能力为视角展开的研究。

(二)日本的答责性学说

日本的答责性学说，包括以下三个具体学说。

1. 自律行为介入说

自律行为介入说从结果归属的角度出发，主张以实际执行者是否存在“自由的意志决定”为标准来判断幕后操纵者是否构成间接正犯，即间接正犯的判断标准在于“实际执行者是否对结果存在自律的决定”。详言之，行为人直接实现构成要件结果的场合，属于单独正犯；即使存在介入行为，但倘若不存在该介入行为，行为人的行为也能产生该具体结果时，行为人仍属单独正犯；当实际执行者在理解现实发生的法益侵害结果的意义与范围的基础上，实际执行者作为自律的主体时，行为人便不是单独正犯，而是考虑是否成立广义上的共犯(包含共同正犯)的问题，换言之，行为人的正犯性被否定。[61]

自律行为介入说的理由在于：人具有行动的规范意识，所以，以图谋回避构成要件结果为目的之刑法——无论是否采用意志自由论——只要不存在紧急状况或者陷入错误等特别情事，就能将个人作为自律的主体予以尊重。如果不存在自律的主体，也就谈不上具有积极行动的规范意识，从而无须考虑是否处罚该行为人，

---

〔60〕 参见[日]照沼亮介：《体系的共犯论与刑事不法论》，弘文堂2005年版，第79页。

〔61〕 参见[日]岛田聪一郎：《间接正犯与共同正犯》，载《神山敏雄先生古稀祝贺本书集第一卷：过失犯论·不作为犯论·共犯论》，成文堂2006年版，第445~482页。

即实际执行者无须对结果承担责任。可见,自律行为介入说并非基于法秩序的要求期待行为人避免违法行为,而是基于刑法是将生活在这个世界上的所有主体都一视同仁地当作独立的自律主体来看待。

自律行为介入说的缺陷在于,即便承认存在“自由的意志决定的介入”能够否定行为人的正犯性,但仍然需要进一步探讨实际执行者多大程度的“自律”将否定幕后操纵者行为的正犯性,[62]换言之,实际执行者什么时候可以被认为存在自律决定以及多大程度上的自律决定能够排除行为人的正犯性,仍是悬而未决的关键问题。另外,该说只是从侧面讨论不成立间接正犯的判断标准,其实并未直接说明间接正犯的正犯性根据,因此也受到了诸多质疑。单纯以自律行为介入说为基础判断间接正犯的正犯性的观点并不多,但是,以该说为基础发展出来的相关理论在间接正犯的正犯性认定上具有重要的地位。

2. 一次责任说

一次责任说是由自律行为介入说发展而来的学说,从实际执行者出发,以其有无“自律的自己决定”加以检讨,缺乏自律的决定或者说对结果的发生不具有答责性时,幕后操纵者具备承担“一次责任”的正犯性,从而能够肯定幕后操纵者成立间接正犯。

一次责任说的理由是,在区分制正犯体系下,共犯是被作为处罚的扩张事由来对待的,单独正犯基本上是构成要件该当性的问题,对于法益侵害结果,谁应被追究第一次责任是基础性的问题,而是否要对结果承担第一次的罪责,则应从结果出发进行事后的回溯性判断。所以,当存在对结果发生具有自律决定的实际执行者的场合,该构成要件的结果实际就发生在实际执行者支配的领域之内,因此,该实际执行者就应承担第一次的责任,从而否定幕

[62] 参见金光旭:《日本刑法中的实行行为》,载《中外法学》2008 年第 2 期。

后操纵者的正犯性。反之，实际执行者因主观上对结果存在认识错误，或者受到强制等情形而缺乏自律决定的自由，则无法对结果承担“一次责任”，从而能够肯定幕后操纵者的正犯性。〔63〕

山口厚教授以“支配”为内容将抽象的原理进一步具体化，他认为：“当他人的介入行为引起结果发生时，要肯定行为人的正犯性，其关键在于能否肯定行为人对该他人介入所引发的结果具有支配性，而要肯定这一点的障碍在于，他人对引起该结果所具有的答责性（说是自律性也行）。具体说，只要在由他人所支配之观念的限度之内，则能排除介入者对于所引起的结果的答责性，相反，由具备这样的答责性的行为所引起的结果，并非‘在他人支配之下所引起的结果’，而应该能评价为是‘自己的责任而引起的结果’。”〔64〕在此基础上，山口厚教授又进一步指出，基本上，实际执行者对构成要件的结果惹起是否具有故意就成为判断间接正犯的标准，即当有故意行为介入时，不能将构成要件的结果归属于该故意行为背后的行为，从而否认幕后操纵者承担“一次责任”的正犯的行为支配性，简言之，有无故意行为的介入是判断正犯性的重要基准。〔65〕

然而，虽然“实际执行者是否具有故意”这一标准为间接正犯的正犯性基础提供了十分明晰的路径，但以溯及禁止理论作为间接正犯的正犯性根据的观点却缺乏充分的理论根据，因而并不妥当。其一，现实生活中确实存在一些情形，实际执行者具有行为故意但却不能仅仅以此作为否定幕后操纵者成立正犯的根据。例

〔63〕 参见［日］岛田聪一郎：《正犯·共犯论的基础理论》，东京大学出版会2002年版，第263页。

〔64〕 ［日］山口厚：《刑法总论》，付立庆译，中国人民大学出版社2018年版，第68页。

〔65〕 参见［日］山口厚：《刑法总论》，付立庆译，中国人民大学出版社2018年版，第68页。

如,在某些利用有故意的工具的场合也存在成立间接正犯的可能,如司法工作人员让监狱的罪犯甲将另一名罪犯乙私自放走的情形,虽然甲具有私放在押犯人的故意,但司法工作人员仍应当成立间接正犯。又如,幕后操纵者利用具有轻罪故意的实际执行者实施杀人罪构成要件行为的,就不能当然排除幕后操纵者的正犯性。其二,以实际执行者是否具有故意作为肯定间接正犯的正犯性的标准并不具有充分的依据。详言之,没有实质的理由可以解释为什么实际执行者的故意行为可以产生溯及禁止的效果,而过失行为却不可以,因为毕竟过失行为是否可能存在自由意思决定的情形还存在疑问。

一次责任说是由自律行为介入说发展而来,除了前述自律行为介入说的弊端,这种构想本身也存着诸多疑问。

第一,"正犯"与"共犯"在体系上处于什么样的位置并不明确。"一次责任"概念,从文字上看,如果指的是正犯或共犯的区分是属于责任阶段的问题,那么怎样的责任要素以及什么程度的强度才能作为具备"正犯性"的基础这一点并不明确。〔66〕

第二,一次责任说回避了对行为人正犯性基础的积极讨论,而是从实际执行者的行为属性出发作为判断的基础,当实际执行者可以自己答责的场合,幕后操纵者就不符合正犯的构成要件该当性,而仅仅满足共犯的构成要件该当性,对幕后操纵者的正犯性进行消极的判断。但是这种消极的判断方法,不仅与理论上对单独正犯进行判断的理论(自身对犯罪事实的支配)相矛盾,而且与刑法规定上通常以列举的方式限定幕后操纵者行为样态(德国)或者以对结果的因果关系的作用大小区分特定的参与类型而区别处罚的规定(中国、日本)等均不协调。简言之,这种做法使得并非从幕后操纵者自身的行为性质出发去决定各参与类型的正犯性或

〔66〕 关于这一点,与是否承认"正犯者意思"属于特别的责任要素也有关系。

共犯性这样的路径在解释论上成为可能。倘若这样的解释论行得通,那么对欠缺一定责任要素的实际执行者所导致的结果具有因果性的,便将全部成立间接正犯;相反,对具备责任要素的人造成的法益侵害结果具有因果性的幕后操纵者就只能成立狭义的共犯。[67] 但是,实际执行者不论欠缺何种责任要素,仅仅基于这种理由,幕后操纵者依然有成立正犯的可能性,因此将这种相关性直接作为正犯固有的构成要件要素并不妥当。

第三,更为根本的疑问在于,具备"一次责任"的要素难以被作为构成要件要素加以类型化。[68] 这样无法类型化的构成要件要素以及其本身内容的不明确性,其实更像作为与违法和责任无关的要素被考虑,再进一步讲,答责原理将与违法和责任无关的要素加入间接正犯判断之中,显然不能把间接正犯与狭义共犯的区分仅仅作为量刑的问题来对待。相反,正犯性问题应当是构成要件该当性问题,所以必须着眼于行为不法上加以判断,即应当重视幕后操纵者自身的行为不法,而不能完全依赖实际执行者的责任要素。

3. 规范障碍说

规范障碍说认为,法秩序期待有责任能力之人回避违法行为,即所谓具备"基于规范意识的抵抗力"[69] 而实行适法行为。"所谓'规范障碍',指于规范上实现犯罪之障碍;通常,一般人在知悉犯罪事实后,皆会形成抗拒实施犯罪之动机,而该抗拒动机之形成

---

〔67〕 参见[日]岛田聪一郎:《正犯·共犯论的基础理论》,东京大学出版会2002年版,第234页以下;[日]曾根威彦:《溯及禁止论与客观的归属》,载板仓宏博士古稀祝贺本书集编集委员会编:《现代社会型犯罪的问题》,劲草书房2004年版,第143页。

〔68〕 特别是在本书所主张的强调构成要件是违法类型的场合,更加成为问题。

〔69〕 参见[日]曾根威彦:《刑法的重要问题(总论)》,成文堂2005年版,第288页。

可能性,即为‘规范障碍’。”〔70〕法秩序期待有责任能力的人避免违法行为而实施合法行为,具有如此期待可能之人,能够回避恶害的行为动机并形成良善的行为动机(或言抗拒恶行的动机),从法秩序的立场看,存在法秩序期待可能的人(当具有驱逐对不良行为动机所形成善良动机之能力,而有发挥该能力状态者),对利用者而言,便可认为其属于“犯罪实现之障碍”。根据该说的观点,当法秩序能够期待实际执行者因具有规范意识而避免实施违法行为的场合,由于实际执行者的存在本身可以认为是行为人危险实现过程中的障碍,因而行为人并不具备成立正犯的危险性基础;反之,当实际执行者出于某种原因不能成为规范的障碍时,幕后操纵者的行为便存在引发结果的切实性和自动性,具备了实行行为的危险性,因而可以肯定其正犯性。〔71〕因此,“依据检讨何种类之他人不能成为规范的障碍者,可明白间接正犯之成立范围”。〔72〕我国有学者即采此种学说,认为可以将实际执行者有无“规范障碍”作为间接正犯和共犯的具体区分标准。〔73〕

与此类似,也有学者从实际执行者是否具有规范意识的角度来判断幕后行为人是否成立间接正犯,虽然角度不同,但这种规范意识说本质上与规范障碍说是一致的。如日本学者大谷实指出:“只要是具有规范意识的人,即便是无责任能力人,也能成为被教唆人。但是,完全没有规范意识的人或被作为工具而加以利用的场合,就不是教唆犯而是间接正犯。”〔74〕付立庆教授也持该说,认

〔70〕　陈子平:《刑法总论》,台北,元照出版有限公司2017年版,第486页。

〔71〕　参见[日]松原芳博:《刑法总论重要问题》,王昭武译,中国政法大学出版社2014年版,第283页。

〔72〕　[日]川端博:《刑法总论二十五讲》,余振华译,中国政法大学出版社2003年版,第383页。

〔73〕　参见黎宏:《刑法学总论》,法律出版社2016年版,第270页。

〔74〕　[日]大谷实:《刑法总论》,黎宏译,法律出版社2003年版,第326页。

为在唆使、引诱未达刑事责任年龄者实施犯罪行为的场合,应以被唆使、被引诱者是否对相应行为具有规范意识为标准,区分教唆犯与间接正犯,而在对是否具有规范意识有疑问时,则按照“存疑有利于被告”的原则处理。[75]

应该说,规范障碍说相当具有说服力,该说在某些场合判断幕后之人成立间接正犯还是共犯上,具有明显的优势。例如,“在利用者为借刀杀人而让不明真相者对准人家房屋的壁橱开枪(故意毁坏财物),结果将躲在壁橱后面的小孩打死(故意杀人)的场合,利用者还能说是间接正犯。因为,被利用人尽管对于故意毁坏财物罪的一点不具有‘规范障碍’,即认识到自己毁坏财物行为的性质并形成抑制毁坏行为的动机,但是,其并不具有自己正被用作为杀人工具,实现利用者的杀人目的的意识。换言之,其对于故意杀人没有认识,从而难以形成抑制故意杀人行为的念头,仍然是一个听任其摆布的杀人工具,所以,其背后的利用人最终还是要成立故意杀人罪的间接正犯”。[76] 因此,支持者认为,“规范的障碍说基准明确,具有分析可能性,下位基准也有体系化可能,是妥当的”。[77] 然而,规范障碍说也并非完美。

第一,按照该说,如果实际执行者不存在规范障碍(如实际执行者欠缺责任能力),幕后操纵者成立间接正犯;反之,实际执行者存在着规范障碍,幕后操纵者就成立共犯。这实际上是从极端的共犯从属性出发,将重点过于置于利用行为的“非共犯性”的一面了,[78]“只是因为无法追究被引诱者的刑事责任,作为补救之

---

[75] 参见付立庆:《违法意义上的犯罪概念的实践展开》,载《清华法学》2017 年第 5 期。

[76] 黎宏:《刑法学总论》,法律出版社 2016 年版,第 270 页。

[77] [日]山中敬一:《刑法总论》,成文堂 2015 年版,第 866 页。

[78] 参见[日]川端博:《刑法总论二十五讲》,余振华译,中国政法大学出版社 2003 年版,第 383 页。

策，才将引诱者认定为间接正犯。而且，从被引诱者的犯罪性的有无、程度，反向推算引诱者的正犯性，这种思维模式也并非不可谓之为属于将间接正犯视为‘救济概念’的时代的‘残渣余孽’”。[79]可见，间接正犯的正犯性及其与共犯的界分，原本涉及的是正犯何以具有正犯性，共犯何以不具备正犯性，而规范障碍说却立足于实际执行者一方的主观责任（是否知情）来说明幕后操纵者的正犯性，而忽视幕后操纵者的行为自身对法益侵害结果的作用和意义，因此，规范障碍说试图以规范的责任论作为区分正犯与共犯的标准之理由显然不够充分。[80]

第二，规范障碍说对何为规范障碍并未进行清晰地界定，如有学者认为："从间接正犯是利用他人作为工具犯罪这一特点分析，以被利用的他人是否成为规范的障碍为标准加以论证，这就弥补了实行行为性说的缺陷，具有说服力；只是对规范的障碍缺乏清楚的说明，不免使人有美中不足之感。"[81]

第三，从规范障碍说的理论起源来看，其主要是为了解释间接正犯的正犯性发展而来的，但却并不符合正犯之实体，无法对同属于正犯范畴的直接正犯、共同正犯的正犯性提供理论依据。因而，贯彻该理论的结局，是在正犯与共犯的界分上可能具有多重标准，这显然不妥。

第四，规范障碍说的彻底贯彻将与共犯理论产生不协调的情形。例如，在国家工作人员利用其非国家工作人员的妻子收受贿赂的场合（实际执行者有故意无身份的场合），主张规范障碍说的

---

〔79〕［日］松原芳博：《刑法总论重要问题》，王昭武译，中国政法大学出版社2014年版，第282页。

〔80〕参见［日］高桥则夫：《间接正犯》，王昭武译，载马克昌、莫洪宪主编：《中日共同犯罪比较研究》，武汉大学出版社2003年版，第75页。

〔81〕马克昌：《比较刑法原理——外国刑法学总论》，武汉大学出版社2012年版，第577页。

学者认为，由于妻子具有“规范障碍”，因此二人成立共犯，即丈夫属于受贿罪的教唆犯，妻子则成立帮助犯。[82] 显然，坚持这样的观点将导致“没有正犯的共犯”的结局，与通说的共犯理论相矛盾。

总之，规范障碍说作为间接正犯的说明原理具有说服力，但是作为间接正犯成立范围的标准，对利用强制、欺骗、权威使被利用者欠缺规范的障碍及被利用者的形态的分析更为必要。[83]

(三)德国的答责性学说

1. 答责原理的适用

关于答责原理的适用，首先在幕后操纵者给实际执行者施加强制力的支配场合，幕后操纵者施加的强制力程度与实际执行者被剥夺的自由程度是存在对应关系的，因此，幕后操纵者施加的支配力程度与实际执行者被剥夺的支配力程度也存在对应关系，所以，此时并不存在任何例外的承认答责原理作为区分间接正犯与共犯的明确标准。[84] 然而，与此相对，在错误支配的场合，答责原理却不能像强制支配场合那样加以应用。原因在于，幕后操纵者的作用程度与实际执行者错误的回避可能性程度之间，并不存在强制支配场合的对应关系。即当实际执行者存在认识错误的回避可能性时，虽然实际执行者能够被问责，但据此却不能直接排除幕后操纵者的支配，所以，在实际执行者存在认识错误的情况下，不需要幕后操纵者有积极的欺骗，当幕后操纵者利用实际执行者已经存在的认识错误可能导致幕后操纵者成立间接正犯。可见，错

---

〔82〕 参见[日]曾根威彦：《刑法的重要问题总论》，成文堂1996年补订版，第281页。

〔83〕 参见[日]阿部纯二等编：《刑法基本讲座》(第4卷)，法学书院1992年版，第87页。

〔84〕 参见[德]克劳斯·罗克辛：《德国刑法总学论——犯罪行为的特别表现形式》，王世洲等译，法律出版社2013年版，第21页。

误支配的场合与强制支配的判断是有区别的。因此,作为答责原理的例外,有学者也承认实际执行者在具备有责性时,幕后操纵者可能成立间接正犯的观点。[85]

与上述观点相对,另有学者认为,在错误支配的场合也应坚持适用答责原理,当实际执行者能够因该当于构成要件的不法行为而被问责时,幕后操纵者便不能成立间接正犯。例如,施特拉腾韦特(Strateng waite)教授认为,在利用错误支配的场合,借用答责原理可以得出明确的结论。即存在构成要件事实错误、不能回避的禁止错误的场合或者不能阻却故意的与构成要件无关的认识错误的场合,幕后操纵者成立间接正犯;而当实际执行者存在可回避的禁止错误、与构成要件无关的不阻却故意的错误(如动机错误)时,幕后操纵者则仅成立共犯。[86]

总之,按照答责原理的通常见解,在强制支配的场合,实际执行者的答责性是区分间接正犯与共犯的明确标准;在错误支配的场合,有学者主张实际执行者是否具有答责能力与幕后操纵者是否成立间接正犯之间没有必然联系,因而实际执行者的答责能力不能决定幕后操纵者的间接正犯地位;而另有学者却依然肯定错误支配场合下实际执行者答责能力对幕后操纵者是否成立间接正犯的决定影响。

2. 限制的答责原理

除了答责原理的见解,另外还存在原则上从答责原理出发,但又基于其他考虑对答责原理进行限制的观点,这些观点主要针对的是错误支配场合下能否适用答责原理的问题。

第一,舒曼教授的观点。按照犯罪事实支配理论的观点,直接

---

〔85〕 参见[日]照沼亮介:《体系的共犯论与刑事不法论》,弘文堂 2005 年版,第 77 页。

〔86〕 参见[德]冈特·施特拉腾韦特、洛塔尔·库伦:《刑法总论 I——犯罪论》,杨萌译,法律出版社 2004 年版,第 305 页以下。

正犯和间接正犯的正犯性是一致的，之所以进行区分，仅仅是因为事实上的一些区别，但是德国学者舒曼（Schumann）教授对该观点进行了批判。他认为，倘若如此，亲手实施犯罪就并非正犯性的第一原则了；另外，实际执行者的行为到底是独立设定因果性还是仅仅是因果性的一部分也并不容易区分。舒曼教授强调直接正犯与间接正犯之间的本质区别，主张应该对利用他人错误成立间接正犯的情形进行狭义的理解。换言之，间接正犯是区别于直接正犯的正犯，二者的“支配”在事实上是不一样的，直接正犯是对犯罪实行包括构成要件以及构成要件之间的关系的直接控制，利用错误的间接正犯并非对因果经过进行直接支配，而是使他人产生动机诱致并控制实际执行者的行为，即间接正犯的成立仅限于幕后操纵者实施欺骗使实际执行者产生错误认识并诱使其实施行为的场合。相反，如果是实际执行者已经陷入错误认识的场合，因为幕后操纵者在实际执行者意思形成之际并未对其动机施加重大影响，所以并不成立间接正犯，无疑成立同时正犯。〔87〕换言之，仅仅是将实际执行者不具有答责性作为幕后操纵者成立间接正犯的基础显然是不充分的，从幕后操纵者的角度看，必须使实际执行者产生实施犯罪的动机，并且在此动机之下推动了犯罪行为的实施也是必不可少的要素。

例如，幕后操纵者已经在被害人家中安装了爆炸装置，只须按下室内电灯的开关即可引爆该装置，然后幕后操纵者利用不知情的实际执行者按下开关引爆炸药的场合，并不能说幕后操纵者制造出实际执行者的行为动机，仅仅是导致法益侵害结果发生的场合（不存在什么特别的举动，就是很自然地拜托别人开个开关这种场合），由于物理性危险已经创设，所以犯罪实行早已经开始。

---

〔87〕　参见［日］照沼亮介：《体系的共犯论与刑事不法论》，弘文堂2005年版，第81页。

换言之,安装炸弹的幕后操纵者是犯罪的实行者,也就是直接正犯,仅仅是让别人按个开关并不能使其成为间接正犯。同样,幕后操纵者在被害人汽车的副驾驶座位安装炸弹,有人坐到上面的时候即可引爆炸弹,或将铁轨拧松从而导致列车发生脱轨等场合,毋宁说幕后操纵者成立直接正犯更加妥当。

基于此观点,舒曼教授对罗克辛教授主张的"实际执行者已经存在认识错误的场合,只要幕后操纵者对其存在任何形式的帮助,均应成立间接正犯"[88]的观点进行了批判。例如,幕后操纵者以未必的杀人故意将装了子弹的手枪放置在某处,其后不知情的实际执行者发现了该枪,一不留神向第三者开了枪并造成第三者死亡的场合,倘若认为幕后操纵者成立间接正犯就并不妥当。另外,罗克辛教授认为,如果实际执行者本来就有事实认识错误,幕后操纵者即使是强化该事实认识错误,也应成立间接正犯,但当实际执行者有故意但因欠缺违法性认识而存在禁止错误的场合,则只有当幕后操纵者施加了决定性的影响力时才成立间接正犯。但舒曼教授依然反对上述观点,因为他认为对实际执行者的事实认识错误和禁止错误的要求不一样的观点并不妥当。[89]

第二,雅各布斯(Jacobs)教授的见解。雅各布斯教授对答责原理也持限制的态度。他认为,行为规范必须显示一定的规则,这是维持社会生活稳定所必要的,以此为前提,行为人实施犯罪就表明其认为"这样的规范并不妥当",因而,刑罚的意义或目的就在于向人们传达规范的妥当性。所以,对谁的行为需要承担刑事责任的判断就应该依照该规范明确的标准来界定。关于间接正犯的成立问题,以实际执行者欠缺对结果答责性为必要的观点并不妥

〔88〕［德］克劳斯·罗克辛:《德国刑法总学论——犯罪行为的特别表现形式》,王世洲等译,法律出版社2013年版,第25页。

〔89〕参见［日］照沼亮介:《体系的共犯论与刑事不法论》,弘文堂2005年版,第82页。

当，而幕后操纵者具有优越的支配（管辖）作用才是重要的因素。

客观归责理论就是用来区分社会一般事物和与犯罪有关的事物的理论。据此，利用错误的间接正犯或者能够归属于幕后操纵者管辖范围的情形仅限于以下两种，其一，他人已经存在认识错误的场合，当该错误严重到法秩序禁止他人强化的程度时，幕后操纵者只要利用了该错误，即可肯定幕后操纵者存在管辖作用，从而肯定其正犯性。其二，规范或制度规定幕后操纵者有义务不让他人陷入错误的场合，幕后操纵者仍然利用实际执行者的错误的，也应肯定幕后操纵者的间接正犯地位。例如，纳税人误以为在国外取得的收入没必要进行纳税申报，于是填写纳税申报书时，在应当申报的地方未予申报。幕后操纵者明知纳税人应当申报却未提醒纳税人，且在纳税人的纳税申报单上签了纳税人的名字并提交到税务机关。按照日本刑法，幕后操纵者构成上述第一种情形描述的逃税罪的间接正犯；以税务师身份作出误导性建议并让纳税人作出纳税申报的背后人构成上述第二种情形描述的间接正犯；与之相对，明知他人在错误填写纳税申报书，而向其提供墨水和纸张，则只是单纯促成因果关系，不能以正犯追究罪责。[90]

第三，霍耶（Hoyer）教授的见解。在间接正犯是否成立的问题上，霍耶教授认为，除了要从实际执行者的答责性出发之外，还要求存在积极的行为促成实际执行者的瑕疵意思决定。因为，间接正犯和共同正犯与直接正犯相比，在行为支配上略有欠缺，因此，应当就所欠缺的、对构成要件部分的行为支配加以补足。[91]

总体来说，间接正犯必须是能够将实际执行者所造成的结果进行客观归责的人，因此，将幕后操纵者评价为相比狭义共犯违法

---

〔90〕 参见［日］照沼亮介：《体系的共犯论与刑事不法论》，弘文堂2005年版，第83页。

〔91〕 参见［日］照沼亮介：《体系的共犯论与刑事不法论》，弘文堂2005年版，第83页以下。

程度更重的间接正犯，就意味着不能答责的实际执行者的行为被归属于幕后操纵者。作为归责的前提，罗克辛教授所揭示的“强制支配”“错误支配”的幕后操纵者与实际执行者之间的关系就十分必要，但是实际执行者不具备答责性还不足以将结果归属于幕后操纵者。另外，虽然幕后操纵者的确必须与实际执行者的行为具有因果性，但单纯的引起行为仍不足以肯定结果归属，而在其与后续事态的关联来说要求有制造不被允许的危险。

霍耶教授认为，罗克辛教授试图从指向结果的全部事态出发对正犯性进行说明，但若从这个观点出发，则大部分间接正犯将从直接正犯中消除。[92] 总之，直接正犯利用了完全既定的、进行中的因果经过，而间接正犯（无论是否欠缺意思或认识）即使在利用并非完全可预期的实际执行者的情形下也成立。实际执行者没有法的答责性时，幕后操纵者并不绝对能达到像直接正犯那样对所有事实的支配程度。事实上罗克辛教授对此也未能说明幕后操纵者承担与直接正犯相同责任的根据。其实，该根据无疑是，实际执行者的行为决定造成了法所不允许的影响，幕后操纵者必须对该决定进行答责，只有如此，幕后操纵者才能达到像直接正犯一样的答责程度。

因此，根据霍耶教授的观点，不论是强制支配还是错误支配的场合，仅仅是实际执行者免除责任这一个要素，并不能直接作为将幕后操纵者认定为间接正犯的根据。首先，在强制支配的场合，实际执行者在完全没有答责性的情况下有没有实施行为、行为是否由幕后操纵者的暴行或者胁迫所致、实际执行者瑕疵的意思决定并非自己所致、答责性的承担等都是需要考虑的重要因素。与此相反，如果实际执行者已经陷入被强制的状态，而幕后操纵者只是

---

〔92〕 参见［日］照沼亮介：《体系的共犯论与刑事不法论》，弘文堂2005年版，第84页。

用违法的行为将其解放时,幕后操纵者只能成立共犯。这种场合,只有当幕后操纵者具有除去这种强制状态的法义务(保证人地位、救助义务或者民法上的义务等)时,才能成立间接正犯。其次,在错误支配的场合,实际执行者没有过失,幕后操纵者以直接正犯论处;实际执行者存在过失,也就是说实际执行者需要答责的情况下,要成立间接正犯就要求幕后操纵者对实际执行者具有明示或者最终性的欺骗。相反,如果幕后操纵者利用实际执行者已经存在的错误,只有幕后操纵者基于保证人地位或者其他法律上的规定而具有说明义务的情形下,才能肯定其具备成立间接正犯的基础。

(四)以实际执行者为视角的学说评价

以实际执行者的工具性特征为视角的学说,一方面是因为其只是一种形象的表述,无法进行精确化。另一方面,更重要的是这种“拟制”本身并不科学。因此,在实质判断间接正犯的正犯性的问题上,“工具说”不具有借鉴意义,但作为最早的间接正犯的正犯性理论,其具有独特的历史价值。在间接正犯的正犯性的问题上,以实际执行者答责性为视角的学说,显然更值得借鉴。德国、日本两国有关实际执行者答责性的学说之间既有区别又有联系。

第一,日本学者通常是将与实际执行者答责性相关的学说作为独立的间接正犯的正犯性理论进行讨论,包括自律行为介入说、一次责任说、规范障碍说;而德国的答责性学说通常是以犯罪事实支配理论为基础,对抽象的“意志支配”原理进行的具体化尝试。换言之,日本有关答责性的学说是与实行行为说并列的正犯性学说;而在德国,通说观点是将答责原理作为犯罪事实支配理论之下讨论的问题。

第二,从根源上讲,两类学说均以溯责禁止思想为其理论渊源,基本原理在于当实际执行者可以对结果进行答责时,原则上幕后操纵者便丧失对结果进行答责的基础。日本的学说将答责性判断具体化为实际执行者的“自律性”,即实际执行者欠缺“自律性”时,便足以肯定幕后操纵者的正犯性;德国的学说并非一概肯定答责原理的普遍适用,而是区分了强制和错误两种场合,以实际执行者的答责性为基础的“支配”的具体判断规则。但是,有关实际执行者答责性的学说基本都是以实际执行者的“自律的自己决定”为基础展开的。详言之,自律行为介入说认为,间接正犯的判断标准在于“实际执行者是否对结果存在自律的决定”;一次责任说的判断标准是以“实际执行者有无自律的自己决定”从而具备承担“一次责任”的正犯性;规范障碍说的标准在于“实际执行者是否存在基于规范意识的抵抗力而实行适法行为”,实际执行者不存在规范的障碍,或者没有自由,其实并没有很大的差别。而德国的答责性学说虽然并未直接以实际执行者的“自律性”或者“自由”来讨论幕后操纵者的间接正犯问题,但却均面对着同一个需要正面回答的问题,即“在复数参与者的场合,距离结果最近的时点缺乏自律的自己决定”为什么可以作为间接正犯的正犯性的基础这一问题。

第三,按照阶层犯罪论体系的观点,日本的学说侧重于单纯关注实际执行者的责任要素对答责性的讨论。例如,将实际执行者有无故意作为幕后操纵者是否成立间接正犯的判断基准;但与此区别,德国的学说并非只关注实际执行者责任要素对其答责性的影响,而是着眼于与实际执行者相关的所有情形(比如身份要素是否欠缺)对答责性的影响,同时更加注重幕后操纵者与实际执行者答责性之间的关系,即幕后操纵者对实际执行者实施犯罪的行为决定、陷入认识错误等施加了怎样的影响。

然而,与实际执行者答责性相关的学说存在两个根本性的疑问。第一个疑问是,作为答责性学说根源的溯责禁止思想很难说是完全科学的。

第一,从历史上考察的话,溯责禁止思想的起源是克服各种主观共犯论之后的实质客观说的产物,[93]“溯责禁止”这一提法首次出现于德国学者弗兰克(Frank)的书中,他指出,与结果具有因果关系的有些条件不是原因,因此不能决定正犯。那么……在存在这些条件却不允许被视为原因的情况下,溯责禁止就是有效的:故意且有责地指向结果引起的条件才是原因,而不是这些条件的前条件,[94]即将纯粹的因果论中对原因和条件在形式上的区分作为正犯和共犯的区别标准。所谓限制的正犯论,其实也与溯及禁止有关,通过因果关系以外的要素(正犯与共犯并非等价的原因,前者为强原因,只有强原因才能符合构成要件;而后者只是引起而非决定犯罪实现的弱原因,因而属于共犯)来区分正犯和共犯。[95]根据溯责禁止理论,直接正犯是亲自实施构成要件行为并且可以被归责之人,而间接正犯是处于不能被归责的实际执行者背后之人,当实际执行者可以被归责,幕后操纵者成立教唆犯而非间接正犯。如此看来,溯责禁止理论所主张的是共犯的极端从属性理论,但如今刑法学界在要素从属性问题上的通说,早已从极端从属性原则转变为限制从属性原则,换言之,作为溯责禁止理论根基的纯粹的因果论以及共犯极端从属性原则已经退出了历史舞台,因而溯责禁止理论的正当性也就随之产生了疑问。

第二,按照溯责禁止理论,不能就所引起的结果追溯到故意行为以前来追究正犯责任。[96] 据此,一个法益侵害结果不可能存在两个单独正犯,但同时犯即为最明显的反例。显然,溯及禁止理论

---

〔93〕 即共犯并非法益侵害结果的原因,而仅仅是条件。参见[日]大塚仁:《间接正犯的研究》,有斐阁1958年版,第54页以下。

〔94〕 何庆仁:《溯责禁止理论的源流与发展》,载《环球法律评论》2012年第2期。

〔95〕 参见[日]岛田聪一郎:《正犯·共犯论的基础理论》,东京大学出版会2002年版,第40页以下、第57页以下。

〔96〕 参见[日]山口厚:《刑法总论》,付立庆译,中国人民大学出版社2018年版,第67页。

本身即存在问题,倘若将其与间接正犯的正犯性结合起来,便会使间接正犯理论的构建缺乏正当性。

第三,以溯责禁止理论作为对间接正犯的正犯性“支配”的判断基准,或者说区别间接正犯与狭义共犯的具体标准,能否与因果共犯论相协调,也是存在疑问的。因为按照因果共犯论,即使是共犯,也和正犯基本上一样需要有因果关系,而溯责禁止理论似乎认为幕后操纵者与结果之间的因果关系已经被实际执行者切断了,显然并不可取。

第四,溯责禁止理论是从结果回溯到实际执行者行为的时点,以实际执行者的全部事实为基础进行判断,但是,间接正犯的正犯性无疑应当包含有关幕后操纵者和实际执行者的精神关系的判断,即幕后操纵者对实际执行者的意思具有怎样的影响,以及在这种影响下法益侵害结果是如何实现的问题。法益侵害结果与幕后操纵者行为的关系与单独犯的构成要件该当性(特别条件关系和相当因果关系)的判断问题应当是不一样的。因为,作为间接正犯的正犯性的“支配”,无疑是包含着幕后操纵者与实际执行者的关系问题,正如松原芳博教授所言:“即便是在幕后者或者引诱者基于实际执行者或者被引诱者以影响的通常的间接正犯的案件中,要判断前者的正犯性,不仅要关注后者的属性,还应同时关注两者之间的关系。”〔97〕但是,溯责禁止理论恰恰未能体现这一点。

因此,将溯责禁止理论作为间接正犯的正犯性基础的尝试是有疑问的。正如山口厚教授所言:“溯及禁止的观点,虽然在判断意味着支配了引起构成要件结果的正犯性上属于重要的、一般的判断基准,但可以说却并不是正犯性的判断基准本身。”〔98〕

---

〔97〕 [日]松原芳博:《刑法总论重要问题》,王昭武译,中国政法大学出版社 2014 年版,第 283 页。

〔98〕 [日]山口厚:《刑法总论》,付立庆译,中国人民大学出版社 2018 年版,第 68 页。

实际执行者答责性学说的另一个根本疑问在于，这些学说均面临同一个需要正面回答的问题，即其理论所主张的“在复数参与者的场合，距离结果最近的时点缺乏自律的自己决定”为什么可以作为间接正犯的正犯性的基础。换言之，仅仅将其作为结论加以适用，还不足以说明其能够作为区别间接正犯与狭义共犯的根据。与实际执行者答责性相关的学说认为，当今社会，人们可以在自己的法领域自由地进行法益处分，这一点并非没有争议。因此，原则上亲手对他人实施不法侵害的人应当承担更重的责任，可能这也是最初原则上只处罚直接正犯的理由。然而，将以实际执行者的自律性为基础的答责原理作为间接正犯判断的根据，存在以下问题：其一，根据刑法规范规定的行为样态（犯罪参与类型）各自的性质和不同点，并不能直接表明其责任领域的分配。换言之，作为理论根基之一的“自己的法领域”并不是一个明确、清晰的范畴。其二，究竟为什么要将“离结果最近的点”作为考察标准，似乎也没有充分的理由。如果仅仅从“离结果最近的点存在自律的自我决定”这类自然主义判定的事实出发，也不可能解决“在什么样的行为样态下有何程度的不法”这类特别规范的问题。倘若彻底贯彻这个前提，那在结果即将发生之际，只有一切亲手实行犯罪的人才可能承担重的责任。但是，在权利关系如此复杂的当今社会，任何人都有可能被当作他人实施犯罪的工具，因此，这种朴素的想法并不妥当。其三，上述构想实质是以“人们不受外部干涉，行为主体能够独立决定自己的行为”这种相当彻底的非决定论为前提的，[99]但如此就不能对作为正犯构成要件减轻类型的共犯进行积极的论证了。例如，在教唆犯的场合，教唆者必须故

---

〔99〕　有关非决定论的内容，参见［日］高山佳奈子：《故意与违法性的意识》，有斐阁1999年版，第387页以下；［日］井田良：《刑法总论的理论构造》，成文堂2005年版，第226页以下。

意引起被教唆人实施符合构成要件的不法行为,倘若坚持非决定论,被教唆者即便是实施了被教唆之构成要件行为,也与被教唆者的教唆行为无关,因为被教唆人是能够自己决定的责任主体,最终的结果就是教唆者因为与法益侵害结果之间不具有因果性而不必承担任何责任。这显然不合适。

既然如此,这种认为在距离结果最近的时点,存在自律的自己决定的主体才能被赋予正犯性的思考方法,特别是在近代法上,就不能将其作为一个“公准”来对待。实际执行者具备答责性,即实际执行者基于自律的意识决定实施行为,对“自己行为的内容”以及“该行为在法律上会受到何种评价”具有认识,并且对行为具有控制或者控制的可能,实际上就是实际执行者具备故意并且具有违法性认识(或违法性认识可能性)以及责任能力。然而,倘若他人仅仅是欠缺这些要素,其实依然存在成立狭义共犯的可能,但对于最重要的部分,即究竟基于何种理由,认定背后人属于各种正犯类型的构成要件该当性,立足于自己答责性和溯及禁止论的见解均未给予充分说明。换言之,溯及禁止理论或者答责性理论,在判断间接正犯成立与否的某些情形中,所起的作用不过是“更容易肯定”幕后操纵者的间接正犯的正犯性,但并不能为区别间接正犯与狭义共犯提供普遍适用的标准。如此,作为间接正犯的正犯性的基础,仍要求具有其他个别的要件,而这个要件,无非就是幕后操纵者外观上“将他人像工具那样利用”,实质上具有“支配性”。关于间接正犯的正犯性的诸多理论中,例如,实际执行者不存在规范障碍,或者不存在自律决定等所谓的判断基准,都可以认为是将人像工具一样利用的行为支配理论的表现。如果说“支配”是指实际执行者不存在规范障碍,或者没有自由,那从本质上讲,这些判断基准之间其实并没有很大的差别。关键问题在于其实质内容,换言之,实质的问题是,作为间接正犯基准的“意志支配”的具体内容才是判断间接正犯的决定性因素。

因此,单纯从实际执行者答责性的角度去判断幕后操纵者能否成立间接正犯,并非妥当的解决路径。

五、本书的观点

从结果归属的角度来讲,在间接正犯的场合,必须将实际执行者实现的构成要件结果作为幕后操纵者自己造成的构成要件结果归属于幕后操纵者。那么,这就涉及两个方面的问题:其一,实际执行者对构成要件结果的实现能否作为幕后操纵者自己的正犯行为;其二,实际执行者实现的构成要件结果能否归责于幕后操纵者。这两个问题与前述理论具有对应关系:其一,只有当幕后操纵者对实际执行者具有实际操控,才可以将实际执行者的行为作为幕后操纵者自己的正犯行为看待,这其实就是"以幕后操纵者为视角的学说"所关注的内容。其二,实际执行者存在对构成要件结果无法答责的情形,而幕后操纵者在法律上需要对该构成要件结果进行答责,这正是"以实际执行者答责性为视角的学说"所关注的内容。

一方面,从实际执行者的角度进行判断是完全有必要的,因为实际执行者是否具有可罚性,往往直接或者间接影响幕后操纵者是否成立间接正犯。但是,单纯从实际执行者的角度,将"实际执行者对结果有无答责性"作为判断幕后操纵者是否成立间接正犯的依据并不妥当。倘若依据前述理论,将幕后操纵者的间接正犯判断仅依赖于实际执行者,则很可能出现结论未必妥当的情形。例如,在幕后操纵者利用他人的正当防卫、紧急避险行为构成间接正犯的场合,被利用者实际上没有规范障碍(即使实际执行者知道真相,依然可以进行正当防卫或者紧急避险),但这并不影响幕后操纵者成立间接正犯。

"在犯罪构造上,实际执行者出现不能答责的任何情况,都可以作为幕后操纵者的责任根据。因而,若实际执行者的行为(在主观领域或客观领域相应地）不符合构成要件、并不违法或者没有罪责，则可以考虑将之认定为行为媒介。”[100]但是，实际执行者犯罪成立要件的缺失，并不能单独作为幕后者间接正犯的正犯性判断的基础。“学说上承认正犯后的正犯也是属于间接正犯的类型，所以综合学说上所陈述的利用他人实施犯罪的类型来看：利用他人不构成犯罪的行为来实现自己的犯罪，是间接正犯；利用他人构成犯罪的行为来实现自己的犯罪，也是间接正犯。按‘他人构成犯罪的行为’和‘他人不构成犯罪的行为’两个概念加起来等于是全部的行为。因此，他人行为构成犯罪或他人行为不构成犯罪，就间接正犯概念（定义）而言，已经没有任何意义。”[101]虽然这样的见解过于悲观，但实际执行者的犯罪成否（对结果的答责性），对于间接正犯成立与否的意义并非决定性的，换言之，实际执行者的答责性或者其犯罪成立条件的有无，并不能直接决定背后者间接正犯的正犯性。

另一方面，既然要判断幕后操纵者是否成立间接正犯，当然要以幕后操纵者的行为本身为根据。但是，间接正犯不同于普通的单独正犯，而是通过操纵实际执行者实现犯罪，至于实际执行者是否被操纵，当然不能仅以幕后操纵者一方的行为事实为根据得出结论。所以，只基于幕后操纵者的相关事实去判断其能否成立间接正犯的思路，也是不可行的。间接正犯是正犯，因而无疑是符合构成要件的行为，但事实上幕后操纵者却又并未参与构成要件行为的实施。当行为人的行为与构成要件结果之间并未介入他人行为的场合，对结果原因支配内容的理解一般不会产生特别的问题，但是，当存在他人行为介入的场合，在进行结果原因的判断时，对

---

[100] ［德］乌尔斯·金德霍伊泽尔：《刑法总论教科书》，蔡桂生译，北京大学出版社 2015 年版，第 410 页。

[101] 黄荣坚：《基础刑法学》（下），中国人民大学出版社 2009 年版，第 519 页。

于所介入的实际执行者的行为评价自必不可少。[102] 实际执行者的行为是幕后操纵者犯罪行为的关键组成部分，因此，与实际执行者相关的事实，必然是幕后操纵者正犯性判断中最为重要的判断资料。

由此可见，对幕后操纵者是否成立间接正犯的实质判断（正犯性判断/"支配力"判断），不能单从幕后操纵者的角度出发，也不能仅仅着眼于实际执行者的角度。正确的做法应当是将有关幕后操纵者和实际执行者的事实结合起来，一起作为幕后操纵者是否成立间接正犯的判断基础。具体而言，在介入他人行为的场合，要肯定幕后操纵者的正犯性，关键在于幕后操纵者是否对实际执行者引起的犯罪事实具有控制、支配的影响，或者说对实际执行者的行为或者法益侵害结果具有支配力；而在这种支配力的判断资料中，实际执行者对结果的答责情况是十分重要的资料，尤其是幕后操纵者与实际执行者答责性之间的关系，即幕后操纵者对实际执行者欠缺答责性具有怎样的影响，是幕后操纵者"支配力"判断的关键因素。因此，对于间接正犯的正犯性判断（"支配力"的判断），绝大多数情况下，实际执行者对法益侵害结果欠缺答责性时，就要判断幕后操纵者是否需要为实际执行者缺乏可罚性负责，当得出肯定结论时，再进一步考察幕后操纵者是否满足犯罪成立的其他条件。[103] 当然，少数情况下还存在实际执行者并不欠缺可罚性或者对结果的答责性，但是却应当肯定幕后者成立间接正犯的情形，这主要存在于实际执行者已经具备犯罪意思，并基于此犯意实施了行为，但是由于幕后者的影响，导致实际执行者对构成要件产生错误认识的情形中。

---

〔102〕 参见[日]山口厚：《刑法总论》，付立庆译，中国人民大学出版社 2018 年版，第 68 页。

〔103〕 参见[德]乌尔斯·金德霍伊泽尔：《刑法总论教科书》，蔡桂生译，北京大学出版社 2015 年版，第 411 页。

不难看出，前述各种正犯性学说中，以幕后操纵者为视角的实行行为说、意志支配说，与以实际执行者为视角的自律行为介入说、一次责任说、规范障碍说等，是正面与反面的关系，而不是对立关系。各种具体学说之间，也不是完全对立的，而是可能融合的。例如，自律行为介入说与一次责任说，实际上都是以实际执行者是否存在自律行为为标准，并无本质差异，而主要是表述上的差异。

不过，自律行为介入说、一次责任说与规范障碍说等，虽然是相对具体的学说，也能合理地处理部分间接正犯案件，但却不能解决间接正犯的全部问题。例如，有些场合，实际执行者对法益侵害结果是有认识的，或者幕后操纵者施加的强制并未达到绝对的他行为不可能之程度，即实际执行者依然存在一定的意思自由，那么很难说这样的实际执行者"像工具一样"被加以利用了，但幕后操纵者却存在着成立间接正犯的可能性。所以，工具说存在缺陷。例如，虽然通常情况下，如果介入了第三者的自律行为，幕后操纵者就不成立间接正犯，但是，在实际执行者基于可避免的违法性认识错误而实施不法行为时，如果该错误由幕后操纵者引起，因实际执行者介入的是自律行为，因而成立直接正犯，但幕后操纵者成立间接正犯。这也说明，即使实际执行者承担一次责任，幕后操纵者仍然可能是间接正犯。所以，一次责任说也存在缺陷。又如，规范障碍说虽然具有明显的合理性，但采取该说的学者对相同案件却会得出不同结论。这说明，规范障碍说缺乏明确性。反之，意志支配理论则显得比较抽象，即使将事实支配区分为基于强制的事实支配与基于优越认知的事实支配，也离不开对实际执行者的各方面事实的考察与分析。在此意义上说，基于幕后操纵者视角的学说与基于实际执行者视角的学说，似乎也存在抽象与具体的关系。既然如此，对间接正犯的正犯性判断，就不能单从幕后操纵者的角度出发，也不能仅仅着眼于实际执行者的角度。与此相对，幕后操纵者是否成立间接正犯，既要从幕后操纵者视角进行判断，也要从实际执行者视角进行判断,即应当将有关幕后操纵者和实际执行者的事实结合起来,一起作为幕后操纵者是否成立间接正犯的判断基础。但是,意志支配理论意味着幕后操纵者对实际执行者的构成要件行为与结果的支配,同时考虑了幕后操纵者的操纵行为与实际执行者的被支配性,能够对间接正犯的认定起指导作用。本书正是在此意义上主张适用意志支配理论,并据此解决间接正犯的构成要件符合性判断问题。

第五章　间接正犯的规范判断

如前所述，本书主张采取犯罪事实支配理论作为正犯与共犯的区分理论及间接正犯的正犯性理论。事实上，刑法理论界早在十几年前就已经开始介绍犯罪事实支配理论，该理论也逐渐成为通说立场。但该理论在司法实践中承担的角色却并不重要，这点从相关判例中鲜见“犯罪支配”的运用，便可窥见一斑。换言之，在间接正犯的判断问题上，犯罪事实支配理论并未真正发挥其重要作用。究其原因，一方面，在于国内对犯罪事实支配理论的研究仍不够深入；另一方面，犯罪事实支配理论在具体指导间接正犯的判断时，本身的实用性并不强。然而，毋庸置疑的是，犯罪事实支配理论所奠定的“对构成要件的实现具有支配地位的人是正犯”的基础原理是妥当的，但不得不说，该原理仅是极具抽象的指导原则，而非间接正犯判断的规则本身。因此，间接正犯研究的范围不可止步于其正犯性理论的研究，而是必须在此基础上明确一套具体可操作的判断规则，如此才能避免间接正犯理论沦为一个空洞的概念。

第一节　从形式到实质的判断模式

《德国刑法》第 25 条第 1 款规定:“自己实行犯罪行为,或者利用他人实行犯罪行为的,均为正犯。”其中“利用他人实行犯罪行为”,指的就是间接正犯。显然,就间接正犯的认定而言,在德国刑法有明文规定的前提下,司法机关只需要判断行为是否符合法条规定的“利用他人实行犯罪行为”这一要件。然而,我国刑法中并没有关于间接正犯的规定,那么基于罪刑法定原则,司法机关就必须要像直接正犯那样,对幕后者的行为是否符合分则某罪的构成要件进行规范判断。

第一,罪刑法定主义是刑法的铁则。从维护罪刑法定原则的角度出发,间接正犯必须具备构成要件符合性。众所周知,就犯罪的成立条件而言,无论是三阶层体系,还是四要件体系,都要求必须对犯罪事实是否满足分则各罪成立所要求的全部违法要素加以审查。在三阶层体系中体现为构成要件符合性的要求,在四要件体系中则体现为对犯罪客观方面以及犯罪主体中的部分要素(行为主体本身与特殊身份)的判断。无论适用哪种体系认定犯罪,倘若客观方面的犯罪事实不符合上述要件,则行为不可能成立犯罪,否则便有违罪刑法定原则之嫌。[1]

另外,即便刑法分则没有规定,但只要是刑法总则明文规定的犯罪类型,则无须对行为进行构成要件符合性的审查便可直接依据刑法总则加以认定。例如,我国《刑法》总则第 29 条规定,“教

---

〔1〕 本书所称的构成要件符合性,是指三阶层犯罪论体系语境下的构成要件符合性,但不包括故意、过失等主观要素。

唆他人犯罪的”成立教唆犯,据此,就教唆犯的认定而言,首先需要判断正犯的行为是否具备构成要件符合性与违法性,在得出肯定结论之后,再判断正犯者实施符合构成要件的违法行为是否由教唆者的教唆行为所引起,而不要求教唆犯的行为本身符合刑法分则规定的构成要件。又如,《德国刑法》总则第25条第1款规定了间接正犯,德国刑法理论只需要研究如何判断“利用他人实行犯罪行为”即可。[2] 换言之,在德国,由于其刑法总则明文规定了间接正犯,同时规定了教唆犯与帮助犯,所以,只要明确了“利用他人实行犯罪行为”的间接正犯与教唆犯、帮助犯的区别,就可以肯定间接正犯的成立,不需要像直接正犯那样进行构成要件符合性的判断。例如,当甲利用5岁的乙窃取他人钱包时,由于甲支配了乙的行为,便可直接根据《德国刑法》第25条第1款的规定认定甲成立盗窃罪的间接正犯,而不需要再判断或者说明甲的行为是如何符合盗窃罪的构成要件的。

然而,在我国《刑法》中,无论是总则还是分则均没有对间接正犯予以明文规定,所以,并不能当然得出“幕后者的行为当然符合构成要件”的结论,而应认为,“只有符合构成要件的幕后者行为才可能成立间接正犯”。有的学者认为,“直接正犯与间接正犯的差异不过是肯定了(正犯的)构成要件该当性事例中的事实上的区别而已”。[3] 但这明显是以间接正犯符合构成要件为预设的描述。这种从实质解释的角度,肯定“间接正犯具备构成要件符合性”的观点,难免沦为不证自明的“诫命”。所以,一个前置的问题必须解决,即如何从规范的角度解释与判断间接正犯的构成要件符合性。

---

〔2〕 参见[德]克劳斯·罗克辛:《德国刑法学总论——犯罪行为的特别表现形式》,王世洲等译,法律出版社2013年版,第20页。

〔3〕 [日]山口厚:《刑法总论》,付立庆译,中国人民大学出版社2018年版,第67页。

第二,幕后操纵者的行为是否具备行为支配的判断,并不等同于构成要件符合性判断本身。根据犯罪支配理论,只有控制构成要件实现之人才可谓正犯,间接正犯正是通过支配被幕后操纵者的行为控制了构成要件该当事实的实现。[4] 因此,支配的判断是间接正犯判断的实质内容,是区分教唆犯与间接正犯的关键。然而,支配的判断并非构成要件符合性判断本身,换言之,并不是幕后操纵者的行为在实质上具备了行为支配就当然具备了构成要件符合性。正如团藤重光教授所言:"正犯(Täter;auteur;autore),是指实行犯罪的人即实现了基本构成要件该当事实的人……虽然有学说以行为支配(事实支配)(Tatherrschaft)的观念说明正犯,但仅此并不充分。就教唆犯、帮助犯而言,教唆者、帮助者也必须支配教唆行为、帮助行为,这理当是相同的……正犯与共犯的区别标准,并非在行为支配本身,而是必须在行为支配的对象是否是构成要件该当事实这方面去寻找。"[5] 换言之,不同的参与人支配了不同的行为,不能以意志支配取代构成要件符合性的判断。

第三,刑法客观主义的立场要求刑法在方法论上强调分层次判断的重要性。[6] "从形式到实质、从一般到具体、从客观到主观、从原则到例外之判断方式,亦即,首先为'构成要件该当性'之形式的、一般的、原则的判断,其次为'违法性'之客观的、实质的、例外的判断,最后为'有责性'(责任、罪责)之主观的、实质的判断;依此三阶段之顺序,乃最合经济,最为合理,且错误亦少。"[7] 间接正犯作为正犯,必然是形式上具备构成要件符合性,实质上通

〔4〕 参见[德]克劳斯·罗克辛:《德国刑法学总论——犯罪行为的特别表现形式》,王世洲等译,法律出版社2013年版,第18页以下。

〔5〕 [日]团藤重光:《刑法纲要总论》,创文社1990年版,第372、373页。

〔6〕 参见周光权:《刑法客观主义与方法论》,法律出版社2013年版,第31页以下。

〔7〕 陈子平:《刑法总论》,台北,元照出版有限公司2017年版,第108页。

过支配实际执行者实现的犯罪事实，从而引起构成要件该当结果的行为。那么，在方法论上，间接正犯的判断理应按照构成要件符合性判断和支配性判断两个阶段分层次考察；构成要件符合性判断与支配性判断之间的关系，应该是先进行构成要件符合性判断，再进行支配性判断。然而，传统理论对间接正犯的判断往往跳过间接正犯的形式侧面，仅着眼于实质层面。这显然不符合刑法客观主义的立场。

第二节 间接正犯的形式判断

一、既有方法的说明

倘若把形式的客观说作为判断标准，则间接正犯并不符合构成要件。形式的客观说认为，正犯是指以自己的身体动静实施符合基本构成要件行为的人，而共犯是指实施了对正犯的实行行为进行加担的，符合修正构成要件的教唆行为和帮助行为之人。〔8〕换言之，亲自实施不法构成要件之全部或部分的是正犯，实施基本构成要件之外的行为，是共犯。该观点着眼于构成要件描述的文字含义，因而被称为形式的客观说。限制正犯论最早是以形式的客观说作为其理论基础的，即将正犯的成立范围严格地限制在符合构成要件的行为之内，认为构成要件的实现必须由行为人亲自为之。〔9〕

但形式的客观说受到了诸多质疑：以形式的客观说为标准，正

〔8〕 参见张明楷：《刑法学》，法律出版社2021年版，第510页。

〔9〕 参见［日］团藤重光：《刑法纲要总论》，创文社1990年版，第154页。

犯的成立范围十分有限，仅仅及于直接正犯以及一部分共同正犯。其一，该理论面临的最大难题是无法解释间接正犯。〔10〕根据该理论，由于间接正犯是利用他人而非自己亲手实施构成要件行为，因而并不属于正犯。倘若按照这种观点，行为人教唆 3 岁幼童将 1 岁幼童推入水中溺死的场合，由于幕后操纵者并未实施故意杀人罪的构成要件行为，便不能对之以故意杀人罪的正犯论处，这显然缺乏具体结论的妥当性。其二，该理论不能完全解释共同正犯。根据该理论，行为人只有参与全部或部分构成要件该当行为之实行，才可构成共同正犯，那些在客观层面并无实行构成要件该当行为之人，则不能成立共同正犯。〔11〕例如，A 和 B 在公交车上共谋盗窃 C 的财物，A 负责与 C 攀谈转移其注意力，B 负责实施盗窃行为，如此相互配合之下盗得 C 的钱包和手机。倘若按照形式客观说的观点，A 成立盗窃罪的正犯，B 只能成立盗窃罪的帮助犯。这显然并不妥当。事实上，现实生活中确实存在并非亲手实施构成要件行为的共同正犯（如共谋共同正犯），这是形式客观说所不能解释的。〔12〕其三，"实行行为"概念本身在形式上也很难说是具有明确内容的确定概念，有必要规范评价。从因果关系的角度看，形式的客观说显然有违因果归责理论。所以，形式客观说并不能说是科学的理论。

于是，为弥补过于形式化的理解造成的缺陷，早期形式客观理论影响下的限制正犯概念逐渐走向更为实质的解释，即实质客观说理论。刑法理论对间接正犯的理解也都侧重于从实质的角度去展开。所谓实质客观说理论，是指从行为之实质支配的角度来论

〔10〕　参见林山田：《刑法通论》（下册），北京大学出版社 2012 年版，第 8 页。
〔11〕　参见林山田：《刑法通论》（下册），北京大学出版社 2012 年版，第 8 页。
〔12〕　参见［日］西田典之：《日本刑法总论》，王昭武、刘明祥译，法律出版社 2013 年版，第 313 页以下。

断犯罪参与人的刑事责任范围。[13] 此时，正犯的成立不再要求必须亲自实现该当构成要件，而是包含了那些“在实体意义上，满足行为构成的还有那些使用其他方式控制着行为构成实现的人”。[14] 限制正犯概念的实质化发展直接影响了间接正犯的认定，正犯的成立不必以亲手实施构成要件该当行为为必要，利用他人之手但实质上控制着构成要件行为和法益侵害结果实现之人亦属于正犯的范畴，即所谓实质—客观的限制正犯概念。据此，间接正犯应当具有构成要件符合性。

然而，这种理解也仅仅是在解释论上肯定了间接正犯的构成要件符合性。比如，小野清一郎教授认为：“如果很好地思考一下‘间接正犯’的概念，就会发现，它不过是正犯的一种，它的行为也必须是符合构成要件的行为（实行行为），不如此便不能是‘正犯’。”[15]既然间接正犯的行为必须是符合构成要件的，那接下来，就需要判断到底什么样的行为才算是实现了间接正犯的构成要件。

对此，黄荣坚教授进而指出：“到底怎么样才算是一个人的行为实现不法构成要件，这一个问题从语意理解的角度来看，就看大家怎么去感觉文字意义罢了，也并没有什么绝对的对错可言……因为所谓‘犯罪’这两个字，或甚至是所谓‘实施构成要件的行为’，它们的文字意思实在也没有清楚到那种程度，说一定要怎么样才可以算是犯罪，或是一定要怎么样才可以算是实施构成要件的行为。如果我们对于一个人叫一条狗去咬人这样的行为可以叫

---

〔13〕 参见黄荣坚：《基础刑法学》（下），中国人民大学出版社 2009 年版，第 512 页。

〔14〕 ［德］克劳斯·罗克辛：《德国刑法学总论——犯罪行为的特别表现形式》，王世洲等译，法律出版社 2013 年版，第 15 页。

〔15〕 ［日］小野清一郎：《犯罪构成要件理论》，王泰译，中国人民公安大学出版社 2004 年版，第 96 页。

做犯了伤害罪,就没有理由说一个人叫一个小孩或甚至是叫一个大人去打人就不能叫作犯了伤害罪。"[16]

显然,在黄荣坚教授看来,间接正犯是否具有构成要件符合性,只不过是构成要件的解释适用问题,也就是说,即便并未亲手实现构成要件,幕后操纵者的行为依然可以被解释为具备构成要件符合性的行为。实际上,承认间接正犯的学者,必须承认间接正犯的行为具备构成要件符合性,否则便不能称为间接"正犯"。然而,虽然这一点在解释论上不存在障碍,但间接正犯既然是一种正犯的行为类型,那就不得不对其自身的构成要件符合性判断予以重视。

总之,从既有的说明来看,形式的客观说无法说明间接正犯符合构成要件,实质的客观说的重点仅在于区分正犯与狭义的共犯,将起支配作用或者重要作用的参与者归入正犯之中,或者仅仅是从解释论上肯定了间接正犯的构成要件符合性,但仍然没有说明究竟怎样的利用行为才具备间接正犯的构成要件符合性。例如,倘若实际执行者没有意识,同时又采取有意行为说,那么,如何肯定幕后操纵者的行为符合构成要件呢?又如,幕后操纵者强迫被害人自伤的场合,被害人自伤的行为不可能符合故意伤害罪的构成要件,既然如此,怎么能肯定幕后操纵者的行为符合故意伤害罪的构成要件呢?这些都是既有的学说没有回答的问题。

二、本书路径:规范判断

犯罪构成要件具有确保刑法的安定性、发挥罪刑法定主义的机能,可以将实质的考察限定在法律形式的范围之内。可能有学者认为,间接正犯的正犯性与构成要件符合性并不相同,因而用于判断是否成立单独正犯的构成要件理论,并不能包含间接正犯的

---

〔16〕 黄荣坚:《基础刑法学》(下),中国人民大学出版社2009年版,第500页。

正犯性。其实,将间接正犯的正犯性包含在构成要件之中也并非不可能。间接正犯适用刑法分则各本条的规定处罚,也能说明这一点。因此,将间接正犯的正犯性包含到构成要件中解释,应该是更为妥当的路径。目前,在间接正犯的正犯性理论中,意志支配理论具有优越的地位,将意志支配理论与构成要件符合性相结合的做法,不仅能够为间接正犯的判断提供明确的标准,而且也能起到限定间接正犯成立范围的目的。那么,基于罪刑法定原则的要求,幕后操纵者行为的构成要件符合性判断究竟应当遵循怎样的规则呢?

第一,实际执行者不具备完整的犯罪性的场合,幕后操纵者存在成立间接正犯的空间。

众所周知,在间接正犯的场合,由于幕后操纵者通过支配实际执行者的意思而实现了犯罪,实际执行者的行为并不具有完整的犯罪性,因而需要将实际执行者对构成要件的实现作为幕后操纵者自己的行为举止归属于幕后操纵者。"在犯罪构造上,实际执行者出现不能答责的任何情况,都可以作为幕后操纵者的责任依据。因而,若实际执行者的行为(在主观领域或客观领域相应地)不符合构成要件、是正当的或者没有罪责,则可以考虑将之认定为行为媒介。"[17]据此,金德霍伊泽尔(Kindehoyzer)教授从实际执行者的角度将间接正犯分为实际执行者欠缺构成要件的特定要素,实际执行者具有违法阻却事由和实际执行者欠缺责任三种类型分别讨论。[18]

第二,既然幕后操纵者没有亲手实施符合构成要件的行为,那就意味着只有将实际执行者所实现的构成要件事实归属于幕后操

〔17〕［德］乌尔斯·金德霍伊泽尔:《刑法总论教科书》,蔡桂生译,北京大学出版社 2015 年版,第 410 页。

〔18〕参见［德］乌尔斯·金德霍伊泽尔:《刑法总论教科书》,蔡桂生译,北京大学出版社 2015 年版,第 410 页以下。

纵者时，才有可能认为幕后操纵者的行为符合构成要件，这就要求幕后操纵者必须对实际执行者实现的构成要件事实具有支配性。然而，并非所有的构成要件要素都能被他人支配或者控制，于是，就存在幕后操纵者与实际执行者自身分别应当具备的构成要件要素。

间接正犯的成立，要求幕后操纵者在犯罪实现的过程中居于支配的地位，亦即，必须控制了构成要件该当事实的实现。间接正犯之所以区别于狭义的共犯，其原因就在于幕后操纵者并非“借助”实际执行者的行为实现法益侵害，而是比“借助”程度更强的“支配”。换言之，在参与行为引起法益侵害的因果流程中，其影响力的程度是不一样的：在实现构成要件的过程中，正犯具有优越的犯罪支配，发挥核心的作用，而共犯只起到次要或辅助的作用，并没有支配犯罪事实。狭义的共犯场合，刑法着重评价的是幕后操纵者行为的违法性，教唆者、帮助者仅仅处于边缘的位置；而间接正犯的场合，刑法评价的核心是幕后操纵者自身的违法性，实际执行者符合构成要件的行为及结果是幕后操纵者自身不法评价要素中的核心内容，因而要求幕后操纵者对实际执行者实现的构成要件事实具有支配性。简言之，只有当幕后操纵者能够决定实际执行者的构成要件要素时，该要素才可以被视为幕后操纵者自己具备的构成要件要素进行违法性评价。

有些构成要件要素是实际执行者自身必须具备的。例如，实际执行者必须具备符合构成要件的行为要素。从外观上看，间接正犯作为正犯的一种形式，其之所以区别于直接正犯是因为处于背后的幕后操纵者既无须出现在犯罪实施的现场，又不必参与到犯罪实施的过程中，而是借助更优越的认识、意志达到对整个犯罪事实能够加以控制的程度。但犯罪必须是侵害法益的行为，无行为根本谈不上犯罪，因而符合构成要件的行为是犯罪必须具备的构成要件要素。在间接正犯的场合，仅当幕后操纵者自己满足了所有的构成要件要素和责任要素时,才可以是间接正犯。间接正犯是通过他人实现犯罪的行为类型,因而事实上并不存在幕后操纵者自己的构成要件行为,此时,需要规范性地将实际执行者行为评价为幕后操纵者的行为,因此实际执行者必须客观上实施了符合构成要件的行为。[19]

然而,并非所有的构成要件要素都能被他人支配或者控制,于是,就存在幕后操纵者自身必须具备而实际执行者无须具备的构成要件要素。众所周知,构成要件要素包括行为主体、特殊身份、行为、结果等要素。那么,实际执行者实现的构成要件要素中,哪些是幕后操纵者能够支配,并可以将其评价为幕后操纵者实现的构成要件要素,哪些却不能为幕后操纵者所支配,进而不能直接将其评价为幕后操纵者实现的构成要件要素呢?换言之,实际执行者必须具备哪些构成要件要素、幕后操纵者又应当具备哪些构成要件要素,是本书即将探讨的问题之一。

第三,在上一点前提下,应当将幕后操纵者和实际执行者实现的构成要件要素结合起来,按照单个人实施犯罪那样进行构成要件符合性判断。

毋庸置疑,间接正犯虽然与直接正犯在实现犯罪的方式上存在差异,但却与直接正犯一样必须具备构成要件符合性,因而仅当幕后操纵者之行为能够充足构成要件时,才可能成立间接正犯。由于间接正犯是通过支配实际执行者行为实现法益侵害结果的犯罪类型,因此,虽是经由实际执行者完成构成要件行为,但有如幕后操纵者亲自实行一般,整个犯罪实现过程可以视为居于幕后操纵者的创造物,所以在规范评价上,间接正犯的犯罪行为就应当包

〔19〕 何时能够将实际执行者的行为归属于幕后操纵者,是行为支配理论讨论的问题,本书在此并不展开。本书所要展开的是,实际执行者的哪些要素不能归属于幕后操纵者,而必须是幕后操纵者自身必须具备的。

含幕后操纵者的利用行为与实际执行者行为两个部分，而实际执行者的行为及其法益侵害结果，在法律评价上应当视为幕后操纵者自身之违法要素，实际执行者的行为无异于幕后操纵者自己的行为。因此，既然幕后操纵者对实际执行者的行为存在事实上的支配，就应当将幕后操纵者行为与实际执行者行为作为整体进行构成要件符合性的判断。正如大谷实教授所言，“在此要注意的是，不要将利用行为和被利用行为分开，分别进行刑法评价，而应该根据间接正犯的意思，将被利用行为和利用行为统一，视为一体，作为利用人（行为人）的实行行为进行评价”。[20]

具体而言，应当将幕后操纵者和实际执行者实现的构成要件要素结合起来，按照单独犯那样去进行构成要件符合性的规范判断。倘若将幕后操纵者和实际执行者实现的构成要件要素结合起来进行判断时，能够完全充足某罪的构成要件，则幕后操纵者的行为便应当被认为具备了间接正犯的构成要件符合性。

例如，行为人甲在乙身上安装了定时炸弹，并以引爆炸弹相要挟，强迫乙抢劫珠宝店，乙在别无选择的情况下实施了抢劫行为。这时，实际执行者乙的行为完全可以充足抢劫罪的构成要件，由于乙的行为与结果必须归属于甲的支配行为，因此，可以认为甲的行为具备了抢劫罪的构成要件符合性。又如，国家工作人员甲要挟其下属非国家工作人员乙挪用本单位公款，超过 3 个月不予归还的情形，虽然乙欠缺挪用公款罪的身份条件，但甲却具备该条件，将甲、乙具备的构成要件要素合起来判断，完全可以充足挪用公款罪的构成要件，因而可以说甲的行为具备构成要件符合性。反之，倘若将幕后操纵者和实际执行者实现的构成要件要素合起来作为单独犯来看时，仍然不能充足构成要件符合性的，则幕后操纵者不

---

〔20〕［日］大谷实：《刑法讲义总论》，黎宏译，中国人民大学出版社 2008 年版，第 143 页。

可能具备构成要件符合性，即便其行为具有支配性，也不能成立间接正犯。例如，甲以暴力强制乙实施杀人行为，但乙宁可自己被打死也不肯伤害他人，甲的犯罪意图未能实现。此种情形下，由于乙并未实施杀人行为，甲的行为也符合故意杀人罪的构成要件，因而不可能成立故意杀人罪的间接正犯（充其量成立故意杀人罪的预备犯）。

三、实际执行者必须具备的要素

众所周知，利用他人实施犯罪的场合，并非所有的构成要件要素都能被他人支配或者控制，换言之，实际执行者实现的构成要件要素并非全部可以被评价为幕后操纵者的构成要件要素，因而有的构成要件要素是幕后操纵者自身必须具备的要素，有的是实际执行者必须具备的要素。因此，即便将幕后操纵者与实际执行者实现的构成要件要素结合起来判断时满足了某罪的构成要件符合性，但当实际执行者或者幕后操纵者不具备应当由其自身具备的构成要件要素时，幕后操纵者同样不具备间接正犯的构成要件符合性。

（一）实际执行者必须具备构成要件的行为要素

显然，由于对行为的理解不同，在此会存在争议。如果说只有在意识支配下的行为才可能符合构成要件，那么，幕后操纵者在利用他人无意识的举动时，实际执行者的行为就不符合构成要件；反之，如果认为符合构成要件的行为不以具有意识为前提，则实际执行者的行为大多可以评价为符合构成要件的行为。

传统刑法理论认为，刑法中的行为，是指行为人在自己的意志或者意识支配下实施的危害社会的身体动静。这其中包含三层含义：其一，强调行为必须是人的身体动静，这就将动物的行为、风雨雷电等自然现象、单纯的思想排除在行为之外；其二，强调必须是在人的意志或者意识支配下的身体动静，因而无意识的举止行为、反射行为、睡梦中的行为、不可抗力之下形成的身体动作等便也被排除在刑法的行为之外；其三，强调行为必须是在法律上能被评价为对社会有危害的身体动静，[21]但这种行为概念与本书所持结果无价值的立场并不协调。

本书认为，从客观上看，只要是侵犯了法益的身体活动都可以评价为刑法上的行为，也就是说，行为是人表现于外的、具有法益侵害性的身体活动。据此，无意识状态下的举动、梦游中的动作、绝对强制之下或者不可抗力之下的行为，只要侵害了法益或者具有侵害法益的危险，便可以纳入刑法的行为之中。例如，某夜，甲与乙驾车在乡间狭窄公路上相向而行，二人快要相遇之际，甲突然看到乙车位置不远处的路边站立着甲的仇人丙。于是，甲基于杀死丙的故意使用强光直射对面的乙，乙因条件反射向路边打轮，恰巧撞死行人丙。倘若说，本案中的幕后操纵者甲制造了一种紧急状态，使得乙出于本能扭转方向盘并导致了他人的死亡结果，实际执行者的行为实现法益侵害的因果流程对幕后操纵者来说是十分确定的，犯罪事实的整个流程完全由幕后操纵者甲所掌控，因而甲足以成立间接正犯，这似乎是完全成立的，但仅此还没有说明甲的行为具备故意杀人罪的构成要件符合性。

按照本书的见解，乙的行为造成了丙的死亡，是刑法上的杀人行为；又由于甲支配了乙的行为，应当将乙的杀人行为及其造成的死亡结果归属于甲的利用行为，进而肯定甲是故意杀人罪的间接正犯。如果否认乙的行为是刑法上的杀人行为，那么，由于甲的行为本身不能评价为符合构成要件的杀人行为，倘若认为甲是故意杀人罪的间接正犯，就意味着没有符合故意杀人罪构成要件的行为也能成立故意杀人罪，这显然并不妥当。

---

[21] 参见高铭暄、马克昌主编：《刑法学》，北京大学出版社、高等教育出版社 2017 年版，第 64、65 页。

可能的问题在于，当实际执行者已经陷入了某种无意识或者不为自己意识支配的状况，幕后操纵者对其加以利用时，幕后操纵者是成立直接正犯还是间接正犯？例如，甲欲利用司机乙午睡时可能会梦游的事实制造交通事故。某日，乙在午休时梦游起身走出室外，甲将事先准备在门外的车门打开，并将车钥匙交到乙手中，乙在梦游状态下驾驶车辆造成他人死亡。此时，乙实施了构成要件行为，但由于幕后操纵者甲居于更加优越的认识地位并支配了乙的行为，因而应当将乙实现的行为和结果要素规范地评价为是甲自身实现的构成要件要素，乙在此仅仅是甲行为的工具。换言之，甲完全控制了犯罪实现的整个过程，理当认定为间接正犯。反之，如果将刑法上的行为限定为有意识的身体动作，那么，本例中的实际执行者乙就没有实施符合构成要件的行为，幕后操纵者也没有实施直接导致构成要件结果发生的行为，结局只能是甲、乙均不构成犯罪，这显然不妥当，如果从结论的妥当性出发，将甲认定为间接正犯，但无论是分别考察还是整体判断，根本没有符合构成要件的行为，这显然违背罪刑法定原则。

事实上，间接正犯的行为性质，并非仅取决于利用行为本身，还要考虑幕后操纵者利用了什么样的构成要件行为。其一，如果幕后操纵者甲使用强制手段迫使乙教唆丙犯故意杀人罪的，根据限制从属性说，倘若丙实施了杀人行为，甲也仅成立教唆犯；即使根据共犯独立性说，甲也不成立故意杀人罪的间接正犯。其二，如果幕后操纵者甲使用强制手段迫使乙实施盗窃行为的，即使乙实施了盗窃行为，也并不因为甲实施了强制手段，就认定甲成立抢劫罪。显然，只有当实际执行者实施了某罪的构成要件行为，幕后操纵者才可能成为某罪的间接正犯。刑法理论中之所以存在认为

“实际执行者的着手便应当是间接正犯的着手”的观点,〔22〕一个重要原因就是实际执行者的行为是符合构成要件的行为。

由此可见,没有必要将刑法上的行为限定为有意识的行为,实际执行者实施了符合构成要件的法益侵害行为,是幕后操纵者成立间接正犯的必要前提。反之,当实际执行者欠缺实施法益侵害的行为要素,幕后操纵者便不可能成立间接正犯。进一步而言,倘若实际执行者没有实施符合构成要件的行为,幕后操纵者要么不成立犯罪(充其量成立犯罪预备),要么成立直接正犯。例如,幕后操纵者不可能利用他人的思想实现犯罪。同样,幕后操纵者试图利用他人行为时,他人拒不接受的,幕后操纵者也不可能成立间接正犯。

另外,幕后操纵者直接控制或者掌握了事态发展的全部过程,实际执行者的举止应规范评价为幕后操纵者自己的行为或者自己行为的延伸时,则应以直接正犯论处。例如,甲、乙、丙三人在站台上排队等候地铁,处在第三排的丙发现最前排的甲正是自己的仇人,于是丙在地铁进站时猛地将乙推向甲,乙机械性撞向甲导致甲撞向行进中的地铁,致甲死亡。本案中,虽然丙的行为看似与甲的死亡结果之间介入了乙的行为,但实际上是丙的行为直接导致了甲的死亡结果,乙的身体仅仅是单纯的、自然意义上的工具。此时,丙应当成立故意杀人罪的直接正犯,而非间接正犯。又如,甲将不知情的乙,猛推向橱窗,导致橱窗内文物毁损的,甲同样是故意损毁文物罪的直接正犯。这是因为,“间接正犯在实行构成要件该当行为之时,并非如直接正犯系使用一般机械性的工具(例如刀或枪等),而是使用人的工具……行为人所利用的犯罪工具

---

〔22〕 参见[日]西田典之:《共犯理论的展开》,江溯、李世阳译,中国法制出版社2017年版,第109页;马克昌:《比较刑法原理——外国刑法学总论》,武汉大学出版社2012年版,第582页;林山田:《刑法通论》(下册),北京大学出版社2012年版,第30页。

系人的工具,而非机械性的工具者,始足以成立间接正犯,故若单纯将他人的身体当作机械性的工具加以利用者,则非属间接正犯”。[23] “幕后操纵者将实际执行者像工具一样加以利用”与“幕后操纵者将实际执行者直接作为自然意义上的工具加以利用”是存在差别的,前者是典型的间接正犯,但在后者的场合,幕后操纵者的行为与行为人使用单纯工具的单独正犯场合没有任何差别,因而并没有将幕后操纵者认定为间接正犯的必要,毋宁说认定为直接正犯更为妥当。在上例中,侵害法益的行为并非作为“行为媒介”的乙所为,而是幕后操纵者甲将乙的身体单纯地作为自然意义上的工具推向文物展品,也就是说,构成要件行为(毁坏文物)的实施者,实际上是幕后操纵者甲,而乙仅仅充当了与石块、木棍等无差别的机械性工具,故应以故意损毁文物罪的直接正犯评价甲的行为,不应认定甲为该罪的间接正犯。

再者,当幕后操纵者已经创出物理的危险,仅仅是利用了实际执行者次要的、最多只能达到帮助犯的行为贡献时,将幕后操纵者评价为直接正犯更为妥当。罗克辛教授认为,行为人将酒精混到饮料里,使他人在不知情的情况下喝醉,或者使他人误食某种导致胃痛的药剂,这两种情形下行为人都成立伤害罪的间接正犯。[24] 本书并不认同罗克辛教授的观点。理由在于,在实际执行者的行为之前,幕后操纵者的行为已经达到单独犯时的法益侵害危险所具有的紧迫性,换言之,幕后操纵者实际上已经实施了构成要件行为。实际执行者的行为相比幕后操纵者的行为只是为法益侵害结果的最终实现提供了次要的帮助,而这种帮助又是幕后操纵者确定能够控制的情形,因此也可谓之为幕后操纵者直接行为的一部

---

〔23〕 林山田:《刑法通论》(下册),北京大学出版社 2012 年版,第 21 页。

〔24〕 参见[德]克劳斯·罗克辛:《正犯与犯罪事实支配理论》,劳东燕译,载陈兴良主编:《刑事法评论》第 25 卷,北京大学出版社 2009 年版,第 18 页。

分。例如，甲事先在公交车上安装了巨型炸弹，并设置了无论是谁只要启动汽车便可引爆炸弹的程序，司机乙启动汽车炸药被引爆，导致车辆毁灭、人员伤亡的结果。本案中，安装炸弹的幕后操纵者是犯罪的实行者，而实际执行者单纯启动汽车的行为并不能使幕后操纵者成为间接正犯，因为客观上幕后操纵者实施了构成要件行为并且直接掌握了符合构成要件的事实发展流程，故而应当认定为爆炸罪的直接正犯。又如，甲、乙二人在某餐厅就餐，甲借乙低头从地上捡叉子的机会往乙的饮料中投毒，乙起身便举杯饮用了该饮料，饮后身亡。间接正犯的成立要求实际执行者具备构成要件的行为要素，但本案中幕后操纵者甲的行为已经达到了紧迫的法益侵害危险程度，而乙自身的行为仅仅是幕后操纵者甲行为的必然延伸，换言之，乙喝饮料的行为完全是甲预设的轨道上的一个因果因素，当时的情境下，毋宁说幕后操纵者甲的行为已经开启了实行行为的起点，即已经着手了，因而将甲认定为直接正犯更为妥当。

由上可知，实际执行者实施了符合构成要件的行为，是幕后操纵者成立间接正犯的必要前提。

（二）实际执行者的行为必须直接引起法益侵害结果（或危险）

实际执行者的行为必须直接引起或导致了法益侵害结果（或法益侵害的危险），这是间接正犯的最大特点。刑法的目的在于保护法益，违法性的实质是法益侵害及其危险，任何行为，只要没有侵害或者威胁值得刑法保护的法益，刑法便不得将其作为规制的对象。“在这一意义上，可以说犯罪是引起结果行为的类型，结果成为所有犯罪所共通的构成要件要素”〔25〕这一点，不论对单独犯还是间接正犯抑或狭义的共犯都是适用的。不同犯罪参与形态

---

〔25〕［日］山口厚：《刑法总论》，付立庆译，中国人民大学出版社2018年版，第45页。

之间的差异在于,间接正犯的场合,法益侵害结果是由实际执行者的构成要件行为所致,而非幕后操纵者本人行为直接导致,而该结果规范上却应归属于幕后操纵者。如果法益侵害结果由幕后操纵者的行为直接造成,幕后操纵者就不可能是间接正犯。例如,行为人甲入室盗窃,同时要求 10 岁的乙为其望风,盗得财物后两人平分。此时,盗窃的侵害结果由甲的行为直接造成,而非望风者乙,甲成立盗窃罪的直接正犯,而非间接正犯。

另外值得讨论的问题是,间接正犯的成立,是否要求实际执行者的行为具有结果回避可能性?要回答这个问题,首先必须回答是否要求幕后操纵者行为与构成要件结果之间具备像单独正犯那样所要求的结果回避可能性(换言之,没有幕后操纵者的行为就不可能发生法益侵害结果这样的关系)?本书对此持肯定的态度。

违法的评价以发生法益侵害结果为必要,故而以结果回避可能性为前提是理所当然的结论。结果回避可能性意味着如下关系:倘若行为人履行了结果避免义务,法益侵害结果便不会发生;但倘若行为人尽到了结果避免义务,结果仍然发生的,则不能将该结果归责于行为人。[26] 就间接正犯而言,在利用强制支配的场合,幕后操纵者通过施加胁迫等强制力,要求实际执行者按照幕后操纵者的指示实施构成要件行为,应该说没有幕后操纵者的强制,实际执行者当时恐怕不会产生实行犯罪的意思,也就不存在构成要件行为,更不会产生法益侵害结果;在利用错误支配的场合,依然应当要求幕后操纵者具备结果回避的可能性。例如,甲明知前方草丛中是丙,却对乙谎称是野兽,并将自己的猎枪借给乙向丙射击,导致丙死亡。此时,倘若甲没有利用自己在认识上所处的优越

---

〔26〕 参见[日]山口厚:《刑法总论》,付立庆译,中国人民大学出版社 2018 年版,第 55 页。

地位对乙实施欺骗行为,乙便不会射击,则甲无疑成立间接正犯;但倘若乙已经产生了向草丛中的“野兽”(实际为丙)射击的意思,换言之,没有甲的欺骗行为,乙依然会向丙射击的,甲至多成立帮助犯,而不应认定为间接正犯。这里值得注意的是,当即便没有幕后操纵者的行为,实际执行者的行为仍然会导致法益侵害结果发生时,就不能将幕后操纵者评价为间接正犯。因为在这种情况下,倘若幕后操纵者实施了法所期待的行为而依然不能避免结果的发生时,刑罚便失去了防止将来在相同情况下结果发生的意义。当然,这只是就成立正犯而言的,倘若幕后操纵者的行为使法益侵害结果更加严重或者更容易发生,则可能成立实际执行者正犯行为的帮助犯。

与幕后操纵者情况相反,对于实际执行者来说,实际执行者的结果回避可能性却不能作为幕后操纵者是否成立间接正犯的判断依据。换言之,实际执行者是否具有结果回避可能性与幕后操纵者是否成立间接正犯并不存在直接的对应关系。例如,在利用他人过失行为的场合,医生甲将掺了毒药的注射器递给护士乙,乙稍加注意便会发现注射液体的颜色不对,但却由于疏忽大意而未能发现。此时,实际执行者乙主观上具有过失,客观上也存在结果回避的可能性,但幕后操纵者仍然可能成立故意杀人罪的间接正犯。

从结论上讲,间接正犯的成立要求实际执行者的构成要件行为直接引起了构成要件结果,而对于该结果,幕后操纵者应当具备结果回避的可能性。此外,实际执行者的行为与法益侵害的结果或者危险之间必须具有因果关系。这一点没有特别之处,本书不展开讨论。

(三)实际执行者应当满足的其他构成要件要素

除行为要素和结果要素外,实际执行者还应当满足时间、地点、方法等其他构成要件要素。例如,幕后操纵者唆使无责任能力的甲在禁渔期捕捞水产品,但甲实际是在禁渔期经过之后捕捞水产品的，由于实际执行者的行为不符合构成要件的时间要素，幕后操纵者当然不成立间接正犯。又如，幕后操纵者强迫甲对被害人实施抢劫，但甲仅仅是央求被害人施舍财物的，幕后操纵者同样不可能成立抢劫罪的间接正犯。

（四）实际执行者不必满足的构成要件要素

实际执行者不必满足的构成要件要素，包括以下两种情形：其一，在身份犯场合，实际执行者不必满足身份要素，而幕后操纵者必须具备该身份要素（这一点将在下述内容中阐述）；其二，在幕后操纵者强制或者欺骗实际执行者实施自杀或者自伤的场合，实际执行者虽然并不满足构成要件对象要素，但实际执行者行为的对象（实际执行者自身）对于幕后操纵者而言，却是符合构成要件的对象要素。因此，在这种场合，实际执行者不满足对象要件，并不能否定幕后操纵者存在成立间接正犯的可能。

行为对象是大多数犯罪要求的构成要件要素，即行为只有作用于犯罪成立所要求的特定对象时，才可能成立该罪。实际执行者针对他人实施的犯罪，不可能缺乏对象要素，否则便属于不能犯。例如，甲强制乙枪杀远处的“人”，但远处实为稻草人，周边没有任何人，对甲只能以不能犯论处。[27] 但是，当甲胁迫或者欺骗乙实施自伤（或自杀）行为时，却并不影响幕后操纵者成立间接正犯。因为在此种场合，实际执行者虽然并不满足构成要件对象要素，但实际执行者行为的对象（实际执行者自身）对于幕后操纵者而言，却具备构成要件的对象要素。上例中，甲强制乙自伤时，虽然乙的行为相对于乙本人而言不符合“伤害他人”的对象要件，但对于甲而言却符合“伤害他人（乙）”的对象要件。因此，在这种场合，实际执行者不满足对象要件并不能否定幕后操纵者成立间接正犯。

---

〔27〕 参见张明楷：《刑法的基本立场》，商务印书馆2019年修订版，第343页。

又如，行为人甲对妻子的情人乙怀恨在心。某日，甲尾随其妻找到乙，用菜刀逼迫乙，让乙在挖眼睛和砍右手之间选择其一作为惩罚，乙无奈之下只能用菜刀砍自己的右手，但由于刀钝没有砍伤，甲又要求乙用现场找来的铡刀将自己的右手铡伤，致重伤结果。法院认为，甲的行为成立故意伤害罪。宣判后，甲以“被害人的伤残是其自己的行为所致，原判量刑过重，自己只应承担民事赔偿责任的30%”为由提起上诉，但二审法院驳回了其上诉，维持了原判。[28] 本书赞同法院的判决结论。虽然故意伤害罪的构成要件行为是“伤害他人”，乙伤害自己的行为并不符合“他人”这一对象要件，但是，乙的自伤行为是因受到甲的强制，迫不得已才实施的。在这样的场合，应当将乙的自伤行为作为行为人甲自己的正犯行为来看待，此时“乙的身体”相对于甲的伤害行为来说，便符合了“他人”这一对象要件，因而具备了故意伤害罪的构成要件符合性。所以，甲的行为成立故意伤害罪的间接正犯。日本也存在类似的判例。例如，被告人为了获得被害人的自杀保险金，命令被害人驾驶汽车从岸边驶入海水中，法院判决被告人成立故意杀人罪的间接正犯。[29]

四、幕后操纵者必须具备的要素

如上所述，本书主张将幕后操纵者与实际执行者实现的构成要件要素结合起来作为整体，进而像单独犯那样判断幕后操纵者的行为是否具备构成要件符合性。据此，就各罪成立的全部构成要件要素而言，实际执行者没有具备的构成要件要素，幕后操纵者

〔28〕 参见刘德按、尹云辉：《云南一农民因妻子出轨强迫他人自伤获刑2年》，载http://news.jcrb.com/jxsw/201103/t20110309_508812.html，最后访问日期：2019年4月13日。

〔29〕 参见［日］吉川真理：《论利用被害者的间接正犯》，载《东北学院法学》2006年第3期。

就必须具备，这是间接正犯成立的形式前提。但是，仍需要进一步明确的是，除了利用行为以外，[30]是否还存在幕后操纵者必须具备而实际执行者不必具备的要素？这里涉及的便是构成要件的身份要素问题。

众所周知，真正身份犯是以特殊身份作为客观构成要件要素的犯罪，无身份者显然不能成立身份犯的直接正犯，那么，就真正身份犯而言，无身份者可否构成以身份者为媒介的间接正犯？换言之，能否将实际执行者的身份评价为幕后操纵者自己的身份呢？就此问题，学界存在肯定说、否定说以及折中说的见解。

(一)肯定说

肯定说认为，就真正身份犯而言，幕后操纵者没有身份时也能成立间接正犯。例如，我国台湾地区学者韩忠谟认为："既以自身之有责行为惹起客观之犯罪事实，则犯罪之要件即属具备，纵或利用者欠缺某种犯罪成立之身份，只须被利用者有此身份，当无碍于犯罪事实之内容，仍不得不负正犯之责。"[31]本书难以赞成肯定说的观点。

第一，在刑法语境下，真正身份犯中的身份要素是行为主体必须具备的特殊资格或者其他行为主体在社会关系中所具备的与一定的犯罪行为有关的特殊地位或状态，如国籍、亲属关系、国家工作人员、证人、司法工作人员等，这些资格的取得只能是基于法律授予或者行为人所属的社会关系。[32]一方面，这种社会关系显然是个人专属的，无法将一人的专属社会关系转移给他人，也不能将他人的身份评价为自己的身份。换言之，虽然可以将实际执行者

---

[30] 本书认为，在刑法总则没有明文规定间接正犯的前提下，利用行为本身并不是构成要件行为，只是将实际执行者实现的构成要件事实归属于幕后操纵者的条件。

[31] 韩忠谟：《刑法学原理》，中国政法大学出版社2002年版，第223页。

[32] 参见曲新久：《刑法学》，中国政法大学出版社2016年版，第74页。

因为受欺骗或者被强制而实施的行为及其造成的结果等归属于幕后操纵者，但不能将实际执行者的身份评价为幕后操纵者自身具备的身份。因为幕后操纵者只能支配实际执行者是否实施某种行为，而不可能支配实际执行者有无身份。如果实际执行者没有身份，幕后操纵者无论如何也不可能通过利用行为使之具有身份；反之，如果实际执行者具有身份，幕后操纵者无论如何也不可能通过利用行为使之失去身份。这正是身份的个人专属特征。〔33〕另一方面，“作为特殊犯罪主体所要求的身份，必须是在行为人开始实施犯罪行为时就已经具有的”。〔34〕也就是说，在犯罪实施过程中或者犯罪行为结束后获得的身份，并不属于身份犯的特殊身份。例如，“在犯罪集团中起组织、策划、指挥作用的首要分子，不属于特殊身份”。〔35〕在此意义上，倘若幕后操纵者在实施利用行为之时，并不具备特殊身份，则其不可能成立身份犯的间接正犯。

第二，间接正犯是正犯，不具有从属性，因而与教唆犯、帮助犯不同。有学者认为，“通说认为，一个人如果不是所谓自己犯罪（不法），那么他的行为构成犯罪的管道就在于从属于其他人的犯罪（不法）。以此推论，如果正犯的行为并非不法，那么正犯后面的行为人（不管取名字叫作教唆犯、帮助犯或间接正犯），都无从从属而不应该构成犯罪。然而矛盾就在于，通说一边讲从属原则，一边却又认为，所谓利用他人欠缺构成要件该当性或是利用他人欠缺违法性的行为依然构成间接正犯”。〔36〕然而，这种理解显然

---

〔33〕故意、目的等也是如此。例如，甲将毒药谎称为治病良药，想利用不知情的乙杀害丙时，如果乙知道了真相仍然将毒药给丙饮用，乙就具有了故意。不能因为甲想利用乙的不知情，我们就认定乙真的不知情。乙是否知情，只能根据乙的心理事实进行判断。

〔34〕曲新久：《刑法学》，中国政法大学出版社 2016 年版，第 75 页。

〔35〕张明楷：《刑法学》，法律出版社 2021 年版，第 171 页。

〔36〕黄荣坚：《基础刑法学》（下），中国人民大学出版社 2009 年版，第 519、520 页。

混淆了从属性的概念。刑法理论中的从属性,特指共犯的从属性,即共犯成立犯罪至少要求正犯者着手实施了犯罪的原理,简言之,共犯的违法性至少从属于正犯者的构成要件行为。然而,间接正犯是正犯,间接正犯对构成要件的实现具有支配作用,因此,间接正犯的违法性并非来自对幕后操纵者构成要件行为的从属,而是对实际执行者构成要件行为的支配。因此,在无身份者教唆、帮助有身份者实施身份犯罪的场合,无身份者可以成立身份犯的共犯;在无身份者强制、欺骗有身份者实施身份犯罪的场合,无身份者却因无法支配身份要件而无法成立身份犯的间接正犯。

第三,如果将无身份者强制或欺骗有身份者实施身份犯罪的行为认定为间接正犯,将必然导致定罪的混乱。例如,甲使用暴力强制国有公司的出纳(国家工作人员)将保险柜中的全部财物取出并交给自己。本案中,甲利用了国家工作人员的身份实现了使国有资产遭受损失的法益侵害,按照肯定说的观点,甲应当成立贪污罪的间接正犯而非抢劫罪的直接正犯,这显然违背常理。又如,乙使用欺骗手段使国有企业人员交付财物给自己。这原本是典型的诈骗罪,但按照肯定说却要认定乙的行为成立贪污罪的间接正犯,这明显不当。

(二)折中说

牧野英一教授认为,不能成为直接正犯者,是否不能成为间接正犯的问题,应当分情况而论:"①一定身份作为犯罪的要件,系法律出于仅仅处罚有其身份者的行为的意思。在这样的场合,不能成为直接正犯者,应当说不能成为间接正犯。②有一定的身份者由于缺乏犯意或者能力,其行为不能发生法益侵害,在这种场合,利用他也不能构成间接正犯。例如受贿罪可以认为是其适例。受贿罪是侵害公务员清廉的行为,如果公务员丧失责任能力或者缺乏利用其职务收受贿赂的犯意,公务员的清廉不会受到任何损害,所以对于这种犯罪不能认为构成间接正犯……③在一般场合,一定的身份作为犯罪的要件，是因为其身份成为法益侵害的事实上的要件，所以没有这种身份者利用有这种身份者时，由此发生法益侵害的事实，从而可以构成间接正犯。例如妇女不能作为直接正犯犯强奸罪，但可以利用无责任能力的男子侵害其他妇女的贞操……”[37]然而，折中说的观点在逻辑上存在诸多疑问。

第一，论者认为，当一定的身份作为犯罪的成立要件时，倘若法律的本意在于处罚有身份者的行为，则无身份者不能成立间接正犯；倘若有身份者的身份成为法益侵害的事实上的要件时，无身份者利用有身份者实施构成要件行为导致法益侵害的，则无身份者可以成立间接正犯。然而，这种分类标准违背刑法的基本原理。在真正身份犯的场合，身份的有无决定了能否定罪，因为“身份（例如，是否属于受贿罪的国家工作人员、玩忽职守罪的国家机关工作人员、徇私枉法罪的司法工作人员、逃税罪的扣缴义务人）的有无决定了行为是否可能造成法益侵害，从而影响定罪（构成身份）”。[38] 换言之，真正身份犯的场合，其处罚依据在于，只有有身份者的行为才能造成法益侵害的结果，有身份者的身份均为法益侵害事实上的要件，并不存在例外情形。

第二，论者认为，无身份者利用缺乏犯意或者能力的有身份者时，由于有身份者的行为不能发生法益侵害，则无身份者不能构成间接正犯。对于这种情形，本书虽然赞同其结论，但难以接受其理由。这是因为，法益侵害是指行为在客观上给刑法所保护的法益所造成的现实侵害事实与现实危险状态，[39]与行为人的主观责任并无关系，实际执行者欠缺责任所实施的构成要件行为同样会产生法益侵害结果。论者以公务员的廉洁性不会因公务员无责任的

---

〔37〕［日］牧野英一：《日本刑法》（上卷），有斐阁 1939 年版，第 470～472 页。

〔38〕周光权：《刑法总论》，中国人民大学出版社 2016 年版，第 361 页。

〔39〕参见张明楷：《刑法学》，法律出版社 2021 年版，第 213 页以下。

受贿行为而受损作为例证,但是,法益侵害原本就是与责任要素无关的存在,换言之,当行为满足了各罪的构成要件符合性且不具备违法阻却事由,客观上便存在法益侵害。因此,即便公务员没有认识到所收受的是“贿赂”,但其行为所造成的法益侵害已成既定事实,只是因为没有责任而无法成立犯罪。进一步而言,本书也认同利用无责任的公务员无法成立间接正犯的结论,但倘若不承认公务员的行为造成了法益侵害结果,则幕后操纵者便不可能成立犯罪,这显然导致了处罚漏洞。相反,虽然幕后操纵者不成立间接正犯,但却应当按照受贿罪的教唆犯论处。

另外,利用无责任能力的有身份者时,只要有身份者实施了符合构成要件的行为且不具有违法阻却事由,则无疑将产生法益侵害的结果;相反,倘若有身份者没有实施构成要件行为,则幕后操纵者显然不可能成立间接正犯。

第三,论者认为,幕后操纵者可以通过利用有身份者实现法益侵害,因而应当肯定无身份者能够成立间接正犯。然而,这种观点抛开间接正犯自身的构成要件符合性判断,仅依据无身份者能够通过身份者的行为导致法益侵害结果这一点就将无身份者认定为间接正犯的做法,必然存在违反罪刑法定原则之嫌。也有个别肯定论者持这样的理由,例如,西田典之教授认为,“间接正犯应当是指利用他人的(违法)构成要件该当行为,实现构成要件结果之情形”,〔40〕其核心理由在于:倘若正视作为犯罪实质的法益侵害,既然无身份者能够利用身份者实现法益侵害,则应当认为无身份者成立身份犯的间接正犯。〔41〕 然而,这种观点存在疑问。首先,正如张明楷教授所言,倘若认为“只要通过利用身份者侵害法益

〔40〕 [日]西田典之:《共犯理论的展开》,成文堂2010年版,第102页。
〔41〕 参见[日]伊藤真:《刑法各论》,弘文堂2009年版,第360页。

就可以成立间接正犯,间接正犯的范围就被无限扩大了"。[42] 况且,事实上,西田典之教授是以疑似身份犯来说明间接正犯不需要身份的。亦即,西田典之教授认为以妇女为对象的强奸罪是身份犯(行为主体要求为男性),但妇女可以成为强奸罪的间接正犯,进而说明间接正犯不需要身份。[43] 然而,强奸罪并非身份犯,只是疑似身份犯。换言之,强奸罪的正犯既可以是男性,也可以是女性。[44] 因此,不能以强奸罪为例说明间接正犯不需要具备身份。其次,西田典之教授是从《日本刑法》第156条规定的制作虚伪公文书等罪与第157条规定的公正证书原本不实记载等罪之间的处罚均衡来说明间接正犯不需要身份的。亦即,《日本刑法》第156条规定的制作虚伪公文书等罪的行为主体是公务员,行为内容为制作虚伪公文书等,法定最高刑为10年有期惩役;而《日本刑法》第157条规定的公正证书原本不实记载等罪的行为主体是一般主体,行为内容为对公务员作虚伪的申述,使公务员对相关证书作不实记载,法定最高刑为5年惩役。显然,只有承认一般人可以成为第156条规定的间接正犯,才能使二者之间的处罚协调。[45] 但是,在本书看来,不能为了处罚的均衡性而违反罪刑法定原则,换言之,只能在行为符合构成要件的前提下考虑处罚的均衡性。

(三)本书见解:否定说

本书主张否定说,认为无身份者不能成立身份犯的间接正犯,"不具有特殊身份的人,即使从形式上看,其对犯罪具有支配、控

[42] 张明楷:《论身份犯的间接正犯——以保险诈骗罪为中心》,载《法学评论》2012年第6期。

[43] 参见[日]西田典之:《日本刑法各论》,王昭武、刘明祥译,法律出版社2013年版,第92页。

[44] 参见[日]山口厚:《刑法各论》,王昭武译,中国人民大学出版社2011年版,第123页;张明楷:《刑法学》,法律出版社2021年版,第1133页。

[45] 参见[日]西田典之:《共犯理论的展开》,成文堂2010年版,第108页以下。

制作用，是犯罪的核心角色，其行为也不是刑法分则针对身份犯所规定的实行行为，所以不能成为正犯，自然也无法成为有身份者的间接正犯。"[46]反过来说，在真正身份犯的场合，幕后操纵者自身必须具备身份要素。最基本的理由在于，身份是对正犯的要求，间接正犯是正犯；身份是无法被支配的要素，利用他人的身份不等于幕后操纵者自己具备了身份。

第一，身份犯中的身份不仅具有个人专属性，而且是与身份者及其行为密不可分的要素，因而无法被单独支配。

肯定论者认为，"间接正犯与直接正犯在正犯性的表现方面存在很大的差异，绝不能以直接正犯的正犯性作为标准审视间接正犯。因欠缺身份不能成立直接正犯，并不意味着间接正犯也不能成立。其实，间接正犯的正犯性在于幕后操纵者对犯罪过程的整体支配作用……考察间接正犯的构成要件应当从整体出发，将身份者和构成要件身份区别对待，那么，肯定无身份者也能为身份犯的间接正犯也就是顺理成章的结论了"。[47] 本书并不认同这种观点。

如前所述，身份要素具有个人专属性，不能将实际执行者之身份要素评价为幕后操纵者本人之身份要素。而且，"特殊身份必须是在行为主体实施犯罪的正犯行为时就已经具有的特殊资格，或者已经形成的特殊地位或状态"，[48]但是，幕后操纵者无论如何都无法支配或者决定实际执行者在行为当时能够获得某种特殊身份，也不可能决定实际执行者的社会关系。

另外，身份犯中的身份，总是与一定的犯罪行为紧密联系的，换言之，身份独立于身份者或身份者的行为而单独存在时，将丧失

---

〔46〕 周光权：《刑法总论》，中国人民大学出版社2016年版，第330页。

〔47〕 邓毅丞、李小涛：《论间接正犯中身份要素之虚无》，载《河南科技大学学报（社会科学版）》2008年第4期。

〔48〕 张明楷：《刑法学》，法律出版社2021年版，第171页。

其身份意义。“在身份犯中，身份是正犯必须具备的构成要件要素，而且与身份相联系的‘利用自己身份的行为’也是正犯必须具备的构成要件要素。”[49]也就是说，身份犯的场合，幕后操纵者支配的是身份者利用自己身份的行为要素，而非身份本身这一单独要素。利用有身份者并不等于利用了单独的身份，更不等于幕后操纵者自己具备了身份。

因此，身份要素无法被他人支配，在任何情况下都不可能将实际执行者的身份要素作为幕后操纵者自身的身份要素进行不法评价。

第二，身份是针对正犯而言的，刑法规定的身份犯要求正犯者具备特殊身份。

身份犯的正犯者必须具备身份要素，间接正犯是正犯而非共犯，所以幕后操纵者具备身份要素时才可能具备间接正犯的构成要件符合性。德国刑法理论的通说认为，在真正身份犯的场合，间接正犯必须具有构成要件的身份，否则只能成立教唆犯或帮助犯。[50] 德国判例也持相同主张。例如，甲以滥用麻醉品为目的，欺骗不知情的医生以医疗目的为其开出麻醉品处方。在德国，滥用药物罪是真正身份犯，行为主体必须是医生。德国联邦法院1956年的判决认为，无身份者不能成为身份犯的间接正犯。[51] 日本通说也否认了无身份者构成以身份者为媒介的间接正犯的可能。“这主要是考虑到，间接正犯属于有无构成要件符合性的问

〔49〕 张明楷：《论身份犯的间接正犯——以保险诈骗罪为中心》，载《法学评论》2012年第6期。

〔50〕 参见[德]冈特·施特拉腾韦特、洛塔尔·库伦：《刑法总论I——犯罪论》，杨萌译，法律出版社2006年版，第292、309页。

〔51〕 BGHSt 9.370，转引自[日]松宫孝明：《刑事立法与犯罪体系》，成文堂2003年版，第259页。

题，而无身份者的利用行为不可能该当于身份犯的构成要件。”〔52〕利用身份者的行为，不等于能够利用其身份，更不是幕后操纵者当然具备了该身份，否则刑法规定的身份就丧失了意义。

第三，无身份者利用有身份者实施身份犯罪虽不能成立身份犯的间接正犯，但并不会导致处罚上的漏洞。

肯定论者与折中论者之所以主张无身份者能够成立身份犯的间接正犯，在很大程度上是为了避免处罚上的漏洞：传统刑法理论对教唆犯与帮助犯设定了不合理的限定条件，即要求被教唆者必须产生犯罪故意、帮助犯必须是帮助故意犯罪之人。〔53〕若按此逻辑，在某些场合，倘若否认无身份者成立身份犯的间接正犯，就会导致无身份者不成立任何犯罪或者强拉硬套相似罪名的结论。〔54〕

然而，只要正确理解共同犯罪的本质以及教唆犯与帮助犯的成立条件，否定说便不会造成处罚漏洞。就共犯的处罚根据而言，刑法理论的通说采取因果共犯论，即共犯的处罚根据，在于其通过介入正犯者的行为间接引起法益侵害（构成要件该当事实），换言之，之所以处罚教唆者和帮助者，原因在于其诱使、帮助正犯者直接引起了法益侵害。〔55〕法益侵害的存在并不以行为人具备责任为前提，正犯行为只要满足构成要件符合性且没有违法阻却事由，教唆犯便具备了当罚性；同样，只要帮助行为使得正犯行为的实现

---

〔52〕［日］西田典之：《日本刑法总论》，王昭武、刘明祥译，法律出版社 2013 年版，第 300 页。

〔53〕参见张明楷：《论身份犯的间接正犯——以保险诈骗罪为中心》，载《法学评论》2012 年第 6 期。

〔54〕参见邓毅丞、李小涛：《论间接正犯中身份要素之虚无》，载《河南科技大学学报（社会科学版）》2008 年第 4 期。

〔55〕参见张明楷：《刑法学》，法律出版社 2021 年版，第 549 页；［日］大谷实：《刑法讲义总论》，黎宏译，中国人民大学出版社 2008 年版，第 364 页；［日］井田良：《讲义刑法学 · 总论》，成文堂 2008 年版，第 481 页。

更为容易，便也具备了当罚性，并不要求被帮助的正犯产生了犯罪故意。我国《刑法》第29条关于教唆犯的规定中也并未要求将被教唆者产生犯罪故意作为教唆犯成立的要件。[56] 因此，当身份者不成立身份犯的间接正犯时，幕后操纵者依然可能成立教唆犯或帮助犯，甚至在某些场合成立普通犯罪的间接正犯。例如，甲得知朋友乙借给自己的车辆办理了保险，便谎称车辆丢失后欺骗乙到保险公司理赔。本案中，甲因不具备身份要素而无法成立保险诈骗罪的间接正犯，但因普通诈骗罪与保险诈骗罪是包含与被包含的关系，甲依然能够成立普通诈骗罪的间接正犯。又如，甲伪造公文使得监管人员误以为是真实的释放文件而将在押犯人予以释放的情形，虽然甲无法成立私放在押人员罪的间接正犯，但却可以成立私放在押人员罪的教唆犯。将甲认定为教唆犯，在我国也不会造成罪刑不均衡的局面。原因在于，我国刑法对于教唆犯是按照其在犯罪中所起的作用处罚的，起主要作用的应当按照主犯处罚。

例如，1995年年底，汇众公司出资60万元设立汇众金属表面合金化工厂，该厂系独立法人实体，被告人张某俊任厂长、法人代表，被告人修某新任副厂长。该厂为股份制企业，张某俊、修某新等人以技术入股，占25%的股份。1996年，汇众公司购买了一辆切诺基汽车，配发给化工厂使用，产权属于汇众公司。汇众公司购车后向中国人民保险公司海淀支公司办理保险，投保人和受益人均为汇众公司。后因化工厂拖欠某工程队工程款4万余元，某工程队负责人于1996年12月6日到化工厂将汽车强行开走。张某俊随即向派出所报案，该所以此事属于经济纠纷为由，未予受理。张某俊遂伙同修某新，于当晚向公安局刑警队报案，谎称汽车丢失，后又向汇众公司谎报。汇众公司遂向中国人民保险公司索赔。

---

〔56〕 详细理由，参见张明楷：《共犯对正犯故意的从属性之否定》，载《政法论坛》2010年第5期。

1997年6月,保险公司向汇众公司支付理赔款12万元。

司法机关在处理本案时存在三种意见,第一种意见认为张某俊、修某新的行为构成保险诈骗罪。理由在于,张某俊、修某新以非法获取保险金为目的,利用保险进行诈骗活动,向保险人骗取保险金,数额较大,符合保险诈骗罪的特征。第二种意见认为张某俊、修某新的行为不构成犯罪。理由在于,向保险公司索赔是由汇众公司进行的,张某俊、修某新没有参与,没有实施诈骗行为。第三种意见认为,张某俊、修某新的行为构成诈骗罪。理由在于,张某俊、修某新不具备保险诈骗罪的身份要件,但却满足诈骗罪的构成要件。陈兴良教授指出:"在本案中,保险公司的保险金被诈骗,其财产受到损失。两被告人是利用汇众公司诈骗保险公司,这是一种间接实行的诈骗犯罪,应以间接正犯论处……幕后操纵者可以构成这种不纯正身份犯的间接正犯。因此,两被告人应定保险诈骗罪。"〔57〕

本书认为,被告人张某俊和修某新利用汇众公司骗取保险金的行为不成立保险诈骗罪的间接正犯,只能成立诈骗罪的间接正犯。〔58〕 众所周知,保险诈骗罪是真正的身份犯,在身份犯的场合,只有具备身份的人才可能成立间接正犯,因而保险诈骗罪的间接正犯也必须具备投保人、被保险人与受益人的身份。但是本案中的张某俊和修某新并不具有上述身份,也就当然不可能成立保险诈骗罪的间接正犯。但因为诈骗罪与保险诈骗罪属于法条竞合的关系,那么属于保险诈骗罪构成要件的行为也就必然属于诈骗罪的诈骗行为,所以,张某俊和修某新利用不知情的汇众公司向保险

〔57〕 陈兴良主编:《刑法疑案研究》,法律出版社2002年版,第67页以下。

〔58〕 倘若认为教唆犯的成立并不需要引起被教唆者的犯罪故意,则本案中的张某俊和修某新成立诈骗罪的间接正犯与保险诈骗罪的教唆犯,想象竞合以诈骗罪论处。参见张明楷:《论身份犯的间接正犯——以保险诈骗罪为中心》,载《法学评论》2012年第6期。

公司骗取保险金的行为,应当成立诈骗罪的间接正犯。

又如,“A 为普通公民,B 为国有公司出纳(国家工作人员),二人关系密切。A 谎称购房需要首付,唆使 B 将公款挪给自己使用,并谎称两周后自己的定期存款到期,即可归还。B 信以为真,便将公款 50 万元挪出交给 A。A 使用该公款贩卖毒品获利后,两周内将 50 万元归还给 B 所在的国有公司(‘无身份挪用案’)”。[59] B 虽然是国家工作人员,但他没有挪用公款的故意;反之,A 虽然唆使 B 挪用公款供个人从事非法活动,但他不具有国家工作人员的身份。A 虽然支配了 B 的行为,但不可能支配 B 的身份。所以,对 A 只能以挪用公款罪的教唆犯论处。

反之,如果认为间接正犯不需要身份,那么,对于以暴力、胁迫方法迫使国家工作人员交付公款的,则属于以强制方式使国家工作人员实施贪污行为,因而构成贪污罪的间接正犯,这显然不合适。而且,倘若认为间接正犯不需要身份,就意味着刑法对身份的规定丧失了意义,这明显不符合罪刑法定原则。

总之,真正身份犯场合,幕后操纵者不能决定或支配实际执行者的身份要素,换言之,实际执行者的身份无法归属于幕后操纵者。因此,幕后操纵者自身必须具备身份,否则便不符合间接正犯的构成要件符合性。

第三节 间接正犯的实质判断

间接正犯是符合构成要件的正犯行为。在罪刑法定原则下,任何正犯行为必须具备构成要件符合性的基本要求,但这并不意

---

〔59〕 张明楷:《刑法学》,法律出版社 2021 年版,第 560 页。

味着形式上满足了构成要件符合性幕后操纵者就必然成立间接正犯,因为教唆犯与直接正犯也具备相应的构成要件符合性。根据犯罪事实支配理论,只有在犯罪实现过程中起到支配作用的行为人才可谓之为正犯,间接正犯正是通过支配实际执行者的行为从而实现构成要件该当事实之人,因此,支配的判断是间接正犯判断的实质内容。

一、支配的判断思路

在实质层面,间接正犯的正犯性判断,实际上就是对幕后操纵者是否成立间接正犯的实质判断,即“支配”的判断。具体而言,在介入他人行为的场合,要肯定幕后操纵者的正犯性,关键在于幕后操纵者是否对实际执行者引起的犯罪事实具有控制、支配的影响,或者说对实际执行者的行为或者法益侵害结果具有支配力,而这种支配力的判断资料中,实际执行者对结果的答责情况是十分重要的材料,尤其是幕后操纵者与实际执行者答责性之间的关系,即幕后操纵者对实际执行者欠缺答责性具有怎样的影响,是幕后操纵者是否具有支配力的关键因素。

因此,绝大多数情况下,对支配性的判断,“首先需要讨论的是实际执行者(幕前人)。如果确认他缺乏可罚性,那么就需要审查幕后操纵者的可罚性;幕后操纵者是否需要为实际执行者缺乏可罚性负责,以及他是否符合犯罪的其他前提条件”。〔60〕当然,如后所述,在少数情况下,也存在实际执行者并不欠缺可罚性或者说具有对结果的答责性,但也应肯定幕后操纵者成立间接正犯的情形。由于支配性的判断,应当以幕后操纵者与实际执行者双方的行为事实为根据,所以,在判断过程中,需要目光不断往返于幕后

---

〔60〕 [德]乌尔斯·金德霍伊泽尔:《刑法总论教科书》,蔡桂生译,北京大学出版社2015年版,第411页。

操纵者与实际执行者的行为之间。

二、支配的判断规则

按照犯罪事实支配原理,在大多数场合,根据幕后操纵者对构成要件该当事实所施加的客观或者主观的影响,通常比较容易判断其是否居于支配犯罪事实的地位从而成立间接正犯。倘若将这些场合类型化,可以分为以下两类:第一类是通过主观或者客观的强制支配而成立的间接正犯,第二类是基于知识或者认识的优越地位而成立的间接正犯。这样的分类基本上源于罗克辛教授的意志支配理论,但稍有不同的是,在我国,可以将罗克辛教授归纳的通过权力组织的支配归入强制支配的类型中。

(一)基于强制的支配判断

通过强制实现支配的间接正犯的问题焦点在于,幕后操纵者施加的压力必须达到什么程度才足以肯定其控制了整个行为构成,从而成立间接正犯?在强制支配的场合,实际执行者在完全没有答责性的情况下有没有实施行为、行为是否由幕后操纵者的暴行或者胁迫所致、实际执行者瑕疵的意思决定是否自己所致,以及答责性的承担等都是需要考虑的重要因素。

首先,如果实际执行者陷入受强制的情形是由幕后操纵者创设或者引起,那么,当幕后操纵者施加的强制力达到了与阻却违法性的紧急避险或者欠缺期待可能性相同的强制程度(使实际执行者丧失他行为的自由)时,原则上便足以奠定幕后操纵者的支配地位,从而成立间接正犯。当然,这种不自由并非要求实际执行者心理上绝对不可能进行独立决定,而是刑法视实际执行者不具有独立决定因而免除其责任时,幕后操纵者就具备了支配的地位。正如罗克辛教授所言,意思支配概念并非从心理上进行理解,而是以一般人现存的对暴力和胁迫的抵抗经验为基础进行这样的解释,即意思支配使立法的指导形象变得合理。[61]

有学者认为,幕后操纵者施加的强制力并不需要达到使实际执行者丧失行动自由的程度。理由是,在涉及强制、欺骗的犯罪时,刑法并没有要求单独正犯的行为达到使被害人丧失答责性的程度。例如,诈骗罪、敲诈勒索罪等犯罪类型中,行为人要被当作单独正犯加以处罚,并不要求其欺骗、恐吓的程度达到压制被害人意思、对财产的处分无法进行"自律的自我决定"的程度。[62] 但本书并不认同这种观点。按照本书的观点,强制支配要求的所谓丧失自由是指实际执行者陷入迫不得已的情境,并不是要求被害人陷入该种境地,因而与涉及强制或者诈骗犯罪的场合不要求被害人丧失行动自由之间并不冲突。反之,本书认同在有关强制或者欺骗的犯罪场合,犯罪的成立并不要求强制或者欺骗的程度达到被害人丧失自由的程度,但这与间接正犯场合幕后操纵者与实际执行者之间的强制程度并没有任何关系。

其次,当然也存在实际执行者丧失行动自由的状况并不是幕后操纵者引起的情形。如果实际执行者已经陷入被强制状态,而幕后操纵者只是用违法的行为解除其受强制状态时,幕后操纵者一般只能成立共犯;但是,当幕后操纵者具有解除这种强制状态的法律义务(保证人地位、救助义务或者民法上的义务等)时,才能成立间接正犯。例如,甲受到绑匪的死亡威胁,被要求持枪抢劫银行。乙恰好知道甲陷入了该情境,于是为甲购买了枪支,并鼓励其实施行为。甲迫不得已实施了抢劫行为。此时,由于甲遭受的强制状态并非乙所致,乙的行为仅仅起到帮助甲的行为顺利实施的作用,但却没有达到能够控制整个犯罪实现过程的程度,因而应当

---

[61] 参见廖北海:《德国刑法学中的犯罪事实支配理论研究》,中国人民公安大学出版社2011年版,第68页。

[62] 参见[日]照沼亮介:《体系的共犯论与刑事不法论》,弘文堂2005年版,第89页。

成立抢劫罪的共犯。但是,倘若乙在法律上具有避免抢劫行为发生的义务时,则对乙的行为足以评价为间接正犯。究其原因,在行为的时点,乙具有避免法益侵害结果发生的义务,并且能够避免,对整个犯罪的因果流程以及结果是否发生完全起到了决定性作用,因而具备了行为支配的地位,应当成立间接正犯。例如,某夜,警察甲在其负责的区域发现乙正在对丙实施严重暴力,但甲发现被施暴的丙正是与其发生过口角的邻居,便未上前制止,导致丙遭受重伤。此时,甲除了能够成立玩忽职守罪之外,其行为同时成立不作为的故意伤害罪的间接正犯。

另外还有一类值得研究的受强制的情形,是罗克辛教授所称的"通过权力组织的支配",这常常发生在军队或者其他国家强制机关中,士兵或者下属基于军队或强制机关的命令执行行为时的责任问题。德国的判例有大屠杀、警察恐怖主义、黑手党以及原东德边境上的开枪命令等,幕后的长官、首脑通常被作为间接正犯处理。但德国也有学者认为,只有当行为实施者本身不被视为一个负完全责任的正犯时,间接正犯的观点始能成立。倘若实际执行者是负有完全责任的正犯,实际执行者便处于核心地位,因为他控制着整个犯罪,应被作为正犯对待。[63] 本书认为,即便是确有必要承认组织支配的情形,其成立范围原则上应当予以限制,对于幕后操纵者(权力组织)的处罚也应当设定特别的处罚方式。实际上,此种场合下,背后的权力组织是否成立间接正犯仍须通过判断是否存在"强制"来解决,倘若权力组织发布的命令达到了抑制实际执行者意思决定自由,以至于"抵抗不可能"时,实际执行者不得不服从命令时,应将命令的发布者评价为间接正犯,否则,只能说是教唆犯。

---

〔63〕 参见陈洪兵:《间接正犯行为媒介论》,载《厦门大学法律评论》总第28辑,厦门大学出版社2007年版,第131页。

（二）基于优越认知的支配判断

基于认知优越地位之支配，是指幕后操纵者掌握了实际执行者所不知道的事实，幕后操纵者无须通过强迫，而只借助该优越认知，将实际执行者作为单纯的原因因素纳入自己的犯罪计划，对其行为加以利用。例如，甲请求乙帮其将普通包裹送到丙家，但包裹中实则放置着定时炸弹，这时涉及的便是利用无故意无过失的行为该如何认定的情形。

一方面，在这样的意志控制中，实际执行者是否丧失答责能力与幕后操纵者对实际执行者的利用并不（也不需要）存在对应关系。换言之，由于支配控制结构的差别，在利用强制的支配中所适用的原则不能转用到这里。具体而言，在强制的情况下，虽然实际执行者直接掌控着犯罪的实施，但幕后操纵者对实际执行者存在直接控制，并基于此奠定了幕后操纵者的间接正犯地位。在基于优越认知支配的场合，其支配结构与基于强制支配的场合存在区别：其一，从实际执行者的角度看，强制场合下的实际执行者是在心理上受到威胁、恐吓之下实施的行为，承受的巨大压力足以达到免除其责任的程度；但存在错误认识的场合，行为人并未承受任何心理压力，仅仅是没有认识或并未正确、全面认识犯罪事实，因而实际执行者有可能承担过失的责任。其二，从幕后操纵者的角度看，在基于优越认知支配的场合，幕后操纵者并没有像强制场合时的方式直接控制实际执行者。如上例中，乙是否愿意递送包裹，完全取决于乙自己的意思决定，幕后操纵者并没有强制他那样去做，在用语的使用上，应当采用“唆使”“请求”“教唆”等表达中性的表述。

另一方面，与强制支配相比，幕后操纵者“基于优越认知的支配”无法简单地适用统一的原则或者标准，因为其中包含不能统一界定的情形。这种支配类型中，包含了利用不具备构成要件的部分要素的间接正犯、利用符合客观构成要件但却欠缺违法性之行为的间接正犯等多种类型。例如，在少数时候，实际执行者并不知道自己的行为符合构成要件该当性，从构成要件规范评价的角度看，虽然实际执行者客观上实现了构成要件，而应当评价为幕后操纵者对构成要件事实实现了控制，从而成立间接正犯。又如，在幕后操纵者利用符合构成要件该当性但是欠缺违法性之行为的场合，也存在肯定幕后操纵者成立间接正犯的可能。因为"认知上的优越地位"的表现，并不仅仅局限于对构成要件该当事实的认识，而是包含了关于实际执行者之行为的社会意义、违法性的认识。倘若以规范的视角去理解构成要件不法的实现，则应当承认幕后操纵者控制了构成要件该当事实的实现过程。再如，利用欠缺责任的行为时，实际执行者为直接正犯，虽然直接正犯由于不具备责任要素而不成立犯罪，但正犯概念属于构成要件该当性领域的问题，因而责任的欠缺并不能直接作为否定实际执行者正犯性的依据，如果实际执行者对构成要件的不法没有知识、存在认识上的欠缺的话，以这里采用的基准来看就应当是正犯；相反，如果实际执行者对构成要件的不法存在知识、认识上的欠缺，并且这种局面是由幕后操纵者所导致时，幕后操纵者无疑在认知上居于优势地位，应当成立间接正犯。

总之，在基于优越认知的支配情形中，幕后者是唯一一个有目的地追求结果的人，所有其他导致构成要件实现的因素通过幕后者有目的的干预相互作用，共同必然导致故意追求的结果的发生；显然，幕后者总是精神领袖，总是意志支配的拥有者。此种情况下，间接正犯并不是以幕后者控制直接行为人的意志为依据，而是以幕后者将直接行为人的行为作为盲目的因果条件要素置入因果链条为依据。至于其以何种方式达致这一目的，并不重要，任何知道真实状况并有意识地为结果设置了条件的人，都是意志支配的所有者,因此都是间接正犯。[64] 掌握了具体犯罪事实含义之幕后操纵者,使实际执行者之行为能够成为犯罪行为,并对朝着以构成要件结果为目标的犯罪行为具有统制力,如果统制力的基础在于知识、认识上的优越地位的话,这种知识或者认识必须与构成要件事实的本质部分有关。原则上,实际执行者没有过失,幕后操纵者以间接正犯论处;实际执行者存在过失,换言之,实际执行者需要答责的情况下,要成立间接正犯就要求幕后操纵者对实际执行者具有明示的或者最终性的欺骗。如果幕后操纵者利用实际执行者已经存在的认识错误,只有幕后操纵者基于保证人地位或者其他法律上的规定而具有说明义务的情形下,才能肯定其具备了成立间接正犯的基础。

第四节 特殊情形的具体判断

如前所述,在间接正犯的判断问题上,应当遵循从形式的构成要件符合性判断到实质的支配地位判断的阶层步骤。第一步是构成要件符合性的判断。应将与实际执行者和幕后操纵者相关的全部材料进行事实判断与规范判断。在此,需要从实际执行者的相关事实中提取出犯罪的构成要件要素,同时实际执行者必须具备该罪的构成要件行为要素,并由该行为直接导致了构成要件结果(或法益侵害的危险)。倘若实际执行者欠缺行为要素或结果要素,则幕后操纵者不可能成立间接正犯,便无须进行之后的判断。当实际执行者具备了行为要素和结果要素时,应当回溯性地追溯

〔64〕 参见廖北海:《德国刑法学中的犯罪事实支配理论研究》,中国人民公安大学出版社 2011 年版,第 73 页。

与实际执行者的违法行为及其导致的法益侵害结果具有因果性的幕后操纵者。就幕后操纵者的事实材料而言,同样应当从中提取出符合构成要件的要素,例如身份犯场合的身份要素、特定目的要素等。继而,将实际执行者和幕后操纵者实现的构成要件事实合起来,当作单独行为人的构成要件要素,进行犯罪构成要件符合性的判断。第二步是支配的判断,即幕后操纵者是否对实际执行者引起的犯罪事实具有控制、支配的影响,或者说对实际执行者的行为或法益侵害结果具有支配力。支配力的判断,应当根据前述"通过强制的支配"和"基于认知上的优越地位"情形下的规则予以判断,本书将在下一章中详细讨论。以下仅简要介绍几类特殊情形的判断。

一、直接支配被害人的情形

所谓支配被害人的情形,是指幕后操纵者的行为表现为直接支配被害人,而没有直接支配实际执行人的情形。例如,组织卖淫者李某强迫不满 14 周岁刘某卖淫,而且暴力威胁刘某在向嫖客卖淫时谎称自己是 17 岁的卖淫女。嫖客赵某、王某等人误以为刘某 17 岁而与其发生性关系("组织卖淫案")。李某的行为是否成立奸淫幼女型的强奸罪的间接正犯?又如,甲得知乙准备在特定的夜晚埋伏在丁经常散步的偏僻处射杀丁,于是,甲为杀死其仇人丙,以丙之恋人身份给丙发假电报,将丙诱至该地点。果然,乙误将丙当作丁,杀害了丙("诱使杀人案")。[65] 该起事件中,处于幕后的甲利用认知优势,使乙陷入对行为对象的认识错误,假借乙之手实现了自己的杀人目的。以上两个案件虽然存在一定区别,但

---

〔65〕 这是由格拉夫·Z. 多纳为解决"利用已经决议实施犯罪活动者实现自己犯罪的人之罪责"而设计的案例,一般称为"多纳事件",后文"正犯后正犯"部分将进一步详细阐述。参见[日]高桥则夫:《共犯体系和共犯理论》,冯军、毛乃纯译,中国人民大学出版社 2010 年版,第 64 页。

都属于支配了被害人的情形。那么,在幕后操纵者直接支配被害人的情形下,能否肯定其支配了实际执行者呢?

本书的初步看法是,直接支配被害人不等于直接支配实际执行者,只有当对被害人的支配导致实际执行者产生规范障碍、缺乏答责性,对实际产生的法益侵害结果不能承担责任,进而应当将法益侵害结果归属于幕后操纵者时,才能将幕后操纵者认定为间接正犯。

在"组织卖淫案"中,李某或许并不明知嫖客是谁,但他肯定知道会有嫖客对刘某实施奸淫行为。另外,刘某被迫向嫖客声称自己是17岁的卖淫女,使嫖客误以为自己的行为只是一般违法行为而不是犯罪行为,从而没有产生抑制犯罪的动机。反之,如果嫖客知道真相,就会产生不实施奸淫幼女行为的想法,因而产生规范障碍,形成不实施犯罪的动机。在嫖客不能承担奸淫幼女的刑事责任的情况下,认定李某成立奸淫幼女类型的强奸罪的间接正犯是合适的。〔66〕

"诱使杀人案"的处理在刑法理论上一直存在争议,需要展开讨论。

第一种观点认为,甲、乙二人成立同时正犯。数人相互之间并无依赖关系(不存在共同的行为决意)地造成了构成要件结果时是单纯的同时正犯,每个同时正犯人,如同单独正犯一样各自承担自己行为部分的责任。〔67〕 但正如批评意见所指出的,同时正犯是

〔66〕 李某虽然成立组织卖淫罪与强迫卖淫罪,但由于强奸罪的法定刑高于组织卖淫罪与强迫卖淫罪的法定刑,在李某的行为符合《刑法》第236条第3款规定的法定刑升格条件、按照量刑规则应当判处死刑的情况下,就应当认定李某触犯的组织卖淫罪、强迫卖淫罪与强奸罪是想象竞合关系。所以,认定李某的行为构成强奸罪的间接正犯是具有意义的。

〔67〕 参见[德]约翰内斯·韦塞尔斯:《德国刑法总论》,李昌珂译,法律出版社2008年版,第293页。

相互独立的两个人共同实现了构成要件，而通过对犯罪未遂的检视得以发现，甲是以某种形式依存于乙的实行行为，并非没有任何关系的同时正犯。[68]

第二种观点认为，幕后操纵者甲成立教唆犯。由于实际执行者具有完全的刑事答责性，故幕后操纵者只能成立共犯。因此，“诱使杀人案”中的甲要么成立单纯的帮助，要么（当人们认为被害人身份错误足以视为确定他人为另一犯罪行为时）认定为教唆犯。[69] 但按照共犯理论通说的观点，在实际执行者已经存在行为决意的前提下，幕后操纵者并不符合引起他人犯罪意图的教唆犯成立要件，自不成立教唆犯。

第三种观点认为，幕后操纵者甲成立间接正犯。以犯罪支配理论为基础，在通过错误的支配范围内（对被害人身份的欺骗），肯定幕后操纵者具有间接正犯的正犯性。因为，幕后操纵者甲制造了对受保护之人的人身对象的认识错误，因而必须对该具体被杀之人的死亡结果负责，幕后操纵者仅是将实际执行者当作了一种盲目的工具来对待，其间接正犯的正犯性依据在于，实际执行者的故意杀人行为从原本针对丙而转向了针对新的被害人，使原来的构成行为变成了另一个不同的构成行为。[70] 在“诱使杀人案”中，幕后操纵者利用了直接正犯在法律上并不重要的客体错误，支配了整个犯罪流程，因而成立间接正犯。[71]

第四种观点认为，幕后操纵者甲成立片面共同正犯或者片面

---

〔68〕 参见［日］高桥则夫：《共犯体系和共犯理论》，冯军、毛乃纯译，中国人民大学出版社 2010 年版，第 67 页。

〔69〕 参见［德］乌尔斯·金德霍伊泽尔：《刑法总论教科书》，蔡桂生译，北京大学出版社 2015 年版，第 410 页。

〔70〕 参见［德］克劳斯·罗克辛：《正犯与犯罪事实支配理论》，劳东燕译，载陈兴良主编：《刑事法评论》第 25 卷，北京大学出版社 2009 年版，第 45 页。

〔71〕 参见［韩］金日秀、徐辅鹤：《韩国刑法总论》，郑军男译，武汉大学出版社 2008 年版，第 561 页。

帮助犯。[72] 这一结论同样受到了批判。正如日本通说的见解所指出的，刑法将共同者的行为作为共同正犯加以特别对待的原因在于，当共同行为者相互利用、相互补充对方的行为而实现犯罪的场合，应当使其承担共同的责任。因此，共同实行的意思是必要的，即共同行为者相互利用、相互补充他人行为的意思是共同正犯成立的必要条件，因而不应该承认片面的共同正犯。[73] 至于片面的帮助犯，虽然在理论上是存在的，但是于本案而言，幕后操纵者甲在答责性或当罚性方面，并不能说比乙轻。[74]

不可否认，第三种间接正犯的观点具有一定的合理说与说服力。如前所述，通常意义上的犯罪事实支配理论是指犯罪实行过程中的核心人物对犯罪的因果流程的客观上的控制、支配，简言之，即"支配了引起构成要件结果的原因"[75] 或者说"对造成结果的原因有支配"。[76] 但是，在某些场合，犯罪事实支配应当是指"支配了法益侵害的结果"或者"对介入行为造成的侵害结果有支配"。高桥则夫教授以行为支配的立场对间接正犯的观点进行了论证，他指出，"在客体错误的情况下，这种错误对于直接正犯者的违法性（在量的方面）毫无影响，但正是由于幕后操纵者惹起了直接正犯者对客体的认识错误，才使直接正犯者的违法性内容出现了质的不同。也就是说，一方面，正犯者对杀人罪的构成要件中的'人'这一抽象的人存在认识，也引起了结果的发生。在这种情况下，被害者对正犯者而言是抽象的人，而对幕后操纵者而言则是

〔72〕 参见陈家林：《共同正犯研究》，武汉大学出版社 2004 年版，第 170 页。

〔73〕 参见［日］大塚仁：《刑法概说（总论）》，有斐阁 2008 年版，第 292 页。

〔74〕 参见［日］高桥则夫：《共犯体系和共犯理论》，冯军、毛乃纯译，中国人民大学出版社 2010 年版，第 65 页。

〔75〕 ［日］山口厚：《刑法总论》，付立庆译，中国人民大学出版社 2011 年版，第 67 页。

〔76〕 许玉秀：《当代刑法思潮》，中国民主法制出版社 2005 年版，第 588 页。

具体的人。从此意义上看，杀害被害人这一具体实行行为的操纵者，就是把被害人当作具体的人来把握的幕后操纵者，因而也就能够认定幕后操纵者较正犯者而言具有'优越的'行为支配。构成要件只是抽象的概念，而行为支配则是能够把握具体情况进行判断的概念。这样就可以认定幕后操纵者构成杀人既遂的间接正犯"。〔77〕

但是，将甲的行为认定为间接正犯也并非没有疑问。其一，既然乙已经具有杀人的故意，甲连教唆犯都不可能成立，却肯定甲成立间接正犯，可能存在疑问。其二，甲虽然支配了被害人，导致乙存在对象认识错误，但乙原本就有杀人故意，其并不存在规范障碍，只是存在动机错误，而且乙作为直接正犯承担故意杀人既遂的责任。既然如此，在乙的"一次责任"之后再追究甲的"一次责任"，也未必合适。其三，认定甲的行为成立间接正犯，可能是以具体符合说为根据的。换言之，由于甲支配了具体的犯罪对象，所以，对甲应按间接正犯处理。但本书采取法定符合说，不管乙杀害的是甲还是丙，乙均成立杀人既遂。而且，即使采取具体符合说，这一错误对于乙而言，也并不重要。既然如此，认定甲成立间接正犯就不一定合适。其四，在"诱使杀人案"中，之所以得出间接正犯的结论，可能是因为甲存在借刀杀仇人的想法。但是，从客观主义立场来看，这一点并不能成为认定甲成立间接正犯的根据。如果稍加改变，也许更容易认为甲不成立间接正犯。例如，甲知道乙有 A、B 两个仇人，并且得知乙准备在特定的夜晚埋伏在 A 经常散步的偏僻处射杀 A。由于 A 是甲的朋友，于是，甲将 B 诱至该地点。果然，乙误将 B 当作 A，杀害了 B。乙同样存在对象错误，但难以认定甲成立间接正犯。

---

〔77〕［日］高桥则夫：《间接正犯》，王昭武译，载马克昌、莫洪宪主编：《中日共同犯罪比较研究》，武汉大学出版社 2013 年版，第 81、82 页。

所以,本书倾向于认为,“诱使杀人案”中的甲只成立片面的帮助犯。我国刑法理论普遍了承认片面的帮助犯,[78] 对片面的帮助犯的处罚理当轻于间接正犯与直接正犯。于本案而言,幕后操纵者甲在答责性或当罚性方面,当然应当比乙轻。因为从客观方面说,直接导致丙死亡的行为是由乙实施的;从主观方面说,乙具有杀人的故意,其对行为对象的认识错误丝毫不影响其答责性。此外,将甲认定为帮助犯而不认定为间接正犯,与本书所提倡的将实际执行者的规范障碍等情形作为重要判断资料也是相吻合的。

二、幕后操纵者存在认识错误的情形

如后所述,如果实际执行者缺乏故意、过失或者缺乏责任能力,那么,幕后操纵者一般会成立间接正犯。问题是,幕后操纵者对实际执行者的犯罪故意或责任能力存在错误认识时,应当如何处理。这里包括两种情形:

一种情形是,幕后操纵者误以为实际执行者有犯罪故意或者是完全责任能力之人,从而唆使其实施犯罪行为,而实际上实际执行者是严重精神病患者因而缺乏故意或者欠缺责任能力的未成年人的情况。按照通说的观点,幕后操纵者应当成立教唆犯,因为此处的幕后操纵者仅具有教唆犯的故意,并不具有不法程度更严重之正犯故意。[79] 对此,本书持相同观点。

第一,间接正犯的成立,不仅要在客观上支配构成要件的实现,而且必须具有间接正犯的故意。只有当幕后操纵者明知实际执行者没有故意、过失或者缺乏责任能力,进而支配后者实现构成

---

〔78〕 参见高铭暄、马克昌主编:《刑法学》,北京大学出版社、高等教育出版社 2016 年版,第 167 页。

〔79〕 参见[德]汉斯·海因里希·耶赛克、托马斯·魏根特:《德国刑法教科书》(下),徐久生译,中国法制出版社 2017 年版,第 909 页;黄荣坚:《基础刑法学》(下),中国人民大学出版社 2009 年版,第 524 页。

要件时，才能成立间接正犯。既然幕后操纵者认为实际执行者具有犯罪故意和完全责任能力，那就缺乏间接正犯的故意，当然不成立间接正犯。例如，咖啡店店主某日突生杀害王五之念，于是将有毒饮料交给店员保管，并对店员说："如果王五下次来店时，你就将此有毒饮料递给我。"时隔多日，王五来到咖啡店，店员以帮助的故意将有毒饮料递给店主，但店主此时完全忘了饮料有毒的事情，在缺乏杀人故意的情况下将有毒饮料递给王五喝，导致王五死亡。虽然店员客观上表现为利用没有故意的店主杀害了王五，但由于店员误以为店主具有杀人故意，所以，店员并没有利用无故意的店主杀害王五的间接正犯的故意，只能成立帮助犯。[80]

第二，间接正犯与教唆犯并非对立关系，间接正犯是较教唆犯的不法程度更高的犯罪参与类型，间接正犯的不法中包含了教唆犯的不法，同时间接正犯的故意中也包含了教唆犯的故意。在上述情形中，客观上幕后操纵者不仅引起了实际执行者实施符合构成要件的违法行为，而且由于实际执行者欠缺故意或者责任能力，幕后操纵者实际上处于犯罪事实支配者的地位。但是，主观上幕后操纵者仅具有教唆的故意，根据主客观相一致的基本原理，幕后操纵者仅能成立教唆犯。

另一种情形是，幕后操纵者误以为实际执行者是欠缺犯罪故意或者是欠缺责任能力之人而唆使其实施犯罪行为的场合。此时，幕后操纵者相信自己具有犯罪事实支配的地位即主观上具有间接正犯的故意，但实际上仅起到了教唆犯的作用。按照通说的观点，幕后操纵者成立教唆犯的既遂。[81] 因为间接正犯是较教唆犯的违法程度更重的犯罪参与形态，间接正犯的犯罪支配故意能

〔80〕 参见张明楷：《共犯对正犯故意的从属性之否定》，载《政法论坛》2010年第5期。

〔81〕 参见林山田：《刑法通论》（下册），北京大学出版社2012年版，第34页。

够包含教唆犯的故意,而此种场合下的幕后操纵者客观上也仅实现了教唆犯之不法而非间接正犯之不法,在主客观相重合的范围内,应当成立教唆犯的既遂。

但也有反对观点认为,应当在单一正犯概念之下肯定幕后操纵者成立间接正犯之既遂,但竞合后的结果仍成立教唆犯。理由在于:通说认为间接正犯是较教唆犯违法程度更高的犯罪参与类型,既然如此,在主观上具备正犯的更高的不法时,理论上没有理由不以不法程度更高的间接正犯之未遂论处,而仅以教唆犯之既遂论处,这就好像是故意杀人罪未遂不能仅以故意伤害罪既遂论处的道理一样,通说之所以按照教唆犯之既遂论处,原因在于,教唆犯和间接正犯在法定刑上是完全一样的,因此倘若论以间接正犯的未遂恐怕反而使处罚减轻,而事实上幕后操纵者的教唆(利用)行为已经造成了实害结果,减轻处罚并不合适,所以必须以教唆犯之既遂论处才可处以较重的刑罚。但是这样处理不仅违背基本理论,而且也显露了概念上的基本问题,即同样的行为,为什么以不法程度较低的教唆犯论处反而比评价为不法程度较高的间接正犯刑罚更重呢?鉴于此,该学者主张从单一正犯的角度出发,认为只要利用他人行为(实际执行者的行为形态并不重要)实现犯罪的都是间接正犯,至于实际执行者有无责任并不影响幕后操纵者的间接正犯地位。据此,在上述情形中,幕后操纵者成立间接正犯之既遂,同时,如果另外论以教唆犯、单一正犯概念下,只要教唆他人为客观不法行为,都是教唆犯,此处也是教唆犯之既遂,而非未遂。由于教唆犯是特殊形态的间接正犯,故竞合的结果以教唆犯的既遂论处。[82] 虽然结论均为教唆犯的既遂,但本书并不认同其论证理由。

---

〔82〕 参见黄荣坚:《基础刑法学》(下),中国人民大学出版社 2009 年版,第 524 页。

本书并不支持单一制正犯体系的立场，前文对其理由进行了较为详细的论述，此处不再赘述。另外，教唆犯是较间接正犯更轻的犯罪类型，在我国的刑罚体系中，对于教唆犯“应当按照他在共同犯罪中所起的作用处罚”，而间接正犯应当处以正犯之刑。换言之，教唆犯的处罚原则与间接正犯的处罚原则并不完全相同，不存在“以不法程度较低的教唆犯论处反而比评价为不法程度较高的间接正犯，刑罚更重”的问题。另外，对上述情形以教唆犯的既遂论处，并不违背基本原理。因为在将教唆犯的成立条件作为大前提，以案件事实作为小前提进行判断时，完全能够得出成立教唆犯的结论。实际上，通说的观点具有实质的正当性和理论的妥当性。例如，幕后操纵者甲误以为乙是重度精神病人，便命令其将掺了毒药的水倒入丙的杯中，导致丙饮用后死亡。对此，也可能存在认定甲同时成立故意杀人的间接正犯的未遂和故意杀人罪既遂的教唆这样的观点，两者属于想象竞合，从一重处罚。然而，从实行着手的角度考虑，如果间接正犯的着手时点原则上采取实际执行者说的话，在本例中，其实在成立间接正犯的未遂之前，实际执行者便已经知情，也就是说在乙着手之前其已经转化为了被教唆人，因而，并没有成立间接正犯未遂的余地，故只能认定为相对较轻的故意杀人既遂的教唆犯。[83]

三、实际执行者存在认识错误的情形

当实际执行者由于自身原因，导致对幕后操纵者预设的行为对象发生认识错误时，会对幕后操纵者的罪责产生怎样的影响，也是存在争议的问题。例如，幕后操纵者甲让 7 岁的儿童乙去盗窃某商场柜台上即将出售的 iPhone 7 手机，但柜台上还有一部外观

---

〔83〕 参见［日］西田典之：《日本刑法总论》，王昭武、刘明祥译，法律出版社 2013 年版，第 299 页。

上十分相似的属于顾客的 iPhone 6 手机，乙误以为这部 iPhone 6 就是甲所指的那部手机，于是便将其拿给了甲。

就此情形而言，倘若乙为正常成年人的单独故意犯罪，通说认为对象错误并不影响其盗窃之既遂。因为盗窃罪的保护法益并没有特别指定某一个特定人的财产利益，而是任何一个人的财产利益被侵犯时，都该当于盗窃罪的构成要件。换言之，对象错误在评价行为人的行为时并不具有实质的意义。那么这一原则在间接正犯的情形时，是否同样适用呢？

德国多数见解认为，当实际执行者发生对象错误时，应当将幕后操纵者作为打击错误处理，因为实际执行者毕竟只是幕后操纵者的工具，而发生于工具的对象错误对于幕后操纵者而言，应当属于打击错误。〔84〕 根据德国通说之具体符合说的立场，对于幕后操纵者错过的目标应当成立未遂，而对实际执行者实现的目标则成立过失犯，二者竞合为一罪。据此观点，本案中的甲只能成立盗窃罪的未遂。但在幕后操纵者具有盗窃的主观故意，客观上也窃取了财物的情况下，却只认定为盗窃未遂，有悖社会的一般观念，因而这样的结论难免存在疑问。

少数观点认为，实际执行者的对象错误对于幕后操纵者的法律效果，应当依照实际执行者的事实认识情况而区别处理，当实际执行者的行为为故意行为时，幕后操纵者的犯罪依照对象错误的原则处理；当实际执行者的行为系不知情的行为，则幕后操纵者应当依照前述打击错误的原则处理。〔85〕 本书不赞成该见解。本书主张，在实际执行者存在对象错误的场合，同样应贯彻单独犯情形下对象错误的处理办法，因为犯罪的构成要件并未以特定的被害

〔84〕 参见林山田：《刑法通论》（下册），北京大学出版社 2012 年版，第 35 页。

〔85〕 参见黄荣坚：《基础刑法学》（下），中国人民大学出版社 2009 年版，第 527 页。

人为要件，因此不会影响幕后操纵者成立间接正犯之既遂。

当实际执行者由于自身原因出现行为偏差即产生打击错误的场合，是否会对幕后操纵者的罪责产生影响？例如，幕后操纵者甲在神枪手乙身上绑了定时炸弹，以启动炸弹装置作为威胁命令乙射杀丙。然而，乙由于过度紧张而未能射中丙，却射杀了丙身边的丁，导致丁死亡的结果。可能有观点认为，对于幕后操纵者错过的目标应当成立未遂，而对实际执行者实现的目标则成立过失犯，二者竞合为一罪，幕后操纵者应当成立故意杀人罪未遂与过失致人死亡罪的既遂，按照想象竞合的原则两罪择一重罪处理。但幕后操纵者具有杀人的故意，也通过实际执行者的行为导致了杀人既遂的结果，却只能承担过失责任或者未遂的责任，显然并不妥当。

本书认为，单独故意犯的场合，从平等保护法益的角度出发，原则上打击错误并不影响行为人犯罪既遂的成立，即故意杀人罪保护的是人的生命，至于是“这个人的生命”还是“那个人的生命”并非犯罪成立的重要内容，换言之，刑法保护的是生命法益而并不关注法益主体是谁。这一原则，对于间接正犯的评价依然适用。间接正犯所触犯的故意杀人罪，同样没有要求区分杀死特定的哪个人才算是符合构成要件该当性，因而不论实际执行者实际杀死的是哪个人，对幕后操纵者而言，并没有法律评价上的区别意义。因此，实际执行者存在打击错误的场合，幕后操纵者依然成立犯罪之既遂。

第六章　间接正犯的成立范围

间接正犯的正犯性理论决定了间接正犯的成立范围，本书第五章基于意志支配理论的立场，在意志支配理论下探索出一条间接正犯形式判断和实质判断的阶层判断路径，但这一路径只是对意志支配理论的进一步细化，间接正犯的存在范围广，并且不具有明显的规律性，因而更加具体的判断规则必须在间接正犯可能的类型下展开更为细致的研究。

第一节　间接正犯成立范围概述

一、间接正犯成立范围之限制

间接正犯在德国存在实定法上的支撑，正因如此，德国间接正犯的成立范围呈现逐渐扩大的趋势，德国判例对间接正犯的认定也较为宽松。典型的例子如已被广泛认可的“正犯后正犯”，德国判例明确肯定了幕后操纵者的犯罪支配，实际是拓展了间接正犯的外延。同样，在我国台湾地区，犯罪事实支配理论已然深入人心,并成为通说观点,“正犯后正犯”也得到承认。[1]

与此相对,在同样不存在间接正犯明文规定的日本,其判例的态度却比德国的判例在间接正犯的认定上显得更为谨慎,日本的判例和学说均立足于较为严格的限制正犯立场,努力限制间接正犯的成立范围,故尚未一般性地肯定“正犯后正犯”概念。例如,在奥姆真理教一案中,奥姆真理教的教祖与其教徒一起围住被告人并指示其杀人的场合,裁判所一方面承认被告人的避险过当,另一方面将幕后操纵者认定为共谋共同正犯。[2] 事实上,为了避免间接正犯成立范围的扩大,许多在德国可能以“正犯后正犯”处理的情形在日本一般会通过共谋共同正犯解决。虽然后来日本的学说受德国学说的影响,在间接正犯的认定上显现更加容易的倾向,但可以肯定的是,不应该将介入了他人直接的法益侵害或危险行为的幕后操纵者全部认定为间接正犯。总之,从日本判例来看,对间接正犯的承认是有限的,毕竟德国在立法上肯定了间接正犯,而我国与日本一样,间接正犯只是刑法理论上的概念。

复数参与人实现犯罪的场合,现实地、直接地侵害法益或者造成法益侵害危险的人原则上应该是所有参加人中最重要的核心人物,在介入他人行为的场合,若要将幕后操纵者同单独正犯一样来对待,则必须有相当充分的理由。在德国刑法语境下,只要出现了符合间接正犯规定的成立条件,行为便具备构成要件符合性,成立间接正犯。但我国则不具备立法上的明文规定。因此,我国间接正犯的成立范围不能像德国司法实践中认定的那么宽泛,不能因为某些行为在构造上与间接正犯存在相似性便也将其纳入间接正犯的范畴中,换言之,不能过分扩张间接正犯的适用范围,否则可

[1] 参见林钰雄:《新刑法总则》,台北,元照出版有限公司 2020 年版,第 413、428 页。

[2] 参见[日]林干人:《间接正犯》,载板仓宏博士古稀祝贺本书集编集委员会编:《现代社会型犯罪的问题》,劲草书房 2004 年版,第 83 页。

能会违反罪刑法定主义原则。所以,本书认为日本限制间接正犯成立范围的做法,在我国刑法理论中也是值得肯定的。

二、间接正犯成立范围之分类

关于间接正犯成立范围的分类,各国学者众说纷纭,在分类方法和类型上均存在差异。由于学者们所持的正犯理论不同,因而其所承认的间接正犯的范围也不尽一致。合理的分类有利于更好地界定间接正犯的存在范围,因而该部分内容对于间接正犯理论体系的构建而言,便显得十分重要。大陆法系刑法理论就间接正犯的分类大致可以分为列举法和体系分类法两种。

列举法存在多种分类。例如,马克昌教授认为间接正犯可以分为以下几类:利用无责任能力者、利用缺乏构成要件的故意、利用有故意的工具、利用适法行为、利用非刑法上的行为。[3] 又如,林维教授提出间接正犯分为以下几类:通过未达法定刑事责任年龄者实施犯罪、通过精神病者实施犯罪、通过他人不可抗力或意外事件实施犯罪、通过他人合法行为实施犯罪、通过他人过失行为实施犯罪、通过杀害他人而实施犯罪、通过他人自害行为实施犯罪、通过有行为故意的工具实施犯罪。[4] 列举分类法的缺点在于,分类形式并没有一定的标准、次序,有的是以实际执行者的罪过形式划分的,有的是以实际执行者的行为性质划分的,还有将二者结合的分类方法,各类型所包括的范围互有交叉,亦有遗漏,很容易导致结构杂乱无章,分离涣散。因此,对于构建体系性的间接正犯成立范围来讲,并不是一种可取的方式。

体系分类法是德国、日本刑法学者比较推崇的分类方法,其中

---

〔3〕 参见马克昌:《日、德刑法理论中的间接正犯》,载《法学评论》1986 年第 2 期。

〔4〕 参见林维:《间接正犯研究》,中国政法大学出版社 1998 年版,第 77 页以下。

有代表性的有两种,一种是罗克辛教授以幕后操纵者行为支配的控制形式为着眼点进行的分类:(1)幕后操纵者通过强制实际执行者实施符合构成要件的行为,从而达到支配犯罪事实的程度(凭借强制的支配);(2)幕后操纵者通过隐瞒事实从而欺骗实际执行者并诱使其在缺乏真实认识的情况下按照幕后者的计划实施犯罪(凭借错误的支配);(3)幕后操纵者通过有组织的权力机构将实际执行者作为可以随时替换的机器部件,并不依赖个体实行人的实行准备,从而能够决定性的操纵犯罪事实的实现(凭借有组织的国家机器的意志控制)。另外,利用无责任能力、减轻责任能力和未成年人的情形,在构造上不过是强制性支配和错误性支配的结合。[5] 罗克辛教授的分类方法将抽象的意志支配理论进一步细分为三种支配情状,以期将全部的间接正犯情形囊括在内,从方法论上看,实际上是对现有的或者可以想象的间接正犯情形进行归纳总结得出的结论,他认为,除此之外不可想象其他控制形式。不可否认,利用强制手段与利用他人的错误,是间接正犯的最基本、最主要的支配形式。然而,现实生活中的行为复杂多样,并且随着社会的发展,很难预测间接正犯的形态不会超乎上述控制形式,这样的归类难免会有遗漏。换言之,有的情形可能难以归入"强制"或者"欺骗"的标准之内,但却能够成立间接正犯。例如,公务员甲唆使或者暗示知情的妻子乙索取收受贿赂的场合,甲并没有欺骗也没有强制妻子乙,但甲仍然有可能成立间接正犯。

另一种是根据犯罪成立阶层进行的分类。例如,金德霍伊泽尔教授将间接正犯分为构成要件阶层上的欠缺、正当化阶层的欠缺以及罪责阶层的欠缺三类;[6] 又如,张明楷教授将其分为实际

---

〔5〕 参见[德]克劳斯·罗克辛:《德国刑法学总论——犯罪行为的特别表现形式》,王世洲等译,法律出版社 2013 年版,第 21 页。

〔6〕 参见[德]乌尔斯·金德霍伊泽尔:《刑法总论教科书》,蔡桂生译,北京大学出版社 2015 年版,第 410 页以下。

执行者欠缺构成要件要素、实际执行者具有违法阻却事由、实际执行者欠缺责任三类。[7] 这种分类方法是从实际执行者的角度所作的划分，不仅与三阶层犯罪论体系相一致，也可以囊括罗克辛教授所归纳的间接正犯情形。按照罗克辛教授的观点，间接正犯的控制方式可以分为“支配”和“欺骗”两种。“支配”项下又包括了使实际执行者“丧失自由意志”和“陷入紧急状态”两种情形，而倘若以犯罪成立阶层作为分类标准，两者可以分别归入“欠缺责任”和“欠缺违法性”阶层之中；“欺骗”项下包含了实际执行者无故意的行为、实际执行者在禁止性错误中的行为、实际执行者对免责性紧急状态的条件有认识错误、实际执行者的错误具有完全的犯罪性，除了最后一项，其余三项无非是实际执行者免除责任或者阻却违法，因而也被犯罪成立阶层分类法所包含。唯一的问题在于，当实际执行者满足全部的犯罪成立要件之时，幕后操纵者是否可以成立间接正犯的问题。由于原则上应当限制间接正犯的成立范围，所以这种情况最好作为例外进行讨论。因此，在间接正犯的分类方法问题上，本书采取以实际执行者的犯罪成立要件为划分标准进行下面的论述，即分为实际执行者欠缺构成要件该当性、实际执行者欠缺构成要件违法性以及实际执行者欠缺责任三种类型。

第二节　实际执行者欠缺构成要件该当性

实际执行者必须具备构成要件行为和结果要素是幕后操纵者成立间接正犯的形式前提之一。但犯罪的构成要件要素中还包含了其他要素，比如上文并未详细说明的身份要素和对象要素。

---

〔7〕 参见张明楷：《刑法学》，法律出版社 2021 年版，第 527 页以下。

一、实际执行者欠缺身份要素

身份犯的成立要求正犯者具备特定的身份,有身份者利用无身份者实施犯罪的情形,幕后操纵者的行为性质仍存争论。

具体包括以下三种情形,第一种情形是,有身份者强制无身份者实施犯罪行为的情形。第二种情形是,有身份者利用欠缺故意的无身份者实施犯罪情形。本书将以上两种情形一并归入下文"实际执行者欠缺责任要件"的部分,故此处的"实际执行者欠缺身份要素"仅指第三种情形,即在刑法解释论上,真正身份犯的场合,身份者明知他人没有身份而利用有故意的无身份者实现身份犯犯罪的情形,其适例为,丈夫甲为公务员,利用不具备该身份但却知情的妻子乙收受他人贿赂(以下简称"丈夫指使妻子受贿案")。[8] 下文以德日刑法理论中的相关学说为切入,再结合间接正犯的本质以及我国刑法的规定展开论述。

(一)德国的学术观点

对"丈夫指使妻子受贿案"中的身份者甲的行为性质认定,德国学界通说的观点认为身份者应当成立间接正犯,但对其理由存在不同见解。

第一种见解认为,如果不具备身份资格的实际执行者在负有特定义务的幕后操纵者的策动下,实施了符合构成要件的行为,实际执行者虽然可能支配了犯罪事实,但是因为缺乏必要的身份而不成立正犯,又因为教唆犯成立的前提是存在正犯,所以负有特定义务之人并不能成立教唆犯,为了弥补这一可罚性的漏洞,将背后负有特定义务者作为间接正犯处理实属权宜之计。[9] 但是,将间接正犯作为弥补处罚漏洞的替补角色,与现今行为支配理论下间

---

〔8〕 参见[日]松生光正:《无身分有故意的道具》,载[日]井田良、井上宜裕等主编:《浅田和茂先生古稀祝贺本书集(上卷)》,成文堂2016年版,第451页。

〔9〕 参见[德]冈特·施特拉腾韦特、洛塔尔·库伦:《刑法总论Ⅰ——犯罪论》,杨萌译,法律出版社2004年版,第297页。

接正犯是独立的正犯的通说观点并不协调。

第二种见解认为,应当从规范角度分析幕后操纵者具备支配地位的理由,即没有幕后操纵者的参与,实际执行者就不可能实施该罪,因而幕后操纵者具备了犯罪事实支配的地位。但是,这一解决方案并不能说具有实质的意义,因为它将对特殊义务的要求重新解释为对犯罪具备事实上的支配的一个要素,而这种支配只对"谁实施了犯罪"才是关键的。〔10〕 换言之,特殊义务并非表明谁支配了犯罪事实的要素,而只是犯罪主体成立犯罪时必须具备的条件。

第三种见解认为,应从特定义务违反的角度去考虑身份者成立间接正犯的基础,"义务犯"的正犯性判断应当脱离"犯罪事实支配"这一统一的正犯理论。〔11〕 简言之,身份犯的正犯性来自对根据身份而具有的义务的违反,而不再是对犯罪事实的支配。例如,罗克辛教授认为,正犯的"核心角色"并非都表现为相同的正犯类型,根据不同的构成要件其表现为支配犯、义务犯和亲手犯。支配犯中的正犯基础表现为犯罪事实支配,义务犯中的正犯基础表现为特别义务的违反,而亲手犯中的正犯基础则表现为亲手性。因此,犯罪事实支配仅是"核心角色"的表现形态之一,不能解释一切正犯类型,仅在支配犯中犯罪事实支配才有适用的空间。〔12〕 金德霍伊泽尔教授也持这样的观点,他认为,"只有主体适格的行为人,才可以成立身份犯。例如,枉法裁判的,只能是法官或者第

---

〔10〕 参见[德]冈特·施特拉腾韦特、洛塔尔·库伦:《刑法总论Ⅰ——犯罪论》,杨萌译,法律出版社2004年版,第298页。

〔11〕 义务犯是德国学者罗克辛提倡的犯罪类型,其将犯罪分为支配犯、义务犯和亲手犯。其中,义务犯是指构成要件要求犯罪主体必须具备特定的义务的犯罪类型。

〔12〕 参见廖北海:《德国刑法学中的犯罪事实支配理论研究》,中国人民公安大学出版社2011年版,第32页。

339条的构成要件中提到的人员。而若相应判决乃是由局外人做出的，即便（他做出的该判决）具体到了每个细节，也不能将他认定为正犯。在这种情况下，犯罪行为支配标准要让位于身份义务”。[13]

但是，该观点同样值得商榷。首先，我国的身份犯包含了不同的类型：有的是以特定义务为内容的特殊身份者，如《刑法》第201条逃税罪要求的具有纳税义务的纳税人或扣缴义务人；有的是以特定法律地位为内容的特殊身份者，如《刑法》第305条伪证罪要求的刑事诉讼中的证人、鉴定人、记录人、翻译人等；有的是以患有某种疾病为内容的特殊身份者，如《刑法》第360条传播性病罪要求的患有梅毒、淋病等严重性病者；有的是以居住地和特定组织成员为内容的特殊身份者，如《刑法》第294条中的入境发展黑社会组织罪要求的境外的黑社会组织成员等。[14] 显然，我国的身份犯之范围远大于基于法律要求而具有特定义务的义务犯之范围，因而义务犯的理论于我国刑法语境下难以适用。其次，即便是在德国刑法的语境之下，义务犯的观点也并不完全妥当。因为“如果该建议适用于对特定行为没有要求，而是对任何违反了特定义务的行为都处以刑罚的构成要件，比如背信罪（第266条），那么负有特定义务之人教唆或者帮助他人损害自己负责保管的财物，自然也就实现了构成要件。只是这样一来，负有特定义务之人就成为直接正犯。因此，认为这里成立间接正犯的构思也是错误的”。[15]

第四种见解认为，虽然义务犯的理论存在一定缺陷，但义务犯

---

〔13〕［德］乌尔斯·金德霍伊泽尔：《刑法总论教科书》，蔡桂生译，北京大学出版社2015年版，第402页。

〔14〕参见张明楷：《刑法学》，法律出版社2021年版，第175页。

〔15〕［德］冈特·施特拉腾韦特、洛塔尔·库伦：《刑法总论Ⅰ——犯罪论》，杨萌译，法律出版社2004年版，第298、299页。

中的正犯以违反了特定构成要件的义务为前提的观点值得肯定，在此基础上，他们主张，除义务违反外，正犯性的具备依然要求犯罪事实的支配，正犯不仅是“义务违反的核心角色”，而且是“造成损害的核心角色”。[16] 但是，倘若按照这种观点，当身份者和无身份者分别具备两个“核心角色”之一时，就只能认为两者均不成立犯罪，因为两人中没有任何一个人完全具备了正犯的两个要素，即义务违反和犯罪事实支配，另一人也就不可能存在从属于正犯而成立共犯的可能性。显然，这种观点无益于解决有身份者利用支配了犯罪实现过程的无身份者的问题。

（二）日本的学术观点

《日本刑法》第197条规定了受贿罪，因为该罪的犯罪主体必须是具有身份资格的公务员，不具备身份要件的妻子实施要求他人行贿以及接受贿赂的行为，不可能成立该罪的单独正犯。按照限制从属性说的观点，由于共犯是指对符合构成要件并且违法的正犯的加担，因而对处于妻子背后的丈夫来说就不可能成立教唆犯，如此一来，丈夫和妻子便均不可罚了。于是，为了弥补处罚漏洞，不得不借用间接正犯的概念，将作为公务员的丈夫以间接正犯论，而妻子成立受贿罪的帮助犯。[17] 但是，学界对该结论同样存在质疑。一方面，将知情的妻子与无责任能力者等道具同等对待，难免会产生疑问。另一方面，间接正犯本质上是正犯，而在这种情形下，其所起的作用又回到了产生之初的“替补角色”，因而并不能说是妥当的做法。为了回避上述质疑，学者们进行了很多尝试。

第一种观点认为，有身份者成立间接正犯。理由在于，受贿罪这种身份犯的本质应当理解为对负担在身份者身上的特别义务的

---

〔16〕 参见廖北海：《德国刑法学中的犯罪事实支配理论研究》，中国人民公安大学出版社2011年版，第152页。

〔17〕 参见［日］内藤谦：《刑法讲义总论（下）Ⅱ》，有斐阁2002年版，第1339页。

侵害,在该种身份义务犯的范畴之内,实行行为性的判断并非基于对犯罪事实实现的作用程度,而应当将对义务的侵害作为唯一的正犯原理。[18] 按照这样的思路,有身份的丈夫便完全具备了间接正犯的正犯性基础。但是,前面已经提到,将身份犯之间接正犯的本质完全区别于通常犯罪的间接正犯的正犯本质,以义务侵犯为基础,这样的理论本身便存在疑问,因此并不能说是妥当的途径。

第二种观点认为,由于无身份的妻子具备故意而存在规范障碍,不能认定为犯罪工具,故妻子成立帮助犯,丈夫成立教唆犯。[19] 的确,倘若这种观点成立,间接正犯就不必再去充当一种救济的概念了,而是作为自己的犯罪实行的正犯类型,与共犯相区别。但是,比起承认利用过失行为的场合,承认存在没有正犯的共犯要更加不自然。[20] 如果要承认没有正犯的共犯并且还要维持共犯从属性,就需要重新构建整个共犯理论体系,并且修正实行的着手时期,只有这样才可能使用间接正犯概念。

第三种观点认为,应当往共同正犯的方向上去考虑。[21] 日本也有判例认为,在公务员利用非公务员接受贿赂的场合,两者成立共谋共同正犯。[22] 这种观点遭到许多学者的批判。例如,团藤重光教授认为,即便是在非公务员和公务员一同接受贿赂的场合,从

---

〔18〕 参见[日]中义胜:《义务犯的正犯性》,载[日]团藤重光等编:《佐伯千仞博士还历祝贺・犯罪と刑法》(上),有斐阁 1968 年版,第 463 页以下。

〔19〕 参见[日]中山研一:《刑法总论的基本问题》,成文堂 1974 年版,第 270 页;[日]中义胜:《间接正犯》,有斐阁 1963 年版,第 163 页;[日]浅田和茂:《刑法总论》,成文堂 2019 年版,第 447 页以下。

〔20〕 参见[日]平野龙一:《刑法总论Ⅱ》,有斐阁 1975 年版,第 361 页。

〔21〕 参见[日]松生光正:《无身分有故意的道具》,载[日]井田良、井上宜裕等编:《浅田和茂先生古稀祝贺本书集》(上卷),成文堂 2016 年版,第 460 页;[日]西原春夫:《刑法总论》,成文堂 1977 年版,第 313 页;[日]林干人:《刑法总论》,东京大学出版会 2008 年版,第 414 页。

〔22〕 日本大审院 1932 年 5 月 11 日判决,载《日本大审院刑事判例集》第 11 卷,第 614 页。

法律规范的角度来看，对非公务员来说，二人所接受的对象（或者说目的物）并不能称为是“贿赂”，收受该对象的也就无法满足受贿罪构成要件中“接受贿赂”的要求，因而不能认定为共同正犯，[23] 该观点是以受贿罪的禁止规范是以公务员作为受取人，而并不是向非公务员行贿作为前提来考虑的。与此相对，另有观点却认为，不论是否禁止非公务员收受贿赂，即便非公务员以直接单独正犯的形式实施收受贿赂的行为并没有违反法律规定，但非公务员与公务员一起实施行为的话还是应当能够作为受贿罪的犯罪主体加以处罚。[24] 然而，即便如此，按照形式的共同正犯论，共同正犯仅限于分担了部分构成要件行为的场合，因而处于幕后的公务员也无法以共同正犯论处。[25] 当然，这种共同正犯的思考方式，比起按照狭义的共犯处罚的观点，在结论上应该说更加妥当一些。

第四种观点认为，有身份者成立受贿罪的直接正犯。例如，内藤谦教授认为，“公务员将非公务员当作传递人那般接受贿赂的场合，实际上就发生了等同于公务员直接收受贿赂的法益侵害，因而公务员应当成立直接正犯，此时涉及的便是非公务员能否成立共犯的问题了”。[26] 但该结论只在特定的情形下（非公务员对法益侵害结果的实现所起的作用很小时）具有其合理性，但现实生活中存在不同的情形，不能笼统地适用这样的结论。

（三）本书的观点

不难看出，德日刑法学者对上述问题并未达成一致观点。我国传统刑法理论一般认为，幕后操纵者应当成立间接正犯，理由是，当身份是构成要件要素时，缺乏该构成要件要素的行为，就不

---

〔23〕 参见［日］团藤重光：《刑法纲要总论》，创文社 1990 年版，第 420 页。

〔24〕 参见［日］西田典之：《共犯与身份》，成文堂 2003 年版，第 183 页以下。

〔25〕 此处需要注意与以实质的实行共同正犯论为基础的共谋共同正犯相区别。

〔26〕 ［日］内藤谦：《刑法讲义总论（下）Ⅱ》，有斐阁 2002 年版，第 1339 页。

符合构成要件该当性;利用不符合构成要件该当性的行为成立间接正犯(所谓的利用有故意的工具的一种情形)。[27] 但是也有学者反对这种结论,如有学者认为,夫妻二人相互配合、互相支持,共同支配了受贿罪的实行行为,因而有身份者和无身份者应成立共同正犯;[28] 还有学者认为,根据不同情形,有身份者可能成立间接正犯,也可能成立其他犯罪类型。[29] 对此,本书认为,应当充分考虑无身份者参与接受财物的各种复杂情况具体判断。

根据有身份者和无身份者在犯罪过程中所起的作用程度,大致分为以下三种情形,下文以国家工作人员的丈夫指使非国家工作人员的妻子收受贿赂为例展开论述。

1. 有身份的丈夫与无身份的妻子在事实层面对犯罪的实现均起重要作用的场合(幕后操纵者;实际执行者)。

【例 1】丈夫实施为他人谋取利益的职务行为,指使妻子实施收受财物的行为,两人达成合意,妻子积极与行贿人联系并接受贿赂,在受贿过程中发挥了重要作用的情形。

本书认为,有身份的丈夫甲成立受贿罪的直接正犯(当然同时也是共同正犯),乙应成立受贿罪的共同正犯,理由如下:

第一,该结论与犯罪事实支配理论相契合。作为功能性犯罪事实支配的共同正犯,即具有对等的横向参与关系的多数参与者,

---

〔27〕 所谓有故意的工具,一般是指实际执行者具有刑事责任能力并且故意实施某一犯罪行为,但缺乏目的犯之必要目的(无目的有故意的工具),或者缺乏身份犯中的特定身份(无身份有故意的工具)的情形。参见马克昌:《日、德刑法理论中的间接正犯》,载《法学评论》1986 年第 2 期;陈兴良:《间接正犯:以中国的立法与司法为视角》,载《法制与社会发展》2002 年第 5 期;林维:《间接正犯研究》,中国政法大学出版社 1998 年版,第 114、115 页。

〔28〕 参见杨延军:《间接正犯的几个基本理论问题新探》,载《法商研究》2010 年第 6 期。

〔29〕 参见钱叶六:《间接正犯与教唆犯的界分》,载陈兴良主编:《刑事法评论》第 28 卷,北京大学出版社 2011 年版,第 371、372 页。

主观上互相联络,客观上有功能的分担(即便没有参与犯罪的实行),彼此协力、互为补充,共同支配整体犯罪的进程。[30] 根据我国《刑法》规定,在收受贿赂的场合,只有为他人谋利的才成立受贿,换言之,受贿罪的构成要件行为包括了谋取利益和接受贿赂两部分行为,倘若认为丈夫对犯罪事实单独具备了支配的地位未免牵强,实际上例 1 中的丈夫与妻子共同支配了受贿罪的构成要件事实,因而,应当成立共同正犯。

第二,妻子不具备身份并不能否定其可以成立共同正犯。众所周知,身份犯成立条件之一,要求正犯具备构成要件要求的特定身份。例 1 中的妻子显然并不具备这样的身份,因而是否能够评价为共同正犯便产生了疑问。按照本书的观点,共同正犯属于共犯,[31] 因而并不需要满足针对正犯的身份要件。在例 1 的场合,丈夫与妻子在共同实行构成要件的意思之下,相互利用并且补充对方的行为,可以说,在犯罪的实现过程中,丈夫利用了妻子接受财物的行为,妻子利用了丈夫的职务行为,缺少任何一方的贡献,便无法实现犯罪。因而,将两人的行为当作整体来看待,是完全符合受贿罪的构成要件的。这与间接正犯的情形不同,间接正犯时,幕后操纵者与实际执行者之间并非"相互利用"的关系,而是"支配"的关系,因而必须要求幕后操纵者对实际执行者的构成要件要素具备支配的可能性,而身份要素是无法被他人支配的,因此也就有了上文谈到的幕后操纵者必须具备身份的要求。与此相对,共同正犯的成立,并不要求存在"支配"的关系,只须存在"相互利用"的事实即可,而基于身份的行为是可以为他人所利用的,因

---

[30] 参见[德]克劳斯·罗克辛:《正犯与犯罪事实支配理论》,劳东燕译,载陈兴良主编:《刑事法评论》第 25 卷,北京大学出版社 2009 年版,第 8 页。

[31] 日本学者山口厚、大塚仁等教授也持相同的观点。参见[日]山口厚:《刑法总论》,付立庆译,中国人民大学出版社 2018 年版,第 304 页;[日]大塚仁:《刑法概说(总论)》,有斐阁 2008 年版,第 291 页以下。

此，无身份者同样可以成立身份犯的共同正犯。

2. 有身份的丈夫在事实层面对犯罪的实现起重要作用，而无身份的妻子单纯帮助接受财物的场合（幕后操纵者；实际执行者）。

【例2】有身份的丈夫暗示他人向其妻子提供财物进行索贿，妻子在知情的情况下协助丈夫接受了财物的情形。

本书认为，背后的丈夫应当以直接正犯论处，妻子成立受贿罪的帮助犯。理由是，索贿型受贿罪的构成要件行为仅要求具有身份者利用职务便利实施了索取贿赂的行为，显然丈夫已经完成了"索取财物"这一构成要件行为，而妻子的行为仅决定了丈夫受贿行为是否能够达成既遂，却并不属于构成要件行为。此时，对于丈夫的行为，应直接以受贿罪的直接正犯论处，妻子则成立帮助犯。

在接受贿赂型受贿罪中，也存在妻子并不起重要作用，而只是在知情的场合下单纯接受了财物的情形。例如，丈夫实施了职务行为，并制定了接收财物的全部计划，而妻子仅仅是作为丈夫的工具，在丈夫指定的时间、地点下完成了丈夫交代的一个行为动作而已。在这种情况下，本书仍然认为丈夫成立受贿罪的直接正犯，妻子成立帮助犯。因为，当丈夫已经实施了构成要件行为的核心部分，妻子的行为对于丈夫已经实施了的、通向法益侵害结果的犯罪事实的发展流程所起的作用是次要的。换言之，妻子的行为并不能阻止构成要件结果的实现，因此，妻子的行为可以作为丈夫构成要件行为的自然延伸，直接作为丈夫的正犯行为看待。顺便提及的是，此处讨论的情境设定是丈夫事先与妻子进行了意思联络，妻子知情并同意的场合，因而与利用不知情的妻子的行为并不相同，因为对丈夫而言，此种情形下妻子的行为对丈夫而言是可控的，或者说能够按照丈夫预先设置的轨道向着结果发展。据此，丈夫既是具备了身份的人，同时也在实质上支配了犯罪事实的实现，故而按照直接正犯论处更为妥当。

3. 有身份的丈夫在事实层面对犯罪实现所起的作用相对较小，无身份的妻子在犯罪过程中起重要作用的情形（幕后操纵者；实际执行者）。

【例3】妻子唆使有身份的丈夫受贿，丈夫向妻子说明自己曾经为甲谋取了利益，暗示妻子向甲索贿，于是妻子直接实施了向甲索取财物的行为。

对于这种情形，日本的通说认为，有身份者参与很轻微的场合，不论是有身份的丈夫还是无身份的妻子均不可罚。[32] 但是，这样的结论不免会存在刑事政策上的风险，而且也不利于规范和教育一般人的行为。具体而言，刑法的目的是保护法益，倘若对于此种情形不加规制，则不仅可能给潜在的身份犯一种暗示，即其完全可以搜寻并锁定积极的实际执行者，自己尽可能抽身事外而设计一种由实际执行者主导的情境，以达到侵害法益的目的。

我国刑法理论上除了主张丈夫成立间接正犯的通说观点之外，从规范的角度出发，认为其成立直接正犯的观点也十分有力。例如，张明楷教授从对法益的直接侵害的角度出发，认为甲虽然并未直接接受贿赂，但受贿罪的构成要件并非单纯地收受财物，而是要求利用职务上的便利，或者说要求财物与职务行为的交换性，因而甲成立直接正犯，乙成立帮助犯，因为甲直接支配了对职务行为不可收买性的侵害。[33] 但张明楷教授的观点已经离罗克辛教授主张的义务犯的理论差别不大了，我国也有学者直接借用义务犯的理论去解释此处的甲成立直接正犯。例如，何庆仁博士指出，义务犯的正犯性不在于行为者对因果流程的支配性，而在于是否违

---

〔32〕 参见［日］岛田聪一郎：《关于所谓有故意的道具之理论（二）》，载《立教法学》2002 年第 60 号。

〔33〕 参见张明楷：《刑法学》，法律出版社 2021 年版，第 528、529 页。

反了义务本身，所谓的利用无身份的故意工具至少对于义务犯而言是毫无裨益的概念，具有义务者总是在利用无身份的故意的工具时就已经违反了自己的义务，因而成立义务犯的直接正犯，完全不必再借助“无身份的故意工具”来获得一种间接正犯的正犯性。亦即，义务犯原本就不是间接正犯，而是直接正犯。〔34〕

然而，即便规范地解释直接正犯，认为直接正犯的成立并不限于亲手实施构成要件行为，而是实质上对构成要件的实现起重要作用即可，但当行为人客观上对因果流程的贡献几乎可以忽略不计时，仅因其具备了这样的一个身份，便将其“规范”地作为直接正犯的行为类型对待，这种解释未免过于实质化了。而义务犯的理论很可能走向另一个极端，即哪怕是甲客观上对乙的行为决议起到了完全可以忽略不计的作用时，由于违反了规范义务而被认为是亲自实现了构成要件的直接正犯，这将导致直接正犯的成立范围无限扩大，超乎国民的预期，并且基于限制的正犯立场，直接正犯承载着明示构成要件行为（违法行为）的教育意义，任意扩大其范围不仅与罪刑法定原则相冲突，同时与刑法保障国民自由的目的相冲突。

因此，本书认为，将具有身份的丈夫认定为间接正犯更为妥当。理由是，通常意义上的犯罪事实支配理论是指犯罪实行过程中的核心人物对犯罪因果流程的控制、支配，简言之，即“支配了引起构成要件结果的原因”〔35〕或者说“对造成结果的原因有支配”。〔36〕但是，在身份犯的场合，犯罪事实支配应当是指“支配了法益侵害的结果”或者“对实际执行者的行为造成的侵害结果具

〔34〕 参见何庆仁：《义务犯研究》，中国人民大学出版社2010年版，第192、226页以下。

〔35〕 ［日］山口厚：《刑法总论》，付立庆译，中国人民大学出版社2011年版，第67页。

〔36〕 许玉秀：《当代刑法思潮》，中国民主法制出版社2005年版，第588页。

有支配”。具体而言，倘若非身份者单独实施收受财物的行为，并不会侵犯受贿罪的保护法益——职务行为的不可收买性。因此，导致法益侵害的关键因素是幕后操纵者的身份要素，而这一身份要素又是由幕后操纵者支配的，因此，只有背后的身份者支配了法益侵害的结果。但又因其并非亲手实现受贿罪的构成要件，并且倘若将妻子对犯罪因果流程的实际支配说成是单纯的代劳，从而将其“规范”地看作丈夫亲自为之的正犯行为的话又未免太过牵强，因此，只有将幕后的丈夫认定为间接正犯，才能既与教义学上的正犯理论相协调，又符合刑事政策上处罚必要性的考虑。

顺便说明的是，虽然例 3 中的丈夫是间接正犯，但妻子并不只是帮助犯，而是共同正犯。换言之，对妻子不能以从犯处罚，而应与丈夫一样按主犯处罚。

二、实际执行者欠缺对象要素

行为对象是大多数犯罪要求的构成要件要素，即行为只有作用于犯罪成立所要求的特定对象时，才可能成立该罪。实际执行者针对他人实施的犯罪，不可能缺乏对象要素，否则便属于不能犯。例如，幕后操纵者强制实际执行者枪杀远处的“甲”（实则是稻草人，周边没有其他人），即便实际执行者实施射击行为，也只能以不能犯论。但是，如前所述，当实际执行者受幕后操纵者胁迫或者欺骗，实施针对自己的自杀、自伤行为时，却并不影响幕后操纵者成立间接正犯。因为在此种场合，实际执行者虽然并不满足构成要件对象要素，但实际执行者行为的对象（实际执行者自身）对于幕后操纵者而言，却符合构成要件的对象要素。

问题在于，幕后操纵者的行为在什么情况下才算是具有支配地位从而成立间接正犯，什么情况下只能认定为对被害人自愿的自我损害之参与行为（教唆和帮助）呢？

德、日主流观点均认为，上述问题的区分标准在于，被害人是否基于自由的意思决定放弃了自身的法益，当幕后操纵者对被害人施加了强制或者使被害人陷入了处分法益的错误认识时，则可以认为幕后操纵者支配了犯罪事实的实现，因而可以成立间接正犯（或者直接正犯）；与此相反，在幕后操纵者行为之后介入的是自由的、基于对所引起的构成要件结果不存在任何瑕疵意思的被害人自损行为时，则幕后操纵者不能成立间接正犯。具体而言，德国学者一般是从被害人是否能够自我答责的角度去判断其处分法益时是否存在自主决定；日本学者是从被害人是否存在行为自由的角度去判断其处分法益时是否具备自由的意思。事实上，两者只是由于刑法语境的不同而产生的表述上的差异，其本质是一致的，即以被害人是否存在自主决定法益处分的自由意思作为幕后操纵者间接正犯的正犯性的判断基础。[37] 本书也赞同上述观点。由于幕后操纵者的欺骗而产生认识错误的场合，倘若并非法益关系错误，也就是说该错误与法益无关时，还不能说是基于幕后操纵者的欺骗而支配了被害人的法益处分行为，只有在被害人自由意思丧失的情形下，被害人的同意无效时，才可能肯定幕后操纵者的支配，从而肯定其成立间接正犯；在强制的场合，不存在自由意思同样是幕后操纵者利用被害人行为能够评价为间接正犯的判断基础。

例如，甲强迫乙在雪地里赤脚站立数小时，以致乙的双脚严重冻伤。倘若要将上述情形中的甲作为间接正犯处理，那么需要具备两个条件：其一，被害人自己对自损行为所致的结果不存在答责

---

〔37〕 参见［德］克劳斯·罗克辛：《德国刑法学总论——犯罪行为的特别表现形式》，王世洲等译，法律出版社 2013 年版，第 27 页以下；［德］乌尔斯·金德霍伊泽尔：《刑法总论教科书》，蔡桂生译，北京大学出版社 2015 年版，第 420 页；［日］山口厚：《刑法总论》，付立庆译，中国人民大学出版社 2011 年版，第 69 页；［日］林干人：《论强制被害者的间接正犯》，载《研修》2005 年第 678 号。

性(不存在自由的意思);其二,被害人自损行为造成的法益侵害结果应当归责于幕后操纵者的行为。

就如何判断被害人是否具备自由意思这一问题,存在以下两种学说,责任排除说认为,原则上可以认定被害人自由地实施自我损害,只有当被害人所受到的影响达到了足以排除其刑事责任的程度(譬如无刑事责任能力或者免责的紧急避险等)时,才能认定为被害人不自由的决定。[38] 这是通过类比他伤的答责性构造出的自伤的自我答责的构造,当被害人不能自我答责也就是不自由时,幕后操纵者成立间接正犯。被害人承诺说认为,只有当被害人自我损害的意志决定能够符合有效承诺的主观要件时,才能认为其基于自由意思决定了相应的法益处分行为。[39] 换言之,被害人必须有能力在充分评价自我损害或者自陷风险行为的影响和后果的基础上进行自由的决定,并且其选择相应的行为时的意志决定不得有重大意思瑕疵。据此,如果被害人不具备洞察能力,或者没有足够的控制判断能力,或者做决定时不够认真,或者形成意志时处于认识错误状态,便不能对其行为自我答责。

比较两种学说会发现,被害人承诺说比责任排除说更为严格地限制了自我答责性。换言之,被害人承诺说将更大程度上认定被害人不能答责的情形,从而扩大幕后操纵者成立间接正犯的范围。被害人承诺说考虑到了在不可罚的自伤时,被害人针对的是要作出一个和可罚的他伤在性质上不同的决定。在可罚的伤害他人的场合,被害人(实际执行者)实现的是可罚的不法,因而,只能在有限的范围内免除其答责性;而在自伤的场合,被害人的行为并不违反法律。所以,从法律上看,倘若幕后操纵者只是唆使被害人

---

〔38〕 参见[德]乌尔斯·金德霍伊泽尔:《刑法总论教科书》,蔡桂生译,北京大学出版社2015年版,第420页。

〔39〕 参见[德]乌尔斯·金德霍伊泽尔:《刑法总论教科书》,蔡桂生译,北京大学出版社2015年版,第420页。

自伤而不是他伤,并不需要克服很大的决策阻力,因为刑法规制的绝大多数行为均是针对他人的犯罪,针对自己的侵害更多是公民自治的领域。所以,在利用实际执行者自伤的场合,幕后操纵者应当承担较之于被害人他伤时更大的责任。因此,上述两种学说中,被害人承诺说更为妥当。〔40〕 对自损行为的承诺是否有效,应当根据刑法总则中被害人承诺的理论进行判断,包括被害人是否具有充分的认知与判断能力、是否能够正确认识身体伤害的程度与范围,并正确评价其意义、主观上是否有重大瑕疵、是否在充分认识到身体伤害的过程、形式和伤害结果的前提下实施行为等内容。〔41〕 需要注意的是,这里讨论的被害人缺乏自主决定的自由并非指法益处分行为不是基于被害人的意思,而是指陷入法益关系错误的被害人的法益处分行为是不自由的。换言之,被害人存在行为的意志,但是这种意志是由幕后操纵者所支配的意志。

当根据被害人承诺说的原理得出被害人不能对自身的法益侵害行为和结果自我答责的结论时,紧接着需要讨论的是,该结果应当归责于幕后操纵者或者说能够使幕后操纵者承担间接正犯责任的条件。通说的见解是,当幕后操纵者促成或利用被害人不能自我答责的缺陷,唆使其自伤时,才可以成立间接正犯。亦即,幕后操纵者必须对被害人实施了欺骗或者强制,也就是被害人的承诺存在重大意思瑕疵而导致承诺无效的场合。〔42〕 这是因为,当存在被害人有效承诺的场合,原则上刑法对犯罪法益的保护也就不必要了,应当阻却犯罪的成立。但是,被害人表面上看是自己实施了

〔40〕 参见[德]乌尔斯·金德霍伊泽尔:《刑法总论教科书》,蔡桂生译,北京大学出版社2015年版,第421页。

〔41〕 参见王钢:《德国判例刑法》,北京大学出版社2016年版,第89页。

〔42〕 参见[德]乌尔斯·金德霍伊泽尔:《刑法总论教科书》,蔡桂生译,北京大学出版社2015年版,第421页。

自损的行为，但因为存在幕后操纵者的欺骗或者强制而支配了被害人的意思，与其说是被害人自己的意思，倒不如说是幕后操纵者的意思，此时与幕后操纵者直接实施法益侵害的情形在本质上是相同的，也就应当以间接正犯论处。下面试对几个特殊案例进行说明。

【例1】甲女（被害人）与乙男（被告人）打算结婚，但乙男的父母强烈反对二人婚事，并要求乙男断绝与甲女的交往。乙男随后提出与甲女分手，甲女不同意并提出一同自杀殉情。乙男虽没有真要追随甲女自杀的意思，但仍表示会与甲女一起自杀，使甲女信以为真。随后，甲女喝毒药自杀身亡，但乙男并未实施自杀行为。日本最高裁判所判决认为，幕后操纵者尽管没有真要去死的意思，但却使被害人相信其会同被害人一起去死，被害人因此自杀的，幕后操纵者构成杀人罪的间接正犯。[43] 但是，该裁判的结论也并非没有疑问。在这种场合，虽然被害人决意死亡有被告人欺骗的因素在其中，但是这样的幕后操纵者，仅仅是被害人法益处分行为的原因之一，还不足以认定幕后操纵者“支配”了被害人的行为。在这个案件中，首先提议自杀的是被害人，幕后操纵者仅仅是答应而已，因此，被害人自己对死亡的意思决定起到了决定性的作用。另外，被害人对自己的死亡结果没有认识错误，所以，日本也有学者对上述裁判结论持怀疑态度，认为被害人对死亡结果本身并非基于错误认识下的同意，最多可以算作是动机错误，因而成立故意杀人罪的间接正犯并不合适，应当是能否成立自杀参与罪的问题。[44] 可以认为，在幕后操纵者仅仅为被害人的自损行为设定了原因之一的情形，还不能说实际执行者的行为是“不自由”的。本例中，乙虽然隐瞒了其并不会真的去死的事实，但作为正常的成年

〔43〕 日本《最高裁判所刑事判例集》第12卷第15号，第3519页。
〔44〕 参见［日］内藤谦：《刑法讲义总论（下）Ⅱ》，有斐阁2002年版，第1342页。

人，甲依然具有是否自杀的决定权（存在自由意思），因此，乙并不具备成立间接正犯的基础。与此相对，倘若甲存在精神障碍，对乙的任何话都信以为真、言听计从，乙仍然欺骗甲的，则乙应当成立间接正犯。

另外，自我决定的自由，应该有程度要求。被害人达到何种不自由的程度，才能肯定幕后操纵者成立间接正犯，其实是各罪的解释问题。[45] 例如，基于幕后操纵者的威胁，虽然被害人没有陷入不能抗拒的绝对强制而完全丧失意思自由，考虑到幕后操纵者和被害人之间的关系、被害人所处的状况以及其身心的状态，被害人选择他行为存在明显的困难，即便幕后操纵者对被害者施加的暴行或者胁迫没有达到使被害人只能选择自杀的强度，但仍应当成立杀人罪的间接正犯。[46] 也就是说，被害人虽然没有完全丧失自我决定的自由，换言之，依然存在一定程度的自由时，幕后操纵者依然能够成立间接正犯，因为被害人的"不自由"并非指其绝对丧失了他行为的自由，当以一般人对暴力和胁迫的抵抗经验为基础，被害人存在选择他行为的明显困难，应当评价为被害人没有自我决定的自由，幕后操纵者成立间接正犯。

【例2】甲为了早日获得其父乙的遗产，得知乙患有肺炎而胸部疼痛难耐便对乙谎称其于医生处得知乙所患为肺癌，并将不久于人世，医生和家属为避免乙产生心理负担才未如实告知。乙听闻"真相"，信以为真，以为自己已经病入膏肓并无药可救，于是为了免受痛苦，自杀身亡。

对此，有学者认为，甲故意传递虚假消息从而使乙心理上产生

---

〔45〕 参见［日］林干人：《关于强制被害者的间接正犯》，载《研修》2005年第678号。

〔46〕 参见［日］林干人：《关于强制被害者的间接正犯》，载《研修》2005年第678号。

严重的压力,甲有意误导乙使其产生错误认识并想借此使乙成为自己的工具,由于甲具有优越的认知,而具备了意志支配的地位,因而成立间接正犯。[47] 但这种观点存在疑问。可以肯定的是,仅仅是以单纯的捏造无法治愈的病情的方式欺骗被害人,显然不足以肯定幕后操纵者的间接正犯性。因为在通常情况下,一般人不可能在听到幕后操纵者关于自己严重患病的言论之后不加判断和求证就决意自杀。另外,即便是确证了的病情,通常也不会选择自杀。所以,被害人的自杀行为不能作为幕后操纵者编造病情的通常后果,或者说,这样的欺骗言论还不足以支配被害人接下来实施的自杀行为。例如,医生对癌症患者谎称只剩下半年的寿命(实际还有5年寿命),悲观的患者自杀身亡。仅仅是这些事实,还不足以肯定医生对患者的意志支配,不能肯定其间接正犯性。若要肯定这类行为的间接正犯性,就要求医生与患者之间具有很亲密的关系或者患者对医生十分信赖这些条件。关于这一点,日本的判例也持肯定态度,认为严重的精神病患者不能理解自杀的意义,利用其自杀的幕后操纵者成立间接正犯;但其中有很重要的一个事实,即"不论被告人说什么,被害人都会服从",其实这正是奠定间接正犯性所必要的支配的基础。[48] 理论上讲,被害人不同意是结果无价值的基础,间接正犯性正是以这样的结果无价值作为前提,也就是该结果无价值的始作俑者。[49] 因此,幕后操纵者引起被害人法益关系错误的场合,尚不足以认定其间接正犯性,还是应当从被害人的角度就被害人对幕后操纵者的信赖程度、被害人自身的精神状态等方面,考量法益关系错误是否导致被害人自主决

---

〔47〕 参见[日]林山田:《刑法通论》(下册),北京大学出版社2012年版,第23页。

〔48〕 参见日本最高裁判所1952年2月21日判决,载日本《最高裁判所刑事判例集》第6卷第2号,第275页。

〔49〕 参见[日]岛田聡一郎:《正犯·共犯论的基础理论》,东京大学出版会2002年版,第257页。

定的丧失。

【例 3】甲有通过吸食毒品获得文学创作灵感的习惯，某日，(1)在甲要注射毒品时，乙将甲已经吸入毒品的注射器递给了他，甲因注射过量而死亡。(2)在甲要注射毒品时，乙明知注射器中的毒品量足以致甲死亡，仍以想要甲死亡的故意将注射器递给了甲，甲因过量注射而死亡。(3)在甲要注射毒品时，甲、乙明知注射器中的毒品量可能会致死，乙将注射器递给甲，甲果然因过量注射死亡。(4)甲文思受阻，乙因妒忌甲的成就一直想要甲死，故借机唆使甲通过吸毒的方式挖掘灵感，并将自己准备好的毒品给甲，甲因注射毒品过量而死。

例 3 设定的前提是，被害人甲已经具有自伤的主观故意，并且即将实施自伤行为，行为人乙属于“被害人自己危险化的参与”。当被害人本已存在自我损害的意思，幕后操纵者仅仅是加强、鼓励或者提供帮助的，并不能成立间接正犯。这是因为，在这种场合并不能说幕后操纵者对被害人的意志决定存在支配，换言之，被害人的行为依然是其自主决定下的行为，因而被害人应当自己答责。因此，上述第(1)、(2)、(3)的情况虽然存在幕后操纵者主观认识上的差异，但由于被害人的行为并不是幕后操纵者策动、引起的，而且在是否足以奠定幕后操纵者的间接正犯性上并不存在差别，幕后操纵者仅仅是参与了被害人的自损行为，尚不能进行客观归责，因此不成立任何犯罪。

值得讨论的是第(4)的情形。其一，倘若乙未实施强制也没有就毒品的性质、数量等欺骗甲，而仅仅是策动甲吸食毒品时，并不能认定乙具备了成立间接正犯的基础。因为此时乙的行为本质上看属于单纯的教唆，被害人自己吸食毒品并非构成要件行为，因而教唆他人吸食毒品的不可能成立犯罪。其二，倘若乙使甲陷入认识错误(如隐瞒毒品的种类、精度等)，甲在不知情的情况下注射了足以致死的毒品时，由于乙对该次注射毒品的风险具有更优越的认知，并一手策划导致了甲的死亡，乙便具备了成立间接正犯的基础。其三，倘若甲乙二人对注射毒品可能过量的危险均有认识，但甲对死亡结果持放任态度，此时并不能说乙支配了甲的自伤行为，因为乙的欺骗并未使甲陷入认识错误，而正是甲自己的决意在事件中起到了至关重要的作用，即甲并未丧失自己决定的自由。与此相对，虽然甲本身对死亡结果持放任的态度，但当乙就死亡结果发生的概率欺骗了甲，使甲误以为死亡的风险很小而实际上足以致甲死亡的场合，由于从被害人承诺的角度看，甲承诺的范围仅仅是乙谎称的危险程度，所以乙支配了甲死亡的结果，应当成立间接正犯。

第三节 实际执行者欠缺违法性

根据限制从属性说的原理，利用实际执行者合法行为的场合，幕后操纵者无法成立教唆犯或者帮助犯。通常情况下，符合构成要件的行为便具备违法性，虽然实际执行者故意引起了法益侵害结果，但是由于正当防卫、紧急避险、职务行为等违法阻却事由的存在，实际执行者的行为合法，幕后操纵者能否成立间接正犯便成为问题。

对此，大多数学者持肯定态度，认为倘若单纯评价实际执行者的行为，因为合法而不具有刑法上的意义，但是应当将实际执行者和幕后操纵者的行为作为整体考虑，将实际执行者的行为评价为幕后操纵者行为的一部分，在幕后操纵者的犯罪故意驱使下，实际执行者的合法行为便不再合法，而幕后操纵者的行为无非是披上了合法行为的外衣，以合法之名行犯罪之实，将幕后操纵者的主观故意与实际执行者的客观法益侵害有机结合，正是间接正犯成立的关键之所在。[50]

与肯定说的见解相对，理论上也存在少数学者否定上述情形下幕后操纵者成立间接正犯的见解。例如，梅兹格（Mezger）教授认为，幕后操纵者通过实际执行者实施的紧急避险或者正当防卫行为以实现法益侵害结果的，由于该适法行为并不能为幕后操纵者实行犯罪提供帮助，因而否定幕后操纵者具备间接正犯的成立条件。[51] 我国也有学者持否定见解，例如在利用正当防卫的场合，实际执行者（正当防卫者）的行为不能说是幕后操纵者直接引起的，而是由他人的攻击行为引起，因此不能说实际执行者（正当防卫者）沦为了幕后操纵者纯粹的"犯罪工具"，至于攻击人的死亡结果，只能是其咎由自取，幕后操纵者成立故意伤害罪的教唆犯。[52]

以下就利用实际执行者的正当防卫、紧急避险与职务行为三种情形分别展开论述。

一、实际执行者的正当防卫

关于实际执行者陷入正当防卫的情形，常举的例子是：甲想要伤害 X，明知 X 的仇人乙刚刚配备了手枪，仍唆使 X 拿着砍刀去伤害乙，结果正如甲所料，乙出于正当防卫开枪射杀了 X（以下简称"利用正当防卫行为的设例"）。对于甲行为性质的认定，学说上存在分歧，第一种观点认为，甲应当成立故意伤害罪的间接正

---

〔50〕 参见宁东升、贾新征：《试论间接正犯的几个问题》，载《国家检察官学院学报》1999 年第 3 期；林维：《间接正犯研究》，中国政法大学出版社 1998 年版，第 93 页。

〔51〕 参见林维：《间接正犯研究》，中国政法大学出版社 1998 年版，第 89 页。

〔52〕 参见钱叶六：《双层区分制下的正犯与共犯的区分》，载《法学研究》2012 年第 1 期。

犯。理由是,甲利用的是乙实施的正当防卫行为,根据限制从属性原则,甲不能成立教唆犯,而甲具有优越的认识并将没有这一认识的乙作为工具加以利用,故而甲成立间接正犯。[53] 第二种观点认为,甲成立故意伤害罪的教唆犯。因为利用他人合法行为成立间接正犯的情形是不可能存在的;[54] 倘若实际执行者的行为合法的话,利用行为也就是合法的,只要乙采取的防卫行为必要且相当,即便 X 是被防卫行为致死,也是乙不得已而为之,即 X 自始便负担了死亡的风险,因此甲只成立对 X 故意伤害罪的教唆犯。[55]

在本书看来,幕后操纵者一概成立间接正犯的观点,从结论上看过于绝对。如前所述,间接正犯作为独立的正犯类型,对其判断应当是积极的、正面的,并且必须立足于"支配"的理论进行规范判断。"因为不成立教唆犯,所以应当认定为间接正犯"的观点,是从间接正犯属于教唆犯的替补角色的立场所得出的见解,显然偏离了间接正犯是正犯的基本立场,并不妥当。另外,从"支配"的判断出发,幕后操纵者与实际执行者之间还存在着被害人自主决定的攻击行为,换言之,决定实际执行者正当防卫行为的并非幕后操纵者,而是被害人的伤害行为。而且,尽管从事后来看甲利用了乙的正当防卫行为导致了被害人 X 的死亡,实现了自己的犯罪目的,但是因为与实际执行者之间存在的被害人 X 的攻击行为只是甲教唆的结果,而在当时来看,X 是否接受教唆、接受教唆后以何种方式攻击乙、受到攻击的乙是不是一定会使用枪支进行正当防卫、正当防卫的效果是否一定会导致甲受伤或者死亡都是十分不确定的因素,倘若能够肯定甲并没有支配 X 的攻击行为,那么

---

〔53〕 参见钱叶六:《双层区分制下的正犯与共犯的区分》,载《法学研究》2012 年第 1 期。

〔54〕 参见[日]浅田和茂:《刑法总论》,成文堂 2019 年版,第 449 页。

〔55〕 参见[日]松宫孝明:《刑法总论讲义(补正版)》,钱叶六译,中国人民大学出版社 2013 年版,第 194 页。

就更不能认为甲对介入了包括X攻击行为在内的诸多不确定因素的乙的正当防卫行为具有支配的地位。所以,不能一概认为甲的行为具备了成立间接正犯的基础。

但是,幕后操纵者的行为一概不成立间接正犯而应为教唆犯的观点,同样存在疑问。其一,即便实际执行者的行为合法而不存在结果无价值,但该合法行为所造成的结果对于幕后操纵者来说却是其不能侵害的法益,即合法行为的结果对幕后操纵者来说具备结果无价值,因此,"实际执行者的行为合法,利用行为也就合法"的观点并不妥当。其二,这种情形是否能适用违法的连带以及共犯的限制从属性原理还存在疑问,因为这两个原理的适用是以成立共犯为前提的,但很难说甲与实际执行者乙属于共犯关系。另外,在实际执行者实施合法行为的情况下,将与其行为有关的幕后操纵者的行为一概以违法论处也不合适,结局将会导致"没有正犯的共犯"的局面,显然与共犯从属性的基本原理不相符合。所以,有关利用实际执行者合法行为的性质需要具体分析,不能一概而论。

为便于清晰地讨论,可以将"利用正当防卫行为"的情形分为三部分独立的行为阶段:(1)甲唆使X伤害乙的行为;(2)X接受唆使并伤害乙的行为;(3)乙对X实施的防卫行为。那么存在以下三种情形:

当甲的计划终止于(1)的行为阶段时,即虽然甲实施了唆使行为但乙并未接受其唆使的,甲只成立未遂的教唆。

当甲的计划终止于(2)的行为阶段时,即X接受了甲的唆使,但是由于其他原因而达于未遂的,即未能引起乙的正当防卫行为时,甲成立故意伤害罪(未遂)的教唆犯。

当甲的计划达致(3)的行为阶段,即甲不仅引起了X的伤害行为,而且也引起了乙的正当防卫行为时,只有在甲比实施伤害行为的X对实际执行者乙的防卫行为的种类或防卫程度具有更优越的认识时，甲的行为方可作为间接正犯论处，此时，甲具有支配地位的基础在于，其利用自身的认知优势，实现了对法益侵害结果的支配。

具体而言，当幕后操纵者的计划已经达致(3)的行为阶段，其实才算是真正地利用实际执行者正当防卫的行为。此时，实际上属于幕后操纵者通过强制加以支配的场合。强制并不仅限于对实际执行者的威胁或者恐吓，也可以是创造某种紧急状态，使陷入该紧急状态的人不得不实施侵害法益的行为。可以肯定的是，幕后操纵者的确对实际执行者的正当防卫行为存在“支配”，因为自我防卫本身就是人类的自然反射行为，换言之，当幕后操纵者引起了侵害人对被侵害人（防卫人、实际执行者）的侵害行为时，被侵害人（防卫人、实际执行者）对其进行防卫是十分自然的行为，因此只要幕后操纵者能够引起侵害人的侵害行为，便顺其自然地能够引起被侵害人（防卫人、实际执行者）的防卫行为。但是，仅引起防卫行为依然不能说幕后操纵者支配了法益侵害结果，只有当幕后操纵者比实施侵害的人对可能的防卫行为的种类或防卫程度具有更优越的认知，或者说侵害人并未认识到可能的防卫行为比其预想的更加严重，而幕后操纵者却对此了如指掌时，才可谓幕后操纵者支配了法益侵害结果，从而应当成立间接正犯。此时，“支配”的标准在于，幕后操纵者按照自己的预设，控制了实际执行者的正当防卫行为以及防卫行为的结果。当能够肯定幕后操纵者故意制造了紧急状态，使得实际执行者在此种状态下没有他行为的可能性而只能通过损害被卷入的另一法益才能解除时，就必须由幕后操纵者为侵害结果承担正犯的责任。[56] 也就是说，紧急状态下的实际执行者的行为，如果能被视为不得已的行为（结果回避

---

〔56〕 参见［德］冈特·施特拉腾韦特、洛塔尔·库伦：《刑法总论Ⅰ——犯罪论》，杨萌译，法律出版社2004年版，第300页。

不可能)，就可以肯定幕后操纵者成立间接正犯。另外，此时即便正当防卫超过了必要的限度，实际执行者的合法行为转变为违法行为的，只要该行为引起的法益侵害结果没有超出幕后操纵者故意的认识范围，便不会影响间接正犯的成立。回到"利用正当防卫行为的设例"中，甲明知乙配有枪支，仍唆使X持刀对乙实施侵害，可以说甲创设了一种使乙陷入面临生命威胁的紧急事态，而乙不得不按照甲预设的那样对X实施射击的防卫行为，甲的行为应当成立间接正犯。

与此相对，倘若当甲的计划达致(3)的行为阶段，即甲不仅引起了X的伤害行为，而且也引起了乙的正当防卫行为，但是甲并不具有认知上的优势，甲对乙携带了枪支的行为一无所知，若出现乙将X射杀的结果，甲只对X的伤害行为负责，成立故意伤害罪的教唆犯，而不应当对乙射杀X的结果承担责任。

二、实际执行者的紧急避险

利用紧急避险行为的情形，同样应当根据幕后操纵者对实际执行者的避险事实是否具有支配来决定幕后操纵者能否成立间接正犯。通常来讲，幕后操纵者必须创设了紧急避险的危险事态，并且使得实际执行者在不得已的情形下只有实施避险行为才可以避免危险时(或者说紧急避险行为是唯一的挽救可能时)，幕后操纵者才可谓具备了间接正犯性。例如，甲在乙的运输木船上打工，某日乙将该船租用给丙为其运输货物。乙为了损毁丙的货物，对船底部分做了手脚，船在江中开始漏水，甲为了使船勉强行驶到岸边以避免船上人员溺水，不得已将船上丙的货物丢入江中。本案中的乙无疑成立故意毁坏财物罪的间接正犯，因为乙不仅创设了紧急的危险事态，并且这种事态导致甲不得不采取避险行为，更重要的是，乙完全控制了甲的避险方向，即在那种情形下只能通过抛弃船上货物的方式来避免人员的生命危险。

然而，倘若幕后操纵者单纯利用已经存在于实际执行者身上的危险状态，则不能直接肯定幕后操纵者成立间接正犯。例如，甲乙乘坐的船只失事，而救生圈只能承载一人，甲可以选择通过杀死乙而逃生的情形，倘若丙唆使甲杀死乙，而甲按照丙的要求实施了杀害乙的行为的，丙只存在教唆，因为丙的影响既没有创设紧急状态，也没有造成逃生可能性的唯一性，因而不可能具备间接正犯的基础。与此不同，当幕后者丙施加的压力足以使甲不得不实施犯罪行为时，幕后者则应成立间接正犯。例如，甲乙乘坐的船只失事，而救生圈只能承载一人，甲乙二人只能通过杀死对方而获救，但二人却都没有办法将对方杀死，倘若丙递给甲一支手枪使甲可能杀死乙而获救时，丙便具备了间接正犯的地位。因为，甲杀人的可能性只能通过幕后操纵者丙所建立，此时，这一可能性的建立中便存在着与制造紧急状态相同的压力或控制，从而足以奠定幕后者的间接正犯地位。

三、实际执行者的职务行为

这里主要涉及两种情形：第一种情形是幕后操纵者误导法院，使法院对无辜的被害人作出有罪判决或不利于被害人的财产处分判决；第二种情形是幕后操纵者利用他人职务行为对被害人实施抓捕等剥夺人身自由的行为。

按照上文设定的判断标准，并结合我国的刑法规定，本书认为，第一种情形即所谓的“诉讼诈骗”，该行为并不符合间接正犯的成立标准，而且也不存在将其认定为间接正犯的必要性。适例如下：甲捏造证据向法院提起民事诉讼，以乙欠其债务届期未能偿还为由申请法院强制执行乙所有的汽车，法院作出有利于甲的判决，使甲获得了乙的财物。

诉讼诈骗是三角诈骗中的一种类型，一般是指行为人在民事诉讼中，作出虚假陈述、提供虚假证据，使法院作出有利于自己的判决,从而获得对方财产的行为。罗克辛教授认为,诉讼诈骗是间接正犯分类中“错误支配”的一种常见类型,“在诉讼欺诈中,一方当事人通过欺骗法院而获得损害被告人财产的不公正判决,或者获得不正当的驳回起诉。这个判决在可能发生的撤回之前,会一直存在并发挥着法律效力,因此,法官的行为在这时不仅是没有故意的,而且是合法的”。[57] 据此,幕后操纵者成立利用“合法工具”的间接正犯。但是,本书认为“诉讼诈骗”并不属于“间接正犯”的范畴。

诈骗罪的构成要件行为,是行为人实施虚构事实、隐瞒真相的欺骗行为。然而,法官判案的行为显然并非欺骗行为,也就不可能属于诈骗罪的构成要件行为。在诉讼诈骗中,法官根据行为人提供的证据作出有利于行为人的判决裁定,应当认为是具有法律效力的行为。虽然其内容实质并不公正,但如果确有错误执行的情形,也需要第三人提起异议之诉来解决。换言之,在该判决裁定被终止执行之前,法官的行为即为合法行为,不可能属于欺骗行为。相反,在诉讼诈骗的整个犯罪行为过程中起到掌控全局,支配犯罪事实并且处于核心地位的,显然是行为人本人,而法官仅仅是受到行为人的欺骗而陷入了错误认识,并没有实施符合构成要件的行为,此时,与其说行为人成立间接正犯,倒不如认定为直接正犯更为妥当。

本书的观点在我国刑法分则条文中得到了印证。例如,《刑法》第307条规定,自然人或者单位以捏造的事实提起民事诉讼,妨害司法秩序或者严重侵害他人合法权益的,成立虚假诉讼罪。可以肯定的是,任何虚假诉讼行为,即使征得司法人员的同意,也妨害了司法秩序,换言之,不可能存在某种虚假诉讼行为虽然没有

[57] [德]克劳斯·罗克辛:《德国刑法学总论——犯罪行为的特别表现形式》,王世洲等译,法律出版社2013年版,第27页。

妨害司法秩序,但严重侵害了他人合法权益的情形。据此可以认为,虚假诉讼罪的保护法益实则为司法秩序。进一步讲,只要提起了虚假诉讼,则必然妨害司法秩序,也就是说,只要行为人以伪造的证据材料向人民法院提起虚假诉讼,法院一经受理,便已经达成既遂。[58] 显然,刑法是将提起虚假诉讼的行为作为实行行为来对待的,提起虚假诉讼的行为本身就侵害了司法秩序,其中并不需要介入第三者的行为。因此,将行为人认定为直接正犯便是妥当的。提起虚假诉讼的行为人并不是间接正犯,而是虚假诉讼罪的直接正犯。

又如,根据《刑法》第 243 条的规定,诬告陷害罪的实行行为,是行为人向有权行使刑事追究活动的公安、司法机关等有关国家机关告发捏造的有关被诬告人的犯罪事实。从法益保护的角度看,一般而言,只要行为人告发行为所捏造的虚假内容足以引起相关部门的刑事追究活动,就可能对该罪保护的被诬告人的人身法益造成紧迫危险,从而应当认定成立本罪。由此可见,诬告陷害的实行行为是向公安、司法机关提出虚假控告的行为,这种行为本身就使被害人的法益陷入紧迫危险,公安、司法机关接受控告并进行调查、审理等行为,只是在行为人的实行行为已经奠定的危险进程上的必然延伸。因此,将行为人的诬告行为认定为直接正犯便是妥当的。

接下来讨论第二种情形,即行为人利用职务行为对被害人实施抓捕等场合。例如,甲为了陷害乙,在乙疾速行走的过程中,突然向警察丙谎称乙是抢劫犯,于是丙对乙实施了抓捕。前置的问题是,在这样的场合,甲是利用合法行为吗?这取决于对丙的行为是采取事前判断还是事后判断,如果采取事前判断,可以说利用了合法行为,如果采取事后判断,则丙的行为并不合法,只是缺乏故

[58] 参见张明楷:《刑法学》,法律出版社 2021 年版,第 1435 页。

意,因而属于利用没有故意的工具。本书姑且采取事前判断的做法,认为甲利用了合法行为,将其归入利用实际执行者欠缺违法性的部分讨论。

有学者认为,在这种场合,幕后操纵者通常具有优越的认识,因而成立间接正犯。[59] 但是,应当说只有优越的认识还不足以奠定行为人的支配地位,这种优越的认识必须能够使行为人对实际执行者及其行为达到支配控制的程度。换言之,警察的职务行为必须是由幕后操纵者的行为直接引起,并在幕后操纵者的控制下实施了对被害人的法益侵害,而"达到支配程度"的判断标准是,只要行为人使具备抓捕职能的实际执行者陷入了某种程度的认识错误,该实际执行者就必须基于此认识错误实施职务行为。

例如,狱警甲想要伤害囚犯丙,某日,甲故意引诱并帮助丙离开其监管区,造成丙越狱的假象,看守的狱警乙误以为丙要越狱,在符合射击条件下向丙的身体射击(假设符合射击的特定条件),导致囚犯丙受重伤。在这种场合,只要甲使乙产生了丙正在越狱的认识错误,则乙基于其职务要求就必须对丙进行射击,因此,可以认为甲在幕后操纵引起了丙身体伤害的法益侵害结果;在整个事件中,由甲控制了因果进程,而看守乙仅仅是甲的行为工具,故应当肯定甲的行为成立故意杀人的间接正犯。

但是,在前述甲向警察丙谎称乙是抢劫犯的场合,甲在未提供任何证据的情况下只是随口说乙是抢劫犯的,还不足以使警察陷入基于义务实施抓捕乙的情境,换言之,这种情况下警察并不具有抓捕乙的义务,因而甲并不能支配警察的行为,即便警察抓了乙,也是十分偶然的场合,不能说甲支配了警察抓人的行为或者乙被抓的结果,因而甲不是间接正犯。另外,单纯向司法人员声称"某

---

〔59〕 参见[德]冈特·施特拉腾韦特、洛塔尔·库伦:《刑法总论 I——犯罪论》,杨萌译,法律出版社 2004 年版,第 299 页。

人是罪犯"的,也无法成立诬告陷害的直接正犯。因此,此时的甲并不构成犯罪。

在此值得讨论的还有日本刑法理论中经常涉及的"控制交付"的情形:甲以邮件的形式将大麻从海外寄往国内自己家,但在海关边检时被查获。按照"控制交付"制度,投递员乙仍然将该"货物"送达甲家。[60] 对此,日本最高裁判所的决定认为,由于交易是在当局控制之下进行的,因而实际执行者的行为是适法的,不能因为投递员知情,并根据侦查机关的要求且在侦查机关的监控下配送"货物"就认为投递员丧失了根据甲的要求履行承运合同的义务。换言之,在这种情形下,甲依然是按照自己的意愿将投递员的行为作为其实现犯罪的工具加以利用,因而成立走私违禁品罪(既遂)的间接正犯。

事实上,应当将行为人的行为分为两个部分讨论,第一部分是邮件抵达海关之前快递员的运输行为,第二部分是邮件在海关处被查获后,快递员在监控下将邮件送往行为人家中的行为。能够肯定的是,在边检海关发现之前的运输行为(第一部分行为),幕后操纵者甲对寄送邮件存在着支配控制,这种支配来自基于承运合同而获得的权利。亦即,只要甲与运输公司签订了承运合同,甲便可以掌控将货物运送到海关边检的整个因果进程,因此,海关发现之前甲的行为已经成立运输毒品罪既遂。对于第二部分行为,即邮件在海关边检的时候被侦查机关发现藏有毒品,投递员乙的运送行为便脱离了甲的掌控而完全被掌握在侦查机关的手中了,因此,将甲的行为认定为走私违禁品罪的未遂更加妥当。[61]

---

〔60〕 参见日本最高裁判所1997年10月30日判决,载日本《最高裁判所刑事判例集》第51卷第9号,第816页。

〔61〕 日本也有很多学者主张成立未遂的结论。参见[日]内藤谦:《刑法讲义总论(下)Ⅱ》,有斐阁2002年版,第1342页;[日]松原芳博:《刑法总论重要问题》,王昭武译,中国政法大学出版社2014年版,第289页。

第四节　实际执行者欠缺责任

当实际执行者满足了构成要件符合性以及违法性要件时，根据限制从属性原则，幕后操纵者理论上可以成立教唆犯和帮助犯，但是利用一个不具有责任或者不具有完全责任的人时，也存在成立间接正犯的余地。在三阶层犯罪体系中，没有争议的是，责任能力、期待可能性以及违法性认识可能性属于责任要素。行为无价值论主张故意、过失是违法要素，也有学者将目的与动机作为主观的违法要素，本书站在结果无价值的立场，主张客观的违法性论，即必须根据客观事实就行为是否侵犯法益以及其侵犯法益的程度进行客观的判断，因而将故意、过失、目的和动机均作为责任要素加以对待。另外，责任年龄也是与责任相关的要素，因此未成年人的问题本书也在本部分一并讨论。

一、实际执行者欠缺故意与过失

实际执行者不存在故意也不存在过失，意味着幕后操纵者通过他人意外事件实施犯罪。例如，甲通过快递公司将有毒的点心寄给乙，乙食用后死亡的情形。此时，快递公司对此既不存在故意也不存在过失，那么甲的行为应当如何定性？本书认为，幕后操纵者甲应当成立间接正犯，因为甲不仅引起了意外事件，并且该事件的因果进程也完全由其所掌控。换言之，快递员的行为完全在甲预设的轨道上向前自然地发展，法益侵害的结果便是甲预设轨道的终点。幕后操纵者基于优越的认知，对犯罪事实的掌控显然已经达到了支配的程度，应当肯定其成立间接正犯。

二、实际执行者欠缺故意但存在过失

实际执行者欠缺故意但存在过失时，幕后操纵者是否成立间接正犯，是刑法理论争论比较的激烈的问题。与之相关的问题是，实际执行者存在认识错误，幕后操纵者利用其认识错误而实施犯罪的，是否成立间接正犯？此外，幕后操纵者虽然旨在利用有过失的实际执行者，实际执行者起先并没有故意但中途知情时，对幕后操纵者能否认定为间接正犯？

（一）实际执行者存在过失

当实际执行者的行为主观上存在过失责任时，幕后操纵者的行为性质认定也是理论上一直存有争议的问题。例如，医生甲故意将掺毒的药物递给不知情的护士乙，由乙为患者注射导致患者死亡的场合，倘若护士乙存在过失，则乙无疑成立过失致人死亡罪，但背后的医生甲能否成立故意杀人罪的间接正犯呢？

一种观点认为，幕后操纵者应当成立间接正犯，这也是学界通说的观点。〔62〕间接正犯的结论，一般是从规范障碍说得出的，即"对于过失，一般人只要尽到通常必要的注意义务，即可避免法益侵害结果的发生，所以不得不说过失行为人存在规范的障碍。但是当实际执行者基于幕后操纵者的利用行为已经陷入现实的过失状态之中从而导致犯罪事实实现的场合，即可承认幕后操纵者对实际执行者的利用关系。所以，将利用过失行为者的幕后操纵者认定为间接正犯的通说便是妥当的"。〔63〕另有学者从行为支配的角度进行论证，如由于幕后操纵者存在故意，因而可以肯定其具有超过实际执行者的优越性，从而可以认定其中存在优越支配的犯

〔62〕 参见［日］川端博：《刑法总论讲义》，成文堂2013年版，第542页。

〔63〕 ［日］西原春夫：《刑法总论》，成文堂1977年版，第310页。

罪事实,幕后操纵者具备成立间接正犯的基础。〔64〕

另一种观点认为,幕后操纵者应当成立教唆犯。同样是基于规范障碍说,有学者却同样得出教唆犯的结论:只要实际执行者有过失责任存在,不论其是否成立过失犯,均已表现出是一种规范的主体,介入该过失行为对幕后操纵者来说就具有规范的障碍,因而成立教唆犯。〔65〕 内藤谦教授也持教唆犯的观点,他认为,倘若护士能够注意即有可能避免过失结果(存在结果的回避可能性),如此的话,认定医生成立间接正犯便是有疑问的,妥当的结论是医生成立故意杀人罪的教唆,护士成立业务上的过失致死罪,当然,该结论的前提是承认对过失犯的故意的教唆。〔66〕

持间接正犯观点的学者对教唆犯的观点进行了批判。例如,川端博教授认为,间接正犯的观点是妥当的,因为基于限制从属性说的立场,医生甲无法成立教唆犯,倘若不承认医生成立故意杀人罪的间接正犯,那么,为了回避不当结论而进行的实质考虑的话,只能承认医生成立业务上过失致死的教唆犯,并且准用过失犯的法定刑,但很难说这是妥当的结论。另外,这里也涉及是否承认"对过失犯的教唆"问题,倘若进行纯粹理论上的思考,对过失犯的教唆在观念上也是可能存在的。因为存在该当于构成要件的违法的过失行为,在使其产生行为决意的意义上,也存在可以称之为教唆的情形。但是,这与教唆的日常用语的语义范围有所偏离。因此,作为实际的问题,将教唆限定为对故意犯的教唆更加妥当。〔67〕 又如,德国学者弗兰克也认为,若将故意教唆的行为人与

〔64〕 参见[日]大谷实:《刑法讲义总论》,黎宏译,中国人民大学出版社2008年版,第142页;[日]高桥则夫:《间接正犯》,王昭武译,载马克昌、莫洪宪主编:《中日共同犯罪比较研究》,武汉大学出版社2003年版,第77页。

〔65〕 参见[日]山中敬一:《刑法总论》,成文堂2015年版,第873页。

〔66〕 参见[日]内藤谦:《刑法讲义总论(下)Ⅱ》,有斐阁2002年版,第1340页。

〔67〕 参见[日]川端博:《刑法总论讲义》,成文堂2013年版,第543页。

被教唆的过失行为人认定为共同过失犯罪的话，则会出现正犯是过失犯，共犯是故意犯的情形，让故意的共犯从属于过失的正犯并承担过失犯的刑事责任，明显有悖常理。即便是为了推出正当的结论，但在正犯是较轻的过失犯的场合教唆犯却是较重的故意犯，这样的结论的确是不妥当的，因为共犯是轻于正犯的犯罪类型，但却出现共犯的处罚比正犯重这样的与共犯的原理完全相反的不均衡之情形。〔68〕

本书赞成幕后操纵者成立间接正犯的观点，但有必要从“犯罪支配”的角度对其根据进一步予以说明。

实际执行者在过失状态下实施行为时，造成或者利用这种过失行为实现犯罪的幕后者成立间接正犯。但这并非理所当然，因为毕竟实际执行者具有规范的意识，如此便存在认识结果发生的可能性，故而不同于“盲目的”实际执行者。但是，就预见结果出现的可能性或者确定性而言，实际执行者只具有认识结果发生的可能性，而幕后操纵者却比实际执行者认识到的更多，即认识到结果发生的高度盖然性；基于对结果发生可能性的更优越的认识，使得幕后操纵者具备了对法益侵害结果的支配。正如罗克辛教授所言：“在某人轻率地相信会有好的结局时，他就缺少克制的动机；对这种缺漏的利用，使得那些追求结果或者至少真正赞成结果出现可能性的人成立正犯。”〔69〕

直接掌控了犯罪事实的行为支配，也可能与对犯罪事实具有其他形式的控制行为同时存在。就正犯的判断而言，关键在于，如何在多种支配中选择实质上最重要的那一种来作为正犯对待。在单独正犯的场合，例如诈骗罪的情形，并不要求实际执行者的欺骗

〔68〕 参见张明楷：《外国刑法纲要》，法律出版社2020年版，第272页。

〔69〕 [德]克劳斯·罗克辛：《正犯与犯罪事实支配理论》，劳东燕译，载《刑事法评论》第25卷，北京大学出版社2009年版，第16页。

行为使被害人陷入某种无法回避的错误认识，换言之，即便是被害人将信将疑地处分了财物，实际执行者依然成立诈骗罪的正犯。同样，基于优越认知从而达到支配犯罪事实的间接正犯的场合，也不能要求实际执行者必须达到一种完全不可能脱离幕后操纵者预定轨道的认识错误程度，也就是说，实际执行者即便存在一定程度的结果回避可能性，也不应该影响幕后操纵者的间接正犯的正犯性判断。此时，唯一重要的正犯支配标准应该是，就幕后操纵者基于优越的认知对犯罪事实因果进程的控制与实际执行者的行为控制相比较而言，前者的违法程度更高，是更为优越的支配。在利用过失行为的场合，对法律规范漠不关心的幕后操纵者没有像通常的犯罪人一样选择自己去实施法益侵害行为，而是选择了将具有规范意识（或者说主观上排斥法益侵害结果）的实际执行者作为其实施犯罪的手段从而达到其犯罪目的。因此，就法益侵害结果而言，实际执行者虽然具有过失地对因果流程的直接控制，但这背后还存在比实际执行者的过失支配更加优越的故意的支配。

（二）实际执行者存在认识错误

当实际执行者本身已经存在认识错误，幕后操纵者仅仅对其加以利用的，同样存在肯定间接正犯的可能，但却不能一概而论。

第一种情形，当实际执行者的错误仅停留在认识的阶段，幕后操纵者唆使实际执行者将认识转化为现实化的犯罪之时，幕后操纵者成立间接正犯。这是因为，此时幕后操纵者基于更加优越的认知，将实际执行者作为因果链条中的一个因素加以利用，实现了对法益侵害结果的支配。例如，甲以为眼前是一片无人的树林，身旁的乙明知树林里站着的是采草药的丙，仍然唆使甲在林中射箭，甲射中了丙。如果甲在过失下将丙射成重伤，则甲成立过失致人重伤罪，乙则成立故意伤害罪的间接正犯。

第二种情形，当实际执行者的错误不只是停留在认识阶段，而是有实施某种行为的意图时，幕后操纵者提供帮助使之成为现实化的犯罪时,幕后操纵者是否成立间接正犯,在刑法理论上还存在争议。例如,甲以为前方树林中是一只可以猎捕的野兽,就向身旁的乙借猎枪射击。乙明知前方不是野兽而是人,仍然将猎枪借给甲,甲射中被害人,导致被害人重伤。甲的行为无疑成立过失致人重伤罪,问题是,乙是否成立故意伤害罪的间接正犯?罗克辛教授认为,乙的行为成立故意伤害罪的间接正犯。[70] 但本书认为,乙不成立故意伤害罪的间接正犯,而应成立故意伤害罪的帮助犯。乙虽然主观上以为在利用甲的行为,但其客观上并没有对甲的行为实施取得支配地位。甲的认识错误完全是其自己造成的,乙对甲的认识错误的形成没有施加任何影响,而且,甲是否射击,完全由其自己决定。乙客观上实施了帮助行为,不能因为甲存在认识错误,就当然认定乙成立间接正犯。在德国,之所以认为乙成立间接正犯,是因为《德国刑法》第 27 条第 2 款规定:"故意地为他人故意实施的违法行为提供帮助的,是帮助犯。"由于乙在德国不能认定为帮助犯,所以,为了防止处罚漏洞,刑法理论将这种行为认定为间接正犯。但在我国,应当将乙的行为认定为故意伤害罪的帮助犯。

第三种情形,当实际执行者甲基于认识错误,已经着手实施行为,幕后操纵者乙在明知的情况下对其提供帮助的,幕后操纵者仅成立帮助犯。原因是,乙虽然具有更为优越的认识,但是其对法益侵害结果的作用远小于实际执行者甲的作用,因而并不具备对结果的支配。例如,张三以为眼前是一片无人的树林,于是决定在此地练习射箭。身旁的李四明明看到丙在树林里,但仍然为张三传递箭,果然如李四所料,丙被射中身负重伤。此时,张三无疑成立过失致人重伤罪,而李四却并不具备成立间接正犯的支配,因而应

〔70〕 参见[德]克劳斯·罗克辛:《正犯与犯罪事实支配理论》,劳东燕译,载陈兴良主编:《刑事法评论》第 25 卷,北京大学出版社 2009 年版,第 15 页。

以过失致人重伤罪的帮助犯论处。但是,第三种情形也并非完全不可能成立间接正犯,当幕后操纵者基于保证人地位或者其他法律上的规定而具有说明义务的情形下,同样可以肯定其具备了成立间接正犯的基础。例如,护士由于疏忽大意使用了足以致病人死亡的注射液体,即将注射之时,病人的主治医师发现了该情况,但却并未阻拦护士的行为,导致病人死亡。此时,由于医生具有法律上的义务阻止护士的过失行为,并能够在护士行为的时点阻止其行为,可以说医生对护士过失行为导致法益侵害结果的因果流程具有支配性地位,因而成立不作为的间接正犯。

需要补充说明的是,虽然本书认为幕后操纵者成立教唆犯的解决方案不可取,但并不是因为不承认"对过失犯的故意的教唆、帮助",相反,教唆、帮助他人实施过失犯罪也并非不可想象。

以教唆犯为例。首先,从我国《刑法》第 29 条的规定来看,并没有将教唆的类型限制为故意犯罪;其次,从文意解释上看,"教唆"可以理解为"唆使","唆使"即包含有"使"的意思。那么,"使"人过失犯罪也是常人可以接受的,并不会超出国民预期。传统观点认为,教唆犯应当从属于正犯的故意,教唆就是唆使没有犯罪故意的他人产生犯罪故意。〔71〕 但本书认为,这样的要求只是部分情形下的界限要素,也就是说,"引起被教唆者的故意"或者"正犯故意"并不是刑法明文规定的要素,并非教唆犯成立的真正要件。成立教唆犯,要求教唆行为引起被教唆者产生实施符合构成要件的违法行为的意思进而实施该犯罪,但该意思并不等同于"犯罪故意"。当实际执行者的认识错误是自己造成时,幕后操纵者并不能成立间接正犯,这种情形也可谓幕后操纵者不存在间接

---

〔71〕 参见[日]川端博:《刑法总论讲义》,成文堂 2013 年版,第 543 页;高铭暄、马克昌主编:《刑法学》,北京大学出版社、高等教育出版社 2016 年版,第 177 页。

正犯的故意。例如,甲让乙将毒药放入丙的食物中,但乙听成是“土药”而放入食物中导致丙死亡。这种场合,乙构成过失犯罪应没有疑问,但如何认定甲的行为?从导致患者死亡的整个行为过程来看,医生和护士对侵害结果的引起均起到不可或缺的作用,护士在行为时并未受到强制,其将毒药误认为是“土药”也并非医生故意欺骗所致。换言之,护士当时存在自律决定意识,原本可以通过自己的谨慎行为意识避免侵害结果的发生。如此便不能说幕后操纵者单独支配了整个犯罪事实。另外,案例中的医生,在递给护士毒药时并未隐瞒真相,其只具有教唆的故意,而非间接正犯的故意,按照责任主义的立场,也不能将其认定为间接正犯。因此,将医生认定为过失致人死亡的教唆犯为宜。

(三)实际执行者中途知情

不知情的实际执行者在幕后操纵者支配之下实现犯罪,在犯罪行为完成之后才知情的,幕后操纵者无疑成立间接正犯之既遂。实际执行者中途知情后,倘若中止其犯罪行为,或阻止结果的发生,则幕后操纵者的间接正犯行为便终止于未遂;倘若实际执行者虽然中途知情,但是已经无法改变受幕后操纵者支配的状况,则幕后操纵者成立间接正犯既遂。对此,应当不存在疑问。存在争议的是,实际执行者知情后,存在可以脱离幕后操纵者支配、中止犯罪行为的可能性,但仍继续实行犯罪,此时,幕后操纵者是成立间接正犯还是共犯呢?例如,甲为炫耀财富,邀请乙等人到高级饭店用餐,餐费共计 8000 余元,餐后甲掏出面额共计 10000 万元的假币交给乙,并谎称是刚从银行取出的崭新货币,让乙到柜台付款。乙在付款时发现甲给自己的是假币,但仍交付收银员丙,丙事后发觉是假币。

可以肯定的是,甲将假币交给乙,让乙代为支付餐费,虽然甲与乙共同分担了实行行为,但是甲主观上是想利用不知情的乙,即甲具备的是间接正犯的故意,与乙之间并无使用假币罪的意思联络或共同行为决意。因此,甲的行为不能与乙成立使用假币罪未遂的共同正犯。所以,刑法理论讨论的是,甲是成立间接正犯还是教唆犯的问题。

主观说认为,应当以幕后操纵者的意思为判断标准。倘若幕后操纵者以间接正犯意思参与犯罪,便属于间接正犯,至于实际执行者中途知情却仍继续实行犯罪的,属于因果经过之轻微错误,并无考虑必要,即幕后操纵者仍然成立间接正犯。既然本案中的甲是利用不知情者实施犯罪,即具备间接正犯的主观意思,应认定为间接正犯。〔72〕 日本的判例也采取了间接正犯的观点。〔73〕

实质客观说认为,对犯罪的实现具有行为支配者为正犯。持该说的学者认为,乙在交付假币给丙时,实际上已经具有使用假币的故意,并能自由决定是否行使该假币,那么甲的行为客观上已丧失了支配力,因而不宜评价为正犯,而应以教唆犯论。此说认为间接正犯的意思能够包含教唆的意思,即间接正犯的故意与教唆故意之间是包容的关系,而非相互独立的关系。〔74〕

修正说认为,利用他人实现自己犯罪的支配意思,并不包含教唆他人犯罪的意思,甲在主观上是间接正犯的故意,因此不能评价为教唆的故意,实际执行者乙随后具备了自己实施犯罪的决意,已独立支配整个犯罪。因此,甲应当成立间接正犯之未遂。〔75〕

本书认为,甲的行为是间接正犯的未遂与教唆犯既遂的竞合。诚然,间接正犯是对犯罪实现具有支配控制之人,实际执行者仅仅是支配行为至法益侵害结果的中间现象,是因果经过的一个环节。

---

〔72〕 参见韩忠谟:《刑法原理》,中国政法大学出版社 2002 年版,第 320、321 页。

〔73〕 参见林维:《间接正犯研究》,中国政法大学出版社 1998 年版,第 174 页。

〔74〕 参见甘添贵:《刑法之重要理念》,台北,瑞兴图书股份有限公司 1996 年版,第 204、205 页。

〔75〕 参见彭美英:《行使伪钞白吃白喝——间接正犯之错误》,载《台湾法学杂志》2009 年第 1 期。

实际执行者中途知情但仍继续实施行为的，并未偏离幕后操纵者所预设的轨道。但是，幕后操纵者是否支配了犯罪，还需要结合实际执行者的行为与意思进行判断。在乙着手使用假币时，乙已经认识到是假币，此时乙就产生了规范障碍，完全可以不使用假币，而且甲也没有进一步强迫乙使用假币。所以，不能认为甲先前的利用行为支配了乙使用假币的行为。换言之，乙的行为虽然实现了甲使用假币的故意，但是，甲的间接正犯故意内容原本是利用不知情的乙使用假币，既然乙是在知情后使用，则甲的间接正犯故意内容便没有现实化。所以，甲是间接正犯的未遂。另外，由于甲客观上实施了教唆乙使用假币的行为，应当对使用假币的结果承担责任，又因为间接正犯的故意可以评价为教唆犯的故意，所以，甲同时构成使用假币罪既遂的教唆犯。使用假币罪间接正犯的未遂与使用假币罪教唆犯的既遂是竞合关系。在我国，由于教唆犯是按其在共同犯罪中所起的作用处罚，所以，最终对甲应以使用假币罪既遂的教唆犯适用刑罚。[76]

三、实际执行者欠缺幕后操纵者的故意

"实际执行者欠缺幕后操纵者的故意"，是指实际执行者不具备幕后操纵者所追求的那个犯罪的犯罪故意，但是却具有实现其他犯罪的故意的场合，即所谓"利用轻罪故意"和"利用重罪故意"的情形。经常讨论的案例是，丙明知乙坐在屏风后，却唆使不知情的甲开枪毁坏屏风，甲开枪导致屏风损毁以及乙的死亡（"利用轻罪故意"）。对此，学者们的观点并未达成一致。

一种观点认为，幕后操纵者成立教唆犯。如主张规范障碍说的中义胜教授认为，实际执行者尽管没有实施重罪的故意，但却存在轻罪的故意，如此便可以肯定其存在规范的障碍，因此应当否定

〔76〕 参见张明楷：《刑法学》，法律出版社2021年版，第602页。

幕后操纵者成立间接正犯，而只能成立教唆犯。[77] 林干人教授从行为支配的立场出发，认为在只是唆使实际执行者毁坏财物的场合，是否实施毁坏行为是由实际执行者基于自由意思而决定的，因此，不能肯定幕后操纵者的间接正犯性而应当以教唆犯论处。他认为，倘若认为教唆通常是指使他人产生犯罪故意的话，幕后操纵者成立教唆犯的确略显牵强，但是，倘若将教唆理解为使他人产生犯罪的意思，那么作为教唆犯处理就不存在上述问题了。[78]

另一种观点认为，幕后操纵者应当成立间接正犯。例如，同样是持规范障碍说的黎宏教授却认为，利用他人轻罪的故意实施重罪的场合，实际执行者在轻罪事实的限度内具有规范障碍，但对于幕后操纵者的重罪故意，实际执行者并不知情，因而实际执行者只是单方面地被幕后操纵者利用而已，幕后操纵者应成立间接正犯。[79] 另外，从支配的角度考虑，也存在支持间接正犯结论的观点，实际执行者具有毁坏财物的故意但却没有杀人的故意，而死亡的结果是由于实际执行者陷入了幕后操纵者引起的错误，因而就重罪而言，实际执行者只是幕后操纵者支配的工具而已，因而，幕后操纵者应成立间接正犯。[80]

本书主张幕后操纵者成立间接正犯的观点。其实，从能够想象的案例来看，"实际执行者欠缺幕后操纵者的故意"的场合无非是幕后操纵者利用了实际执行者的过失行为或者对实际执行者来说是意外事件，因此可以归入前述"实际执行者欠缺故意与过失"

---

〔77〕 参见［日］中义胜：《讲述刑法总论》，有斐阁1980年版，第235页。

〔78〕 参见［日］林干人：《刑法总论》，东京大学出版会2008年版，第419页。

〔79〕 参见黎宏：《刑法总论问题思考》，中国人民法学出版社2007年版，第112页。

〔80〕 参见［日］西田典之：《日本刑法总论》，王昭武、刘明祥译，法律出版社2013年版，第297页；［日］高桥则夫：《间接正犯》，王昭武译，载马克昌、莫洪宪主编：《中日共同犯罪比较研究》，武汉大学出版社2003年版，第78页。

或者“实际执行者欠缺故意但存在过失”讨论的情形之中，因而，可以肯定的是，仅就幕后操纵者追求的法益侵害结果而言，实际执行者视情况成立过失犯或不负刑事责任，幕后操纵者基于更优越的支配成立间接正犯（当然，除此之外，幕后操纵者和实际执行者依然要对实际执行者故意追求的法益侵害结果负责）。这类场合，应当对两个法益侵害结果以及导致结果的行为分开讨论。在上述“利用轻罪故意”的案例中，对于毁坏屏风的结果，实际执行者甲应当承担故意毁坏财物的责任，丙成立故意毁坏财物的教唆犯；而对于乙的死亡结果，甲最多承担过失致人死亡的责任（或因意外事件而不承担刑事责任），问题是幕后操纵者丙的行为性质如何认定。此时，可以适用上述在“实际执行者欠缺故意与过失”或者“实际执行者欠缺故意但存在过失”部分提出的标准，就正犯的确定而言，正犯支配标准应该是幕后操纵者基于优越的认识所达到的对犯罪事实因果进程的控制，与实际执行者的行为控制相比较的话，前者的不法程度更高，是更为优越的支配。可以肯定的是，由于被教唆而产生实施符合构成要件的违法行为的意思的人，也是可以像工具一样被利用的。换言之，从表象上看，是实际执行者的过失行为导致了实际执行者主观上排斥的法益侵害结果，但实质上是幕后操纵者引起并控制了实际执行者的过失行为达到了幕后操纵者积极追求的法益侵害结果。从犯罪事实的支配来看，实际执行者的直接支配显然应当让位于幕后操纵者更优越的意志支配，因而幕后操纵者应当成立间接正犯。此外，即使从规范障碍的角度来说，故意杀人的规范障碍与故意毁坏财物的规范障碍存在明显的区别，不能因为实际执行者存在任何意义上的规范障碍就否认幕后操纵者成立间接正犯。在上例中，就杀人而言，实际执行者并不存在规范障碍。所以，即使采用规范障碍说，也应认定幕后操纵者成立间接正犯。

据此，实际执行者甲同时成立故意毁坏财物罪和过失致人死亡罪，由于是一行为导致数个结果的情形，因而成立想象竞合犯，幕后操纵者丙应当成立故意毁坏财物罪的教唆犯和故意杀人罪的间接正犯。此时可能的问题在于，对幕后操纵者丙应当按照想象竞合处理还是应当数罪并罚呢？本书主张以想象竞合犯论处。一是因为从自然行为的角度看，幕后操纵者只实施了一个行为。虽然幕后操纵者通过实际执行者实现了两个犯罪构成，但对行为个数的判断是独立于犯罪构成形式而存在的概念，幕后操纵者仅实施了一个自然意义上的唆使行为。二是因为实质上看，适用一个重法条足以使量刑合理化。

“利用重罪故意”与“利用轻罪故意”的理论是一致的。例如，行为人甲意图使用枪支面对面地杀死其仇人乙，丙知情后劝说甲应当通过射击不值钱的屏风（实为文物）使子弹穿过屏风射中乙以防止乙看到甲的杀人举止，但丙却隐瞒了其想借甲之手毁坏文物的意图，甲遂按照丙建议的方式杀害了乙，同时毁坏了乙的文物。该例中，对于乙死亡的结果，甲应当承担故意杀人罪的责任，而丙最多承担帮助犯的责任；而对于毁坏文物的结果，甲最多承担过失毁坏文物的责任（或仅仅是民事责任）。按照上文提到的标准，实质上是幕后操纵者引起并控制了实际执行者的过失行为达到了幕后操纵者积极追求的法益侵害结果，因而，幕后操纵者的意志支配较之实际执行者的直接支配显然更加优越，因而甲应当成立故意杀人罪与过失毁坏文物罪的想象竞合，丙成立故意杀人罪的帮助犯（心理的帮助）和故意毁坏文物罪的间接正犯，以想象竞合论处。

四、实际执行者欠缺加重构成的故意

“实际执行者欠缺加重构成的故意”，是指幕后操纵者通过施加欺骗的心理影响，使实际执行者对构成要件的不法程度产生认识错误的情形，属于“实际执行者欠缺幕后操纵者的故意”的一种

特殊类型。通常,幕后操纵者就不法程度对实际执行者进行欺骗的场合,背后之人在认识上处于优势地位,但仅仅是优越的认识还不足以作为肯定幕后操纵者间接正犯地位的根据,因为实际执行者的行为一般具备构成要件符合性和违法性,按照限制从属性说的原理,幕后操纵者同样存在成立教唆犯的可能。而且,即便是违法程度较低的教唆犯,也可能存在认识上优于被教唆人的情形。比如,在甲教唆乙持凶器攻击丙导致丙死亡的场合,虽然甲事前明知丙患有心脏病,可能很快就会被打死,而乙虽然不知道丙有心脏病,但是对丙的死亡结果具有认识并且也不排斥死亡结果的发生。此时,虽然甲具有优越的认识,但仍不能认定为间接正犯,而仅成立故意杀人罪的教唆犯。也就是说,即使幕后操纵者以欺骗手段对实际执行者施加心理影响,在很大程度上也存在成立教唆犯或者帮助犯的可能。但是,也并非所有的情形都一概认定为教唆犯,因为幕后操纵者的欺骗虽然并不涉及实际执行者的法律责任,但是当其与构成要件本身密切相关,幕后操纵者优越的认知使得实际执行者实现的构成要件行为变成了可以归责于幕后操纵者的构成要件行为时,幕后操纵者应当成立间接正犯。

就判断标准而言,罗克辛教授认为,当由于幕后操纵者的欺骗而实现的法益侵害结果的严重程度远远超过实际执行者预想的那样时,幕后操纵者成立间接正犯,当然,为了使由幕后操纵者造成的构成要件行为与实际执行者所设想的相比看起来不一样,对不法程度的欺诈必须达到相当的程度。[81] 换言之,此时,就幕后操纵者成立间接正犯的判断而言,"支配"的标准在于幕后操纵者对实际执行者的欺骗是否使实际执行者实施的构成要件行为及所实现的构成要件结果与其预想的构成要件行为和结果有重大差异。

---

〔81〕 参见[德]克劳斯·罗克辛:《正犯与犯罪事实支配理论》,劳东燕译,载陈兴良主编:《刑事法评论》第25卷,北京大学出版社2009年版,第24页。

罗克辛教授的观点值得肯定。进一步的问题在于，如何判断这种差异是否重大。本书认为，应当根据刑法保护的法益性质以及刑法分则设置的法定刑作为判断根据：其一，当差异存在于不同犯罪构成之间时，可以直接肯定幕后操纵者的间接正犯的正犯性。例如前述“利用轻罪故意”的情形，实际执行者本想实施侵犯财产法益的犯罪，但却被幕后操纵者利用而实现了侵害人身法益的犯罪结果，则属“重大差异”，应肯定幕后操纵者的间接正犯的正犯性。其二，当差异存在于同一犯罪构成之内时，应以分则设定的法定刑作为关键依据。以拐卖妇女、儿童罪为例，在存在选择性要素的场合，各种要素的法律评价是无差别的，法定刑评价也具有同一性，因而即便是幕后操纵者欺骗实际执行者说被拐卖的是妇女而实际是儿童的场合，幕后操纵者并不能成立间接正犯。但是，倘若幕后操纵者就加重的犯罪构成进行欺骗的，由于法定刑设置的幅度存在重大差异，因而必须肯定幕后操纵者的间接正犯的正犯性。例如，乙知道将妇女、儿童卖往境外的可能会被判处无期徒刑或者死刑，因而决意不这样做。甲唆使乙拐卖妇女，并欺骗乙让其将被拐的妇女卖到云南边境以内的A村落，而隐瞒了A村落其实是越南领土的事实，乙按照甲的方案将妇女拐卖到了境外。乙对拐卖妇女、儿童罪加重的构成要件要素不具有认识，因而不可能承担“将妇女、儿童卖往境外”的法律责任，对其只能以普通拐卖妇女、儿童罪论处，适用基本法定刑。在这种场合，应当认定甲构成拐卖妇女、儿童罪加重构成的间接正犯，适用加重的法定刑。

总之，幕后操纵者基于欺骗使得实际执行者对加重犯罪构成中的加重要素缺乏认识的，应当直接认定幕后操纵者成立间接正犯。[82]

---

〔82〕 参见张明楷：《刑法学》，法律出版社2021年版，第530页。

五、实际执行者欠缺特定目的

某些犯罪的成立除了要求行为人主观上具有故意之外，还要求有特定的目的。例如，传播淫秽物品牟利罪中的牟利目的、绑架罪中的勒索财物目的、盗窃罪中的非法占有目的等。“实际执行者欠缺特定目的”，是指具备特定目的的幕后操纵者利用不具有该目的的实际执行者实现要求特定目的的犯罪的情形，即所谓的“有故意无目的的道具”。这种情况下的幕后操纵者能否成立间接正犯同样存在争议。

大陆法系通说持肯定的见解。例如，具有使用目的的幕后操纵者隐瞒了想要使用假币的目的，利用出于兴趣而制作假币的实际执行者伪造货币的行为。对此，日本大多数学者认为，幕后操纵者成立伪造货币罪的间接正犯，实际执行者不成立犯罪。因为利用不知情者，成立间接正犯，在伪造货币中，“行使的目的”是非常重要的主观要件，没有这一目的的实际执行者，即便对伪造货币具有认识（有故意），但因为没有使用的主观目的而不成立伪造货币罪，从幕后操纵者利用了不具备结果回避的可能性的实际执行者行为的角度，认为幕后操纵者成立间接正犯是妥当的结论。[83] 德国的通说也持间接正犯的观点。例如，在具有非法占有目的的幕后操纵者欺骗实际执行者只是临时借用实际执行者为其拿来的他人之物的情形，因为实际执行者缺乏非法占有的目的，即其并没有盗窃的意图而仅仅是盗用的目的。在这种情形中，幕后操纵者利用了陷入错误的工具（实际执行者），显然成立间接正犯，利用无目的的工具无疑是借助错误的间接正犯的典型例子。[84] 我国刑法理论也持肯定观点。例如，具有牟利目的的幕后操纵者利用没

---

〔83〕 参见［日］内藤谦：《刑法讲义总论（下）Ⅱ》，有斐阁 2002 年版，第 1336、1339、1340 页。

〔84〕 参见［德］克劳斯·罗克辛：《正犯与犯罪事实支配理论》，劳东燕译，载陈兴良主编：《刑事法评论》第 25 卷，北京大学出版社 2009 年版，第 41 页。

有牟利目的的实际执行者传播淫秽物品的情形，不少学者从行为支配的角度出发，认为幕后操纵者支配了通过传播淫秽物品达到牟利目的的犯罪事实，从而肯定幕后操纵者成立间接正犯。〔85〕

与肯定说的观点相对，学界也有主张幕后操纵者成立教唆犯的观点。例如，我国有学者认为，利用欠缺目的的行为，实际执行者的行为不具有犯罪形态的犯罪工具的特点，因而对于教唆者不应认定为间接正犯，而应视具体情况理解为教唆犯更为妥当。〔86〕日本也有学者认为，实际执行者欠缺目的犯中的目的，或者欠缺身份犯中的身份的，幕后操纵者都应成立教唆犯而非间接正犯。〔87〕

本书支持幕后操纵者成立间接正犯的观点。在此，必须明确的前提的是，幕后操纵者必须对实际执行者的行为造成了心理上的影响，这种心理影响以成立教唆犯所要求的“引起”为必要，换言之，幕后操纵者必须至少对实际执行者施加了“引起”实际执行者行为这种最低限度的心理影响。此时的状况是，实际执行者的行为具备构成要件符合性、违法性，而其行为又是由幕后操纵者所引起，因而，幕后操纵者无疑可以成立教唆犯。按照本书前述的观点，间接正犯与教唆犯具有阶层或者说包容的关系，只要幕后操纵者故意引起了实际执行者产生实施符合构成要件行为的意思进而实施行为的，首先便可以肯定幕后操纵者能够成立教唆犯，其次需要进一步判断幕后操纵者是否具有对犯罪事实的支配以及支配的故意，当得出肯定结论时，幕后操纵者便成立间接正犯，当得出否

---

〔85〕参见张明楷：《刑法学》，法律出版社2021年版，第531页；钱叶六：《间接正犯与教唆犯的界分》，载陈兴良主编：《刑事法评论》第28卷，北京大学出版社2011年版，第371页；刘士心：《论间接正犯的范围》，载《法商研究》2006年第3期。

〔86〕参见吴振兴：《论教唆犯》，吉林人民出版社1986年版，第73、74页。

〔87〕参见[日]野村稔：《刑法总论》，全理其、何力译，法律出版社2001年版，第413、415页。

定结论时，幕后操纵者便应认定为教唆犯。那么，判断的重点就在于，幕后操纵者在什么情形下具有“支配”的地位。

德国有学者认为，介入无目的或不合格的犯罪工具的场合，间接正犯的成立无法用行为支配理论进行解释，因为实际执行者恰恰缺乏应受处罚基础的目的或者个人特征，因而其不可能成立正犯，如果实际执行者本身并未受到强制、产生错误或者欠缺责任能力的话，就谈不上幕后操纵者对实际执行者的意志支配问题，行为支配只构成规范的基础，因此必须将幕后操纵者在法律上具有的必要影响（心理影响）视为行为支配。[88] 也就是说，实际执行者欠缺特定目的的场合，幕后操纵者不能说具有事实上的行为支配，而只具有规范意义上的支配，因此还需要幕后操纵者对实际执行者具有必要的影响来补足这种规范上的行为支配，可谓“规范—心理的行为支配”。本书赞同幕后操纵者需要对实际执行者产生心理上的重要影响的观点，但是同时也认为幕后操纵者对实际执行者实现的犯罪具有事实上的支配。首先，本书主张客观的违法论，不法是责任的前提。特定的目的是责任要素，而非表明不法的要素，因此，特定的犯罪目的也就并非实际执行者承担责任的基础。虽然实际执行者不具备表明责任的目的，但是幕后操纵者只要利用了实际执行者表明不法的所有要素，便可以将实际执行者的不法要素看作幕后操纵者自身的不法要素，也就能够充实幕后操纵者作为间接正犯的不法。其次，心理上的重要影响正是幕后操纵者犯罪事实支配的重要内容。幕后操纵者对实际执行者实施强制的情形暂且不论（幕后操纵者无疑成立间接正犯），幕后操纵者通过隐瞒自己的特定目的，使实际执行者对自己行为的社会意义产生了错误认识，或者说其并没有认识到自己行为的真实意义，

〔88〕 参见［德］汉斯·海因里希·耶赛克、托马斯·魏根特：《德国刑法教科书》（下），徐久生译，中国法制出版社2017年版，第907页。

此时,幕后操纵者基于自己更为优越的认识,通过不知情的实际执行者的行为实现了与实际执行者预想不同的犯罪,应当肯定幕后操纵者成立间接正犯。

六、实际执行者欠缺责任能力

根据我国的刑法规定,无责任能力者包括因精神障碍而没有辨别是非能力以及行为控制能力的精神障碍者以及未达法定责任年龄的未成年人。对于精神障碍者以及幼童等,由于其欠缺认知能力或者控制能力,实质上并不具有自己意思决定的自由,只要幕后操纵者对这样的实际执行者的责任能力状态有认识,幕后操纵者利用此等实际执行者的行为的,便可以直接肯定其间接正犯地位,学界对此并不存在过多的争议。〔89〕

问题在于,在利用未达法定责任年龄的人实施犯罪的场合,对幕后操纵者是否应当一概认定为间接正犯呢?例如,母亲甲企图抢劫便利店老板,于是唆使其11周岁的儿子乙以蒙面、用气枪等方法,从老板处强取财物。起先乙并不愿意做,甲便劝说道:"没关系的,你个子高大,看不出你是小孩子的。"经过一番劝说,乙最终同意。随后,乙用丝袜蒙面,使用甲交给其的气枪赶到便利店,并按甲指示的方法胁迫老板交出钱物,另外,乙通过自己的判断,放下百叶窗,还命令老板说:"我不杀你,你到厕所去。"最后,乙强取了老板4000多元,回到家中全部交给甲。没有争议的是,乙因具有责任阻却事由(未达法定责任年龄)而不承担刑事责任,但有争议的是,幕后操纵者甲是成立教唆犯还是间接正犯?由于我国传统刑法理论在共犯领域采取的是极端从属性说,为了避免处罚间隙,将利用刑事未成年人的情形全部以间接正犯论处。但由于

〔89〕 参见钱叶六:《间接正犯与教唆犯的界分》,载陈兴良主编:《刑事法评论》第28卷,北京大学出版社2011年版,第367页。

限制从属性说已经处于通说的地位，对幕后操纵者的行为性质认定也发展出如下三种见解：

第一种见解认为，幕后操纵者全部成立教唆犯。例如，有学者主张极端的限制正犯概念，从而否定间接正犯的概念。根据共犯限制从属性原则，只要正犯的行为违法而不必满足全部犯罪成立条件，便可以成立共犯。因而，在利用刑事未成年人实施犯罪的场合，幕后操纵者应当成立教唆犯，如此处理同样不会产生处罚的间隙。〔90〕 但是，正犯不仅是亲手实现犯罪构成要件行为之人，而且应当包括实质上对构成要件的实现起重要作用的人，极端的限制正犯概念并不妥当。还有学者主张，即便是无责任能力者，只要能够辨明是非并且亲自实行行为，那么幕后指使其实施犯罪之人便应该成立教唆犯。〔91〕 这种观点的缺陷在于，其并未对实际执行者是否具有"辨明是非"的能力以及如何能够肯定实际执行者属于"亲自"而非"受他人影响"而实施实行行为的判断进一步提出界限标准。

第二种见解认为，只要幕后操纵者对实际执行者的无责任能力有认识，原则上就应当成立间接正犯。例如，西原春夫教授从规范障碍说出发，认为当他人不具有规范障碍时，幕后操纵者利用其实现犯罪，就如同幕后操纵者亲自实施行为一样；在利用刑事未成年人的场合，也就不能破坏法适用的统一性，因为利用的是绝对不能处罚的人，因而实质上是幕后操纵者自己的实行行为，且无法包含于共犯之中，因此，幕后操纵者应当成立间接正犯。〔92〕 但是，这种观点也存在疑问。首先，关于法适用统一性这一点，与刑法关于刑事未成年人的立法意旨并不协调。我国刑法规定，不满 12 周岁

〔90〕 参见［日］佐伯千仞：《刑法讲义（总论）》，有斐阁 1981 年版，357 页以下。

〔91〕 参见［日］大塚仁：《刑法概说（总论）》，有斐阁 2008 年版，第 160 页。

〔92〕 参见［日］梶山太郎：《论利用刑事未成年者之人的正犯性》，载《法学政治学论究》2003 年第 57 号。

的未成年人一律不负刑事责任,即使已经达到一般人精神能力的发达程度,但考虑到刑事未成年人的刑法适应性以及人格的可塑性等刑事政策上的理由,将不满12周岁的未成年人一律作为没有行动控制能力和是非辨别能力的无责任能力人对待。这一规定多少偏离了犯罪自身的判断而偏向于刑事政策上的考虑。其次,倘若以这样的年龄界限决定幕后操纵者间接正犯的正犯性的有无,以下两点就必须作为说明其背后根据的理由:第一点,正犯性的判断成为偏离事实基础的、纯粹事后结果的不法归属分配问题,换言之,介入的归属主体不负法上的责任,故而幕后操纵者基于这样的政策理由成为正犯。第二点,采取为了自己犯罪这种纯主观说的思考,既然刑事未成年人不成立犯罪,利用刑事未成年人经常是为了实现自己的犯罪,因此幕后操纵者成立间接正犯。但是,西原春夫教授并没有采用上述两种解释理由,而是从幕后操纵者的行为性质,即"实施该当于刑法各本条的构成要件的行为者是正犯"这种一定程度的客观判断立场,去判断幕后操纵者的正犯性。因此,西原春夫教授在"刑事未成年人的行为介入"的场合却以实际执行者的刑事责任年龄有无作为幕后操纵者正犯要素有无的判断标准,是存在疑问的。

罗克辛教授站在行为支配的立场认为,间接正犯在构造上无非是通过错误或者强制支配的混合形式:实际执行者欠缺认知能力时,其便处于一种不可避免的禁止性错误,因而可以依照错误支配规则肯定幕后操纵者的间接正犯地位;当实际执行者缺乏控制能力,也即自始便不存在反抗能力的场合,幕后操纵者不需要通过暴力或者威胁便可以达到对实际执行者支配的程度。[93] 因而,第一种情形,在诱致刑事未成年人实施犯罪的场合,原则上肯定幕后

〔93〕 参见[德]克劳斯·罗克辛:《正犯与犯罪事实支配理论》,劳东燕译,载陈兴良主编:《刑事法评论》第25卷,北京大学出版社2009年版,第36页。

操纵者的行为支配从而肯定其间接正犯地位。第二种情形,在刑事未成年人不能答责的根据是欠缺辨识能力的场合,幕后操纵者即便是单纯的帮助,同样也应成立间接正犯。第三种情形,实际执行者欠缺不法认识,并且缺乏根据认识而行为的能力的场合,只要实际执行者有行动可能,幕后操纵者便成立间接正犯。理由如下:

首先,就认识行为不法的能力以及控制自己行为的能力而言,对于刑事未成年人来讲,因为其道德的、精神的成长通常均没有达到成熟的程度,因而立法者不对其科处刑事上的制裁,这是没有争议的基本原理。事实上就没办法判断刑事未成年人能否"表现自己的意思"的状况。因此,在实际执行者欠缺认识能力的场合(上述第一、二种情形),欠缺认识能力的实际执行者不能理解社会价值违反性的内容和意义,也无法单独形成这样的事象,幕后操纵者利用欠缺实质的违法性认识的行为媒介的状况与利用禁止的错误、利用正当化事由的实施前提的错误以及能力显著降低者的场合是一致的。因此,应当参照上述场合下的判断规则,即在这些场合中,幕后操纵者利用不知道自己行为社会价值违反性的、价值盲目的行为中介者,便在犯罪决定中具有优越的决定,幕后操纵者是其所有违法事实内容实现过程中的中心人物,因而,幕后操纵者成立间接正犯。换言之,在欠缺认识的场合,优越的决定使幕后操纵者具备了意志支配,从而奠定了幕后操纵者间接正犯的基础。

其次,实际执行者存在不法认识的场合,未成年人具有不法认识但是却欠缺基于不法认识控制行为的能力,因而诱使这样的行为的情形同样也是可能的(上述第三种情形),实际执行者无法抗拒幕后操纵者的压迫而形成自己的意思。换言之,这种场合下的刑事未成年人必然在意思形成上是不自由的,这实际是比照强制支配时的意思支配导出的结论。但是,刑事未成年人自己能够理解自己的具体行为决意,其他人只是在刑事未成年人实行行为时提供帮助的场合，由于意思形成来自实际执行者，实际执行者具有行为支配，因而幕后操纵者只成立帮助犯。[94]

由此可见，罗克辛教授是以其正犯原理中的间接正犯属于“意志支配”的原则对上述场合下幕后操纵者的间接正犯的正犯性进行说明的。总之，罗克辛教授认为通过“意思支配”的下位概念“基于强制的支配”或者“利用错误的支配”能够说明这种场合下幕后操纵者的间接正犯性。在德国，除罗克辛教授的主张外，其他的大部分见解同样认为，在这种场合，刑事未成年人并不具备法的答责性，利用其实施犯罪的幕后操纵者具备了行为支配，因而原则上应当成立间接正犯。

第三种见解认为，根据具体案件中的情况，幕后操纵者可能成立共犯也可能成立间接正犯。例如，韦尔策尔（Verzel）教授认为，欠缺意思而行为的实际执行者实质上是不自由地按照他的意思实行行为的人，因此应当承认幕后操纵者具有优越的行为支配，成立间接正犯。比如，利用幼童的场合可以说是利用欠缺意思的行为者成立间接正犯的例子之一，幕后操纵者故意利用幼童，而幼童对他人的唆使又言听计从，所以，幼童欠缺意思的行为完全被操纵在幕后操纵者的“手中”，因而幕后操纵者无疑成立间接正犯。但是，韦尔策尔教授认为这并非能够通用的结论。比如，12 岁的少年完全具备了表达自己意思的能力，因此，这种场合的参与者成立教唆犯或者帮助犯更为妥当。又如，博克尔曼（Bockelmann）教授认为，利用欠缺责任的实际执行者成立共犯还是正犯，能不能说“利用了像工具一样的实际执行者”，或者“虽然是欠缺责任但是能够行为的标准的决定”，实际执行者因为欠缺控制能力导致无

---

〔94〕 参见［德］克劳斯·罗克辛：《正犯与犯罪事实支配理论》，劳东燕译，载陈兴良主编：《刑事法评论》第 25 卷，北京大学出版社 2009 年版，第 36～38 页；［日］梶山太郎：《论利用刑事未成年者之人的正犯性》，载《法学政治学论究》2003 年第 57 号。

责任能力从而不负责任的场合,共动者通常不能成立间接正犯,但是在利用幼童的场合,仅限于当该幼童对幕后操纵者言听计从时,幕后操纵者才能成立间接正犯。再如,施米德哈瑟(Schmidhasser)教授认为,起决定作用的并非"刑事未成年人"这一刑法范畴,而应当是具体的行为状况以及当时参与者之间的具体关系,根据个案的情形,仅限于被利用的刑事未成年人欠缺辨别不法的能力或者反抗能力的情形,才能肯定幕后操纵者的间接正犯地位。另外,雅各布斯教授认为,在没有责任的道具的场合,除了需要对这种状况有认识之外,还必须对这种状况具有优先的管辖时,幕后操纵者才能成立间接正犯。于是,利用刑事未成年人的场合,当该未成年人实际上不同于法律的推定,而是更早的具有了规范意识以及遵守规范的意识已经成熟的时候,幕后操纵者仅成立共犯或者共同正犯。[95] 除了上述学者的观点,另外还有以未成年人的认识能力、意思决定的有无、是否自由等作为基准判断间接正犯的一些观点,在此不再详述。

由上可知,第二种见解和第三种见解所讨论的问题焦点在于,究竟是应当根据刑事未成年人责任无能力的法的属性进而原则上肯定幕后操纵者的间接正犯性,还是应当根据具体案例的状况对幕后操纵者的行为性质作出成立共犯还是正犯的区分?主张前一种见解(幕后操纵者原则上成立间接正犯)的罗克辛教授对后一种见解进行了批判:

首先,其一,倘若按照个案的情况去判断,由于很难判断实际执行者是否具有明显独立的犯罪意志,因而很可能因为不存在法的基准而导致正犯性判断的肆意性;其二,在类似紧急避险那样的情形中,即便是实际执行者存在一定程度的罪责能力,人们也并不

---

〔95〕 有关上述学者观点的详细介绍,参见[日]梶山太郎:《论利用刑事未成年者之人的正犯性》,载《法学政治学论究》2003 年第 57 号。

会质疑幕后操纵者成立间接正犯，那么，倘若作为实际执行者的刑事未成年人具备一定的认识和辩控能力，也不应该以此为由否定幕后操纵者的间接正犯性；其三，为了判断幕后操纵者是否成立正犯而将儿童卷入刑事程序的做法，与刑事政策上出于教养和预防等谨慎的理由，借助刑事未成年人的规定，从而使儿童免于参与其中的立法初衷相矛盾。〔96〕

但是，罗克辛教授对"具体区分判断见解"的批判，其实也存在可以反驳的余地。幕后操纵者必须明确认识到自己的罪责，因而最应该判断的是幕后操纵者怎样认识自己的行为属性，对实际执行者的属性判断并没有那么重要，无非是幕后操纵者属性判断的一个资料而已。所以，在这种场合，只是认识到实际执行者的责任能力就直接认定幕后操纵者具有正犯的责任，并不妥当。详言之，原则上不能由他人是否具有罪责来决定幕后操纵者自身的行为性质，如果以行为支配理论作为正犯性判断的基础，此时行为支配的内容便已经脱离了事实的基础而变为纯粹的法的判断。因为，即便是实质上刑事未成年人具备了认识能力和行为控制能力的场合（这种情况是一定存在的，因为刑事未成年人不可能在年满 12 周岁的那天就突然具备了认识和辩控能力），但却要无视这一事实而将幕后操纵者一概认定为间接正犯，这就完全偏离了应当从事实状态去考虑的行为支配理论的本来要求。虽然对于行为支配的概念有时可能需要进行一定程度的规范的理解，但是与基本的事实基础完全偏离的判断方式并不妥当。换言之，暂且不论具体判断的见解是否可能导致判断基准的肆意性，一概认为成立间接正犯的见解从方法论上就存在疑问。实际执行者的属性原则上作为判断资料的事实，仅仅是幕后操纵者属性判断的一个要素，

〔96〕　参见［德］克劳斯·罗克辛：《正犯与犯罪事实支配理论》，劳东燕译，载陈兴良主编：《刑事法评论》第 25 卷，北京大学出版社 2009 年版，第 37 页。

但绝非决定性因素。因而,作为判断方法,基于个别的情况,考虑事实上实际执行者的属性(具备怎样的认识、辩控能力)等具体状况,以此为基础才能体现正犯性的本质,从而判断幕后操纵者是否具备间接正犯的正犯性的基础,这才是妥当的做法。

其次,采取具体区分的见解,并不会导致司法认定上的恣意性。对此,罗克辛教授也不得不承认,根据"儿童是否已经达到心理和精神上足够的成熟、能够认识到构成要件行为的不法并能根据该认识实施行为"等情况来认定幕后操纵者成立正犯还是共犯,在理论上其实是可行的。另外,这样的方法在实践中也同样具有可行性。德国帝国法院判例对诱使一名 13 岁的儿童实施纵火行为的幕后操纵者,是以教唆犯加以认定的,因为"该儿童对其作为的意义虽然并没有完全理解,但仍然具有'足够的理解'"。〔97〕

再次,退一步说,以难以判断实际执行者是否具有明显独立的犯罪意志为由,将幕后操纵者一概认定为间接正犯,显然是一种对幕后操纵者不公平的拟制。人们不禁要问,为什么不能因此而将幕后操纵者一律认定为教唆犯呢? 所以,不管对实际执行者是否具有独立的犯罪意志的判断是难或是易,都应当按照间接正犯的支配性标准判断幕后操纵者是否成立间接正犯。

最后,刑事政策上对刑事未成年人不追究刑事责任,但并不意味着其行为并不违法。换言之,不负刑事责任与法律依然要对其行为进行否定评价之间并不冲突。而且,更重要的是,刑法完全可以在不将儿童卷入到刑事程序的前提下对其行为进行刑法上的价值评价。倘若仅仅是为了避免将刑事未成年人卷入到刑法评价中而一律将参与刑事未成年人犯罪的参与者以正犯论处,则会与刑法公平正义的法价值相冲突。

---

〔97〕［德］克劳斯·罗克辛:《正犯与犯罪事实支配理论》,劳东燕译,载陈兴良主编:《刑事法评论》第 25 卷,北京大学出版社 2009 年版,第 37 页。

总之，具体区分判断的观点可能并非完美的解决方案，因为只要涉及要根据个案去判断时，法官的自由裁量就会尤为重要，因而可能出现不那么统一的正犯或者共犯的成立标准。但是，统一的判断标准并不一定更加科学，相比一概认定为间接正犯的见解，可以说具体区分判断至少在方法论上是正确的，并且是向着妥善解决问题的方向上更向前迈了一步。因此，本书主张具体区分判断的见解，即对于幕后操纵者成立间接正犯还是其他犯罪类型，应当根据被利用的刑事未成年人的实际认识、辩控能力、意思决定的状况等在个案中进行具体的判断。基于同样的理由，对于利用无责任能力、限制责任能力的人实施犯罪的情形，也需要进行具体判断。一般来说，无责任能力者无独立的自由意志，或者因为年幼，在行为当时无法认识规范的要求，或者虽然有认识，却无法控制自己的行为。但是，即便是这样的精神状态，也并非全部属于幕后操纵者完全支配的情形。无责任能力者与刑事未成年人一样，容易受到幕后操纵者的影响，但仍有一定程度的行为自由，也会存在并非绝对受影响的场合。根据限制从属性说，无责任能力者成立正犯，幕后操纵者也可以成立教唆犯或者帮助犯。例如，日本判例中，也有以利用重度精神障碍者自杀为由作为利用无责任能力者成立间接正犯的例子。[98] 但是在这个判例中，被害人不只是重度的精神病患者（主观意思方面），而且还"服从被告人的任何命令"（客观行为方面），而后一点对该案中认定幕后操纵者的间接正犯地位是十分重要的。

回到开头的设例，母亲甲对儿子乙实施的构成要件行为均未达到正犯必须具有的支配程度，认定为教唆犯即可。首先，13 岁的乙已经具有了相当程度的辨别是非、决定自己行为的能力，对于

〔98〕 参见［日］林干人：《间接正犯》，载板仓宏博士古稀祝贺本书集编集委员会编：《现代社会型犯罪的问题》，劲草书房 2004 年版，第 91 页。

抢劫这类自然犯的不法性都有较为清楚的理解,很难认为母亲甲对儿子乙具有优越的支配,因此,肯定幕后操纵者的间接正犯性就显得极其牵强。其次,按照限制从属性共犯理论,共犯的成立只要求正犯行为具备构成要件符合性和违法性即可,至于各行为人的责任状况如年龄、精神状态等情况一般并不影响共犯的成立,而只涉及是否需要承担刑事责任的问题。在本案中,虽然乙尚未达到刑事责任年龄,但其行为的违法性并不因此排除,换言之,乙的行为依然是违法的,只是基于刑事政策的理由不追究其刑事责任而已。所以,母亲甲与儿子乙成立共犯,即母亲甲成立教唆犯,儿子乙是抢劫的直接正犯(不法层面),在理论上并不存在问题。最后,也许有人会认为,将此种情形下的幕后操纵者认定为教唆犯,会放纵犯罪。但其实并无此种可能,相反,如此反倒能更加灵活、合理地定罪量刑。由于我国《刑法》第 29 条对教唆犯的规定为:"教唆他人犯罪的,应当按照他在共同犯罪中所起的作用处罚。教唆不满十八周岁的人犯罪的,应当从重处罚。"据此,对母亲甲的处罚存在两种可能:主犯 + 从重;从犯 + 从重。法官可以依据案件事实,对母亲在儿子乙实施违法行为的整个过程中所起的作用加以判断,选择适用何种处罚。如此一来,刑罚的适用也就存在了选择的余地,能够更好地实现个案正义。

当然,这并不意味着利用有一定自决能力的未成年人实施符合构成要件违法行为的幕后操纵者就一定成立教唆犯。例如,在设例中,倘若母亲甲与儿子乙相互协作、共同分担完成抢劫行为的,则二人完全可能成立不法层面的共同正犯。又如,在能肯定幕后操纵者对未成年人具有强制支配的场合,幕后操纵者通过暴力压制等使刑事未成年人丧失自决能力时,将侵害结果完全归属于幕后操纵者从而使其成立间接正犯的情形也是可以想象的。

七、实际执行者欠缺违法性认识

“实际执行者欠缺违法性认识”,是指实际执行者虽然认识到了符合构成要件的事实,但却不知道自己的行为为法律所禁止,幕后操纵者利用实际执行者的上述状况实现犯罪的情形。根据违法性认识错误是否具有回避的可能,可以将其分为不可避免的违法性认识错误和可以避免的违法性认识错误。

(一)不可避免的违法性认识错误

行为人没有认识到自己的行为违法,同时坚信自己的行为并不违法,如果该违法性认识错误不具有回避可能性时,行为人缺乏有责性,因而不可能成立犯罪。当实际执行者处于由幕后操纵者引起的不可避免的违法性认识错误之中时,实际执行者由于缺乏犯罪成立所要求的责任要件,而幕后操纵者又对实际执行者的违法性认识错误负有完全的责任,幕后操纵者无疑成立间接正犯。

例如,林业局的森林防护员甲明知猎捕西藏野驴(国家一级保护动物)的行为系法律所禁止的犯罪行为,仍唆使不可能知情的偏远山区居民乙为其猎杀。甲在知情的情况下,使乙陷入不可避免的禁止错误,并利用乙的禁止错误实现了捕杀珍贵野生动物的犯罪事实,因而甲居于犯罪事实支配的地位,应当成立间接正犯。对此,学界基本不存在争议。[99] 井田良教授指出:“背后者通过药物的作用使直接行为者丧失责任能力的状态下实施一定的犯

---

〔99〕 参见[德]冈特·施特拉腾韦特、洛塔尔·库伦:《刑法总论Ⅰ——犯罪论》,杨萌译,法律出版社2004年版,第303页;[德]汉斯·海因里希·耶赛克、托马斯·魏根特:《德国刑法教科书》(下),徐久生译,中国法制出版社2017年版,第906页;[德]乌尔斯·金德霍伊泽尔:《刑法总论教科书》,蔡桂生译,北京大学出版社2015年版,第415页;张明楷:《刑法学》,法律出版社2021年版,第531页;林山田:《刑法通论》(下册),北京大学出版社2012年版,第26页。

罪，以及使直接行为者陷入回避不可能的违法性认识错误而实行犯罪的时候，直接行为者的行为违法，同时并没有丧失正犯性。但是，违法事实是通过背后者对因果性的支配而实现的。这一点，与前述的意思支配型间接正犯并无差别，应当认为，直接行为者和背后者都具有正犯性。”〔100〕

（二）可避免的违法性认识错误

行为人没有认识到自己的行为具有违法性，但却具有违法性认识的可能性时，行为人应当为自己的违法行为承担责任，即具备完全的犯罪成立条件。幕后操纵者使实际执行者陷入可避免的违法性认识错误并且利用该错误实现犯罪的场合，幕后操纵者的行为性质成为问题。

例如，甲、乙二人白天在单位发生了争吵，乙下班后与朋友丙说起此事，丙恰巧与甲有仇，于是欺骗乙：“你应该现在去找甲狠狠揍他一顿，因为这是正当防卫，是你的权利。”乙不加思考便信以为真，于是立刻起身去打了甲。此时，幕后操纵者丙能否成立间接正犯？

少数观点认为，幕后操纵者应当成立共犯，即原则上只能成立教唆犯；当幕后操纵者利用的是实际执行者已经存在的禁止性错误时，成立帮助犯。〔101〕 如有学者主张，倘若对实际执行者而言违法性认识错误是可以避免的，虽然其行为可以减轻责任，但是应当负刑法上的完全责任，幕后操纵者的行为可被认定为共犯，因为倘若赞成间接正犯的观点，便会使人产生如下疑惑：教唆一个对法律规范本来就漠不关心的人实施犯罪，却要幕后操纵者成立间接正犯，这并不妥当。即使背后之人故意造成了实际执行者的禁止错

〔100〕［日］井田良：《讲义刑法学·总论》，有斐阁2008年版，第450页。

〔101〕参见［德］克劳斯·罗克辛：《正犯与犯罪事实支配理论》，劳东燕译，载陈兴良主编：《刑事法评论》第25卷，北京大学出版社2009年版，第20页。

误，同样不能承认其具备了间接正犯的正犯性，因为，在特定意义上对他人进行思想灌输，还不足以成立间接正犯。[102] 若采取该观点，上例中的丙成立教唆犯。

大多数观点认为，在实际执行者属于可避免的违法性认识错误时，幕后操纵者原则上应当成立间接正犯。[103] 主要基于以下理由：不论是不可避免的违法性认识错误还是可以避免的违法性认识错误，其中支配关系的心理结构都是相同的，因而责任原则不能适用于此。相同条件下，实际执行者的意识状态在不可避免的违法性认识错误中和可避免的认识错误中都是一样的，因而，即使实际执行者本来能够回避这种违法性错误即获得其实际上没有的认知，也不会对幕后操纵者所施加的支配产生影响。[104] 若采取该观点，上例中的丙应当成立间接正犯。

更为极端的观点认为，在实际执行者存在违法性认识错误的场合，幕后操纵者一概成立间接正犯，详言之，该观点认为不论实际执行者的违法性认识错误是由谁造成的，也不论其是否能够避免，这只会影响实际执行者自身可罚性的判断，却不能影响幕后操纵者的责任，因为无论违法性认识错误是谁造成的以及能否避免，实际执行者具有该错误是铁的事实，幕后操纵者通过错误支配实际执行者同样是铁的事实，因而幕后操纵者间接正犯的地位不会

---

〔102〕 参见［德］冈特·施特拉腾韦特、洛塔尔·库伦：《刑法总论Ⅰ——犯罪论》，杨萌译，法律出版社2004年版，第303页。

〔103〕 参见林山田：《刑法通论》（下册），北京大学出版社2012年版，第26页；［德］乌尔斯·金德霍伊泽尔：《刑法总论教科书》，蔡桂生译，北京大学出版社2015年版，第416页；［德］克劳斯·罗克辛：《正犯与犯罪事实支配理论》，劳东燕译，载陈兴良主编：《刑事法评论》第25卷，北京大学出版社2009年版，第19页以下等。

〔104〕 参见［德］克劳斯·罗克辛：《正犯与犯罪事实支配理论》，劳东燕译，载陈兴良主编：《刑事法评论》第25卷，北京大学出版社2009年版，第20页。

因该错误能否避免而改变。[105]

本书认为,幕后操纵者原则上成立间接正犯的观点更为合理。可以肯定的是,实际执行者的认识错误是否可以避免,并不会直接决定实际执行者是否处于幕后操纵者的支配之下实施违法行为的可能性。无论是通过强制的支配还是通过错误的支配,其中起决定作用的因素并不在于实际执行者的责任判断,而是与幕后操纵者自身有关的因素:在强制支配的场合,支配地位取决于幕后操纵者对实际执行者所施加的压力程度;在利用错误支配的场合,支配地位取决于幕后操纵者通过欺骗(或基于优越的认知)使实际执行者通过自己的力量抑制违法行为的动机得以消除或者很大程度上的减弱,在此,实际执行者的违法性认识错误是否可以避免,其实只是次要的因素。在可避免的违法性认识错误的场合,由于实际执行者只要具有必要的谨慎态度,便可以避免该违法性认识错误,因而该认识错误并没有完全排除其责任,虽然不阻却故意,但是由于非难可能性有所降低,此时,对于幕后操纵者的间接正犯性,可以借用本书在"实际执行者欠缺故意但存在过失"部分所提依据:实际执行者虽然存在一定程度的结果回避可能性,但不应该影响幕后操纵者的间接正犯性判断。此时,唯一重要的支配标准在于,与实际执行者的行为控制相比较而言,幕后操纵者基于优越的认识所达到的对犯罪事实因果进程的控制以及对结果的支配是更为优越的支配。即在可回避的违法性认识错误的场合,对法律规范漠不关心的幕后操纵者没有像通常的犯罪人一样选择自己实施法益侵害行为,而是选择将具有规范意识(或者说排斥法益侵害结果)的实际执行者卷入错误之中,并基于自己更加优越的认识将实际执行者做为自己实施犯罪的一个因果因素从而达到其犯

[105] 参见廖北海:《德国刑法学中的犯罪事实支配理论研究》,中国人民公安大学出版社2011年版,第189页。

罪目的,因此,就法益侵害结果而言,责任减轻的实际执行者对因果流程具有直接控制,但其背后还存在幕后操纵者更加优越的控制。

(三)例外情形

幕后操纵者通过欺骗而使实际执行者陷入违法性认识错误并驱使实际执行者实施构成要件行为的,绝大多数情形应成立间接正犯。但实际执行者的违法性认识错误也并非无一例外地使处于幕后的操纵者都成立间接正犯,在以下情形时,对幕后操纵者以共犯论处更加妥当。

第一种情形是,当实际执行者已经存在实施某一犯罪行为的决议,同时也存在对构成要件事实的认识错误,只要该错误并非幕后操纵者所引起,而幕后操纵者仅仅是在实际执行者实施行为时提供了帮助的,幕后操纵者还不足以达到犯罪事实支配的程度,实际执行者对其行为承担正犯责任,幕后操纵者仅仅成立共犯。例如,甲知道很多村民以捕杀穿山甲为生,就误以为捕杀穿山甲的行为并不违法。后来甲也想通过这种方式挣些零花钱,便去找经常捕杀穿山甲的乙借捕具。乙明知该行为违法,也知道甲对此并不知情,却仍将捕具借给了甲。随后连续多日,甲捕杀了多只穿山甲。该案中,乙的行为只能认定为非法狩猎罪的帮助犯。

但是,倘若虽然实际执行者对构成要件事实存在认识错误,但其并没有实施行为的决意,而幕后操纵者明知实际执行者具有认识错误却故意唆使其实施犯罪行为的,幕后操纵者应当成立间接正犯。例如,倘若上例中的甲虽然知道很多村民一直在捕杀穿山甲,也认为该行为并不违法,但自己却没有实施该行为的意思。当乙明知甲的认识错误,而唆使甲为自己实施捕杀行为的,则可谓乙基于更加优越的认知通过不知情的工具实现了自己的犯罪行为,因而应当成立间接正犯。

第二种情形是，当幕后操纵者自己也陷入了与实际执行者同样的认识错误，而基于该错误认识唆使实际执行者实施犯罪的，根据具体犯罪构成要件的不同，幕后操纵者至多只能成立共犯。例如，倘若上例中的甲和乙都知道很多村民一直在捕杀穿山甲，并且都认为该行为并不违法，但甲却没有实施该行为的意思。此时，倘若同样陷入违法性认识错误的乙唆使甲去实施捕杀行为的，乙只能成立教唆犯（不法层面）〔106〕。因为，此时的幕后操纵者与实际执行者相比，不存在更加优越的法律认识，即幕后操纵者与其利用的工具（实际执行者）陷入了同样的认识错误时，幕后操纵者不可能基于优越的认识控制该工具，如此也就欠缺了成立间接正犯的基础——对犯罪事实的支配。

八、实际执行者欠缺期待可能性

“实际执行者欠缺期待可能性”，是指幕后操纵者通过对他人施加暴力或者精神上的强制，而使实际执行者非自愿地实施犯罪行为。这类情形中包含了不同类型，因而不能一概而论。

一种类型是，幕后操纵者制造危险状态从而使实际执行者陷入一种类似于紧急避险的状况时，此时对幕后操纵者的行为属性便可以依据前述“紧急状态”下的紧急避险情形所确定的标准来解决，即只有在幕后操纵者创设了紧急避险的危险事态，并且使得实际执行者在不得已的情形下只能通过实施避险行为才可以避免危险的（或者说紧急避险行为是唯一的挽救可能时），幕后操纵者成立间接正犯。例如，甲、乙两人（均不会游泳）的船只在航行中漏水，不久即将沉没，甲、乙都将溺水身亡。此时，丙开船路过，但丙与乙有仇，要求甲必须杀死乙才会对甲进行救助。甲迫不得已，

---

〔106〕 教唆犯的成立要求行为人具备教唆故意，由于乙没有认识到其教唆甲实施的行为系犯罪，故乙不具备教唆故意，乙最终不成立教唆犯。

将乙推入海水中导致乙溺亡。此时,由于生命法益无法衡量轻重,因而甲的行为并不符合紧急避险条件中的优越利益保护原则而无法排除违法性,但是在上述情形中,幕后操纵者创设了一种类似紧急避险的情景,使甲丧失期待可能性,并不得不按照丙的要求实施违法行为,丙无疑成立故意杀人罪的间接正犯。

另一种类型是,幕后操纵者对实际执行者使用暴力或者胁迫等强制手段,使本无犯罪意思的实际执行者不得不实施构成要件行为的情形。由于我国《刑法》第21条并没有对“危险”的来源进行限定,因此,他人的强制也可谓“危险”的一种形式。因此,幕后操纵者使用强制手段使实际执行者实施构成要件行为的,依然可能存在符合紧急避险条件的情形。

【例1】甲意图抢银行,在乙身上安装了炸弹,甲可以随时按下手里的遥控远程引爆炸弹,并以此胁迫乙为其持枪抢劫银行。乙迫于生命威胁,实施了抢劫行为。本案中,乙的行为符合紧急避险的条件,因而可以适用上文所提原则来解决。此时,幕后操纵者甲创设了紧迫的危险,并且实际控制了乙避险行为的方向,使得乙为了保全自己的生命在不得已的情形下,按照甲的要求实施了行为,这些事实奠定了幕后操纵者甲的犯罪事实支配地位,甲应当成立间接正犯。

【例2】恐怖分子甲在乙身上安装了炸弹,甲可以随时按下手里的遥控引爆乙身上的炸弹。甲以此胁迫乙到某小学门口向刚放学的学生射击。乙在死亡恐惧之下,按照甲的要求向人群射击,导致多名学生死亡、重伤。这种情形下,乙的杀人行为由于并不符合紧急避险条件中的优越利益保护原则,因而不能成立紧急避险。那么,这种情形下幕后操纵者甲的行为性质应当如何认定呢?

首先,强制的程度是一个关键因素,倘若强制达到了使实际执行者免除责任的程度,原则上幕后操纵者应当成立间接正犯。上文已经论及，实际执行者的责任并非幕后操纵者属性判断的唯一决定性资料，幕后操纵者是否成立间接正犯的关键仍在于其对犯罪事实的实现是否具备了“支配”的地位，而实际执行者的责任情况仅仅是判断“支配”与否的一个因素。但可以明确的一点是，在幕后操纵者的强制行为影响到实际执行者的责任时，只有当实际执行者的行为由于幕后操纵者的影响而排除责任时（而非仅仅是限制了责任），幕后操纵者才可能成立间接正犯，这是一个基本的前提。对此，可以通过免责的欠缺期待可能性的法理加以解决。期待可能性思想的根据在于，当行为人在实施行为时承受了巨大的精神压力，就不可能再期待他还能实施适法行为。[107] 例2中，当幕后操纵者施加的强制达到对生命产生严重危险之程度，无疑可以肯定实际执行者不具有期待可能性——遭受了“巨大的精神压力”，因而免除责任。当然，并非只有对生命施加的严重威胁才可能使实际执行者免除责任，这里涉及的并非保护价值更高的利益，而是适法行为的不可期待性。因而，只要幕后操纵者使实际执行者陷入一种不得不实施不法行为的情境，或者说实施不法行为是唯一出路的状态时，便应当免除责任。当然，除此之外，幕后操纵者制造的强制或者胁迫是否可以使实际执行者免除责任，还要看实际执行者是否基于特殊的身份（如警察等）而具有容忍该压力的义务，当实际执行者有容忍义务时，只有幕后操纵者的强制还不足以使实际执行者对自己实施的违法行为免除责任。

其次，倘若幕后操纵者的强制并未达到排除实际执行者责任的程度时，幕后操纵者通常只成立共犯。例如，甲男和乙女系情人关系，乙女十分依赖甲男（但精神正常）并且完全服从甲男的任何

---

[107] 参见［德］冈特·施特拉腾韦特、洛塔尔·库伦：《刑法总论Ⅰ——犯罪论》，杨萌译，法律出版社2004年版，第237页。

要求。甲男以离开乙女相要挟,要求乙女为其窃取邻居家的财物,乙女只好按照甲男的指示实施了盗窃行为。在这种场合,幕后操纵者仅仅是"唆使",而"唆使"本身也是教唆的一种常见方式,因而并不能据此将甲男认定为间接正犯。至于实际执行者的个性,或者说实际执行者精神上是否有足够的反抗力量来忍受幕后操纵者的威胁,则并非判断其是否具有期待可能性的决定性的因素,因为对期待可能性的考察应当从客观一般人标准出发,即站在法益保护的立场,以行为人当时的身体、心理条件以及附随情况,通过与具有行为人特性的其他多数人的比较,判断能否期待行为人当时是否有能力抗拒实施违法行为。[108] 另外,实际执行者的责任也只能作为判断幕后操纵者行为属性的一个重要因素,但不具有决定性的影响。

其实,虽然"实际执行者欠缺期待可能性"中包含了多种情形,对于幕后操纵者的行为属性,有的需要根据紧急避险的规则加以确定,有的需要依据期待可能性的法理进行判断。但是,上述两种途径本质上是一致的。事实上,紧急避险、正当防卫、违法性认识可能性以及其他法律并未明文规定的阻却违法、阻却责任的事由,其背后的法理均来自适法行为不可期待的思想。因此,概括起来说,"实际执行者欠缺期待可能性"的场合,幕后操纵者首先必须制造了危险,而且这种危险使实际执行者陷入了一种不得不实施幕后操纵者预设的或者直接要求的不法行为,或者说实际执行者实施不法行为是避免危险的唯一出路时,幕后操纵者具备了犯罪事实支配的地位,应当成立间接正犯。

---

〔108〕 参见张明楷:《刑法学》,法律出版社2021年版,第426页。

第五节　“正犯后正犯”与利用有组织的国家机关的意志支配

“正犯后正犯”是德国司法实务界最先提出的概念，之后作为间接正犯的一种特殊类型被经常讨论。对这一概念是否妥当，学界曾存在过激烈的争论。

一、“正犯后正犯”的概念

德国司法实务界将“正犯后正犯”作为间接正犯的一种类型加以讨论。如前所述，按照犯罪事实支配理论，罗克辛教授将意志支配分为三种类型，第一种，凭借强制的意志控制。此时，行为人能够通过强制实际执行者去实现行为构成，而作为幕后之人控制犯罪事实的实现。第二种，凭借认识错误的意志控制。它是指一个人能够通过欺骗实际执行者使之成为不知其犯罪计划的执行人，从而在背后控制整个犯罪流程的发展。第三种，凭借有组织的国家机关的意志控制。这是指，行为人能够作为一个有组织的权力机构发布命令，通过任意调换执行者，由此不再依赖实际执行者的具体实行情况，从而能够决定性地操纵事件的发展。[109]“正犯后正犯”作为间接正犯的一种，同样存在于上述三种意志支配情况中，但其特殊性在于：实际执行者对整个事件并非全然一无所知，亦非完完全全的“工具”，因此，实际执行者成立正犯或者免责的正犯；而幕后操纵者基于对实际执行者的意志控制，成立实际执

---

〔109〕参见［德］克劳斯·罗克辛：《德国刑法学总论——犯罪行为的特别表现形式》，王世洲等译，法律出版社2013年版，第9页。

行者背后的正犯，即“正犯后正犯”。

例如，德国学者经常讨论的“多纳事件”。格拉夫·Z. 多纳为了处理“利用已经决意实施犯罪活动者进行犯罪的人的罪责问题”而设计了以下案例：C 知道 A 准备于特定的夜晚埋伏在 B 经常散步的偏僻处将 B 射杀，于是，C 为杀死其敌人 D，以 D 恋人的名义给 D 发了假电报，诱使 D 到该场所。结果，A 误将 D 当作 B，杀害了 D。在这个问题上，德日主流观点的结论是一致的，都认为幕后操纵者 C 成立间接正犯。罗克辛教授认为，虽然幕后操纵者 C 的设计并不影响实际执行者 A 的责任，但是，幕后操纵者利用了实际执行者关于具体行为意义的错误认识，所以，成立间接正犯。〔110〕日本学者一般也认为幕后操纵者成立间接正犯，理由在于，作为正犯者的 A 认识到了杀人罪构成要件中抽象的“人”，并实现了构成要件结果，作为幕后操纵者 C 则认识到了具体的“人”而实现了构成要件结果。因此，可以说，幕后操纵者具有更优越的行为支配，行为支配的判断遵从具体的事态而非抽象的判断，因此幕后操纵者 C 应当成立间接正犯。〔111〕

但是，正如本书第五章的论述，将 C 的行为认定为间接正犯也并非没有疑问。除此之外，通过案例的比较，也能发现间接正犯的结论不妥。例如，E 知道 A 准备于特定的夜晚埋伏在 B 经常散步的偏僻处将 B 射杀，于是，E 在 A 不知情的情况下，以 B 恋人的名义给 B 发了假电报，诱使 B 到该场所，A 顺利杀死了 B。在这个案例中，E 的行为无疑成立片面的帮助犯。而与“多纳事件”中的 C 相比，E 与 C 实施的行为是完全相同的，都是将抽象意义上的人引诱到 A 预谋的杀人场景中，除此之外，并无其他。所以，客观上

---

〔110〕 参见［德］冈特·施特拉腾韦特、洛塔尔·库伦：《刑法总论 I——犯罪论》，杨萌译，法律出版社 2006 年版，第 306 页。

〔111〕 参见［日］高桥则夫：《刑法总论》，成文堂 2016 年版，第 430、431 页。

看，E与C的法益侵害性亦无区别。另外，在主观认知方面，很难说C具有更加优越的认知，因为这种认知的优越仅仅表现在，C能够具体地认识到被杀死的是D这个人，而不是B，但在规范评价上，D和B并无差别，都是抽象意义上的"人"而已。所以，即便在主观层面，"多纳事件"中的C与本例中的E认知上并无优劣之分，法律评价上唯一重要的是，两人认识到的都是抽象意义上的"人"。既然如此，就不能将C与E的行为区别评价。

所以，本书倾向于认为，"多纳事件"中的幕后操纵者只成立片面的帮助犯。我国刑法理论普遍了承认片面的帮助犯，[112]对片面的帮助犯的处罚理当轻于间接正犯和直接正犯。于本案而言，幕后者在答责性或当罚性方面，当然应当比实际执行者轻。因为从客观方面说，直接导致他人死亡的行为是由实际执行者策划并实施的；从主观方面说，实际执行者具有完整的杀人故意，其对行为对象的认识错误，丝毫不影响其答责性。如此认定，与本书所提倡的将实际执行者的规范障碍等情形作为重要判断资料，也是相吻合的。

在日本，"正犯后正犯"并没有被当作一个重要的问题单独讨论。一般认为，间接正犯的成立，并不意味着共同犯罪的否定，例如，身为国家工作人员的丈夫利用妻子收受贿赂，丈夫成立间接正犯，妻子成立帮助犯。至于正犯之后的幕后人能否成立正犯，日本刑法一般借用共谋共同正犯理论来解决。"正如日本文献所示，至少德国基于组织支配而成立间接正犯的情形基本没有成为讨论对象。人们只是参照德国共同正犯的讨论，来与日本的(共谋)共同正犯的理论相连接。"[113]之所以不同于德国，是因为德国刑法典

---

〔112〕 参见高铭暄、马克昌主编：《刑法学》，北京大学出版社、高等教育出版社2016年版，第167页。

〔113〕 [日]后藤启介：《间接正犯的新展开》，载《庆应法学》2012年第10期。

对间接正犯有明文规定，所以司法实践中对间接正犯与共同正犯的区分在回应立法论层面的要求上显得比较重要。而间接正犯在日本仅仅是“刑法理论上的东西”，因此无论是作为间接正犯还是作为共同正犯处理，在都是作为正犯的结论上没有差异，无视日本判例长期以来的功绩，专门展开不同的解释论，或为了进行特别立法的立法论，都没有实践意义。[114]

在本书看来，虽然本书并不认同“多纳事件”属于“正犯后正犯”的情形，但“正犯后正犯”的现象是存在的。例如，行为人利用他人轻罪的故意，实现重罪的侵害结果，便是适例。实际上，幕后操纵者成立间接正犯与实际执行者成立直接正犯，两者之间并非绝对相互排斥的关系，“正犯后正犯”这一概念并无多少实践意义，仅仅是对间接正犯一种特殊类型的归纳，简言之，“正犯后正犯”即直接正犯后的间接正犯，是指实际执行者实现所有构成要件并负故意犯的罪责时，操控其犯罪流程的幕后者也有可能成立间接正犯。

二、利用有组织的国家机关的意志支配

按照罗克辛教授的归纳，故意且有责意义上的“正犯后正犯”存在四种基本类型：“第一种，欺骗被利用者，使其误以为其损害行为只会造成轻微的损害，事实上却如同欺骗者预期的那样导致很大程度的损害，这种情形系对不法程度的欺骗。第二种，作为加重情节的欺骗。第三种，在通过对被害人身份的欺骗而形成的正犯后正犯事例中，诸如多纳适例，幕后者的间接正犯性在于其引起了对受保护人的人身对象的认识错误，由此应当对具体被杀的个人的死亡结果负责，幕后者的利用行为与被害人的死亡相联系，在

[114] 参见［日］岛田聪一郎：《间接正犯与共同正犯》，载［日］齐藤丰治等编：《神山敏雄先生古稀祝贺论文集》第1卷，成文堂2006年版，第453页。

此，幕后者是将幕前的行为人作为一种盲目的工具加以利用。第四种，在通过有组织的权力机构的意志支配的场合，诸如柏林墙射击案（国防委员会案），德国联邦法院裁定国防委员会的委员们是杀人罪的间接正犯，即确认及时在一个完全有责的、有正犯资格的行为的行为媒介那里，间接正犯也是可以考虑的。"[115] 如前所述，"正犯后正犯"并非一种特殊形式的间接正犯，而是对间接正犯一种特殊类型的归纳。但是，其中的"利用有组织的国家机关的意志支配"值得讨论。

在这类案件中，幕后操纵者对实际执行者的意志支配不需要依赖强制或者欺骗，因为国家机器本身就能够保证幕后操纵者犯罪目的的实现；实际执行者虽然具有完全的责任能力，也要成为具体犯罪的直接正犯，但其仍然沦为幕后操纵者犯罪的"工具"，并不能阻碍幕后操纵者间接正犯的成立。因为在这类案件中，对于幕后操纵者所要实现的犯罪控制而言，重要的是国家机器所确立的对命令执行性的保障，而不是实际执行者是否具有完全的责任能力；甚至实际执行者是谁也并不重要，他也随时可能被"替换"。[116]

国防委员会案是该情形的适例。原东德 2 名士兵射杀了企图越过柏林墙逃亡西德的市民。德国统一后，这 2 名士兵以杀人罪被起诉。柏林地方法院对一人认定为故意杀人罪，判处 3 年 6 个月的自由刑，另一人认定为故意杀人未遂，判处 2 年自由刑（缓刑）。此后，柏林监察厅决议：允许以任何手段阻止越境行为，其中逃亡者的死亡是可以容忍的。因而起诉了东德国防委员会的 3 名成员。此案，州法院认为报告人构成谋杀的教唆犯。检察官则

〔115〕 张伟：《"正犯后正犯"与犯罪参与理论研究》，载《法学家》2015 年第 5 期。

〔116〕 参见［德］克劳斯·罗克辛：《德国刑法学总论——犯罪行为的特别表现形式》，王世洲等译，法律出版社 2013 年版，第 37 页。

抗诉认为被告人属于直接开枪的士兵们的共同正犯。联邦最高法院则将被告人的行为评价为杀人罪的间接正犯。[117]

在国防委员会案中，驻守在柏林墙的东德士兵被国防委员会命令可以采取一切手段（包括射杀）阻止东德民众越过柏林墙逃往西德，士兵们还会因为成功阻截而获得嘉奖。对于被射杀的民众而言，士兵应当承担直接正犯的责任。因为士兵们并没有因为强制或欺骗而失去意志自由，其完全可能不执行这样明显违背人道的射杀行为，或者只是“将枪口抬高一厘米”就可以避免悲剧的发生，但不幸的是士兵还是亲手实施了射杀行为。对于发布射杀命令的国防委员会成员应该如何定性，则存在争论。[118]

一种观点认为，国防委员会成员成立教唆犯。正如对士兵行为的分析一样，在每一个具体的射杀行为上，士兵完全具有选择权和控制力，国防委员会的命令只不过引起了射杀的故意，或者构筑了实施射杀行为的犯罪确信。虽然士兵在不执行命令的情况下，可能被替换，而由其他士兵完成射杀行为，但这不能否定在一次具体的射杀行为中，执行命令的士兵所具有的行为控制。因此，就每一次射杀行为而言，手握生杀大权的仍然是当值的士兵，国防委员会的命令并不能起到行为控制的作用，命令的发布者也就不能因此而构成间接正犯。

罗克辛教授批评了教唆犯说。他认为，“实际上，肯定教唆人至少比肯定共同实行人更近了一步。教唆人与共同实行人一样，呈现出一种垂直的结构，并且与共同实行人一样，存在于单纯地引发借助他人之手去完成的事件。但是，关键的区别，在于教唆人并

---

〔117〕 参见陈家林：《外国刑法理论的思潮与流变》，中国人民公安大学出版社2017年版，第542页。

〔118〕 各种观点的交锋，参见［德］克劳斯·罗克辛：《德国刑法学总论——犯罪行为的特别表现形式》，王世洲等译，法律出版社2013年版，第40页。

没有控制这个构成行为的实施,在于这个行为构成的实现并不依赖于其意志。在办公桌上的实行人的场合,则与此不同:他是由其命令实施的犯罪的控制性核心人物,同时,具体实施的行刑人虽然同样凭借其行为控制而作为实行人承担责任,但是,对于这个发布命令者来说,由于其从操纵这架机器而产生的更高层级的意志控制,是不会造成什么争议的。在希特勒或斯大林(Stalin)让人杀死他们的敌人时,那是他们的作品(即使不仅仅是他们的作品)。必须指出,如果他们把这件事交给下属,让他们决定是否实施所命令的构成行为,那就违反了社会的、历史的、司法的对实行人归责的理性原则。在这种关系结构中的其他区别,也证明了办公桌上的实行人的控制,这种控制正好是教唆人所没有的:教唆人必须自己先去寻找一个实行人,办公桌上的实行人只需要发布命令即可;教唆人必须与潜在的实行人接触,让对方赞同自己的计划,还有在必要时克服对方的反对;在政权机器的等级制度中发布命令的人则不需要做这些”。[119]

此外,也有相当一部分学者认为,这里国防委员会成员应该成立共同正犯。例如耶赛克、魏根特教授指出:“近来,一些学者还认为存在有组织的权力机关的行为支配……(大屠杀、警察恐怖主义、黑手党、原东德边境上的开枪命令等),因此有关组织实施的‘渎职犯罪’……总是以间接正犯的面目出现……只有当行为实施者自身不被视为一个负完全责任的正犯时(如依据《军事刑法》第5条第1款),该观点始能得到赞同。如果行为的实施者是附有完全责任的正犯,处于中心之人——因为是他控制着该组织——是正犯。全部行为决意都是由领导者和实施者的意志决定的,因此特定的行为或多个同种类行为,均应当是根据领导者的指

---

〔119〕 [德]克劳斯·罗克辛:《德国刑法学总论——犯罪行为的特别表现形式》,王世洲等译,法律出版社2013年版,第43页。

示实施的。"[120]罗克辛教授对此同样给出了批判的意见。他认为：其一，实际执行者欠缺《德国刑法》第25条第2款对共同正犯所要求的共同行为决意；其二，幕后操纵者缺乏共同的犯罪构成要件行为；其三，间接正犯是一种垂直结构（从上到下或者说从引起人到实施人的过程这一意义上），与此相对，共同正犯是一种水平结构（在共同实行人同时并列的意义上），共同正犯的观点忽视了间接正犯与共同正犯在行为控制结构上的区别。[121]

在此基础上，罗克辛教授认为，国防委员会成员成立间接正犯。他基于行为支配理论指出，"凭借有组织的国家机关的意志支配"也是间接正犯的一种类型。"'组织控制'作为间接实行人独立的'新'形式最早是由我在1963年提出来的。我的基本观点是，在行为控制作为实行人决定性标准的基础上，只存在三种理想的类型形式。在这些形式中，人们能够在没有插手实施过程的情况下控制这个事件：人们能够强迫实施人；人们能够欺骗实施人；或者，人们能够——这是一种新的想法——命令国家机器，国家机器在没有强制与欺骗的情况系下，也要确保命令得到实施，因为这种机器本身就保障了执行。命令者可以不对直接实行人进行强迫或者欺骗，因为这种机器即使在没有强迫或者欺骗时，自己也能够使他人来接管他的功能。因此，幕后人大多根本不认识直接实施人，也是这种形式的间接实行人的特征。在谈到这种间接实行人的发展时，我眼前出现的历史实例就是纳粹的暴力控制……根据我的方案，在这里，间接行为人是指各种处在操作国家机器位置上——不管处于这个等级中的哪层一层——通过发布指示而能对犯罪行为产生影响的人。在这样的犯罪行为中，实施人是谁是无

[120] [德]汉斯·海因里希·耶赛克、托马斯·魏根特：《德国刑法教科书》（下），徐久生译，中国法制出版社2017年版，第908页。

[121] 参见[德]克劳斯·罗克辛：《德国刑法学总论——犯罪行为的特别表现形式》，王世洲等译，法律出版社2013年版，第41、42页。

关紧要的。这就是‘可替换性’，直接实行人不受限制的可替代性。这就向幕后人保证了构成行为的实施，并且，使幕后人能够控制这个事件。这个直接行为人只是一个在运行的国家机器中可以更换的‘螺丝钉’。那个最终亲手实施杀人的人，作为直接实行人是应受刑事惩罚的这一点，并不会改变这种情况。这名处在操作国家机器位置上的命令发布者，仍然是间接实行人，因为与教唆直接实行人作出决定不同，这种构成行为的实行并不具有依赖性。由于这个实施人的直接实行人的身份与这个幕后人的间接性，处于不同条件的基础之上——一个是在亲手性的基础上，另一个是在操纵国家机器的基础之上——因此，它们在逻辑上与目的上是与一种流行意见不同而完全并列地存在的。这里说明的这种间接实行人的表现形式，是对‘办公桌上的实行人’这种现象在法学上的恰当表达，这种人在不损害自己行为控制的情况下，仍然依赖于直接实行人。”[122]

三、“正犯后正犯”的中国语境——组织犯罪中领导者的责任承担

“正犯后正犯”中利用组织的意志支配并不仅仅存在于国家机关之中，在组织极其严密，控制性极强的恐怖组织、极端组织以及黑社会性质组织等组织犯罪中，同样可能存在，但在一般的经济实体中，不可能存在这种组织支配。这主要是因为，只有当一个组织体具备了即便是在其成员没有受到强制与欺骗的情况下，组织的命令仍能确保得到实施，因为这一组织本身就足以保障执行时，才可谓形成了利用组织的意志支配。

并非任何一个经济实体都具备上述组织支配，这也是组织犯

---

〔122〕［德］克劳斯·罗克辛：《德国刑法学总论——犯罪行为的特别表现形式》，王世洲等译，法律出版社2013年版，第37、38页。

罪区别于一般的集团犯罪或者单位犯罪的特殊之处。以黑社会性质组织为例，我国《刑法》第294条第4款规定："黑社会性质的组织应当同时具备以下特征：（一）形成较稳定的犯罪组织，人数较多，有明确的组织者、领导者，骨干成员基本固定；（二）有组织地通过违法犯罪活动或者其他手段获取经济利益，具有一定的经济实力，以支持该组织的活动；（三）以暴力、威胁或者其他手段，有组织地多次进行违法犯罪活动，为非作恶，欺压、残害群众；（四）通过实施违法犯罪活动，或者利用国家工作人员的包庇或者纵容，称霸一方，在一定区域或者行业内，形成非法控制或者重大影响，严重破坏经济、社会生活秩序。"正如陈兴良教授所言："黑社会性质组织的组织特征对于黑社会性质组织犯罪的认定来说，具有首要意义。如果不具备组织特征，根本就不可能构成黑社会性质组织犯罪。"[123]换言之，有组织地进行违法犯罪活动的组织并不等同于黑社会性质组织的组织特征，黑社会性质组织与一般的集团犯罪、单位犯罪在组织结构上有本质区别。这种区别就体现在黑社会性质组织成员之间并不是扁平化的构造，而是存在严格的隶属关系、"令行禁止"的层级关系，黑社会性质组织通常具有成文或者不成文的组织纪律、组织规约，并且其纪律、规约是以"支配"为核心的，这与一般经营主体中的"行政管理"具有本质区别，不能将一般经营主体中的"行政管理"与黑社会性质组织一般具有的"组织纪律或活动规约"这一组织特征相混同。

实践中，有的犯罪团伙虽然披着"组织"的外衣，却不符合黑社会性质组织的组织特征。例如，检察机关对某典当公司具备黑社会性质组织的组织特征的指控如下：该组织有较为明确的组织规则，奖罚分明。对外高利放贷业务由张三、韩四等公司领导指定

---

〔123〕 陈兴良：《论黑社会性质组织的组织特征》，载《中国刑事法杂志》2020年第2期。

具体业务员，并由该业务员负责到底，形成了“谁负责放贷，谁负责讨债”的放贷讨债规则，业务员随时向张三汇报高利放贷本金、利息收回及逾期未还款等情况……张三不允许员工个人私自放贷，一旦发现立即开除。然而，倘若仅仅上述被指控的事实，涉案典当公司尚不具备黑社会性质组织的组织特征。原因在于，“谁负责放贷，谁负责讨债”几乎是所有商业银行的常见做法，一家典当公司不允许员工私自放贷实属最基本的企业管理规定。黑社会性质组织的“奖惩分明”，“奖”来自黑社会性质组织整体的违法犯罪收入，“罚”则须具有威慑力，常见的如身体伤害、控制家人等，以达到使成员遵从组织意志的效果。而检察机关所指控的所谓“赏罚分明”，赏的是基于个人放贷业务完成多少的金钱奖励，罚的是因个人放款收不回时在本金中扣除公司损失，这与一般商业银行、一般企业的奖惩制度并无本质区别，仅仅是罚款是否合理的问题，属于企业的一般行政管理，不能因为涉案公司或涉案公司股东给业绩好的员工发放的奖金多就认定一个企业具备了黑社会性质组织的特征。涉案公司的“奖惩制度”与黑社会性质组织具有支配性的、绝对服从式的“奖惩”“规约”截然不同，具有本质区别。

从刑罚上看，在黑社会性质组织犯罪中，组织者、领导者应当按照其所组织、领导的黑社会性质组织所犯的全部罪行处罚，而并不限于其亲手参与的犯罪事实。2009 年 12 月 9 日最高人民法院、最高人民检察院、公安部《办理黑社会性质组织犯罪案件座谈会纪要》指出，“组织者、领导者，是指黑社会性质组织的发起者、创建者，或者在组织中实际处于领导地位，对整个组织及其运行、活动起着决策、指挥、协调、管理作用的犯罪分子，既包括通过一定形式产生的有明确职务、称谓的组织者、领导者，也包括在黑社会性质组织中被公认的事实上的组织者、领导者”。由此可见，即便没有参与具体犯罪实施，而只是处于幕后或者在办公桌上发号施令的人，也应当成为实际实施犯罪的正犯背后的间接正犯，原因就在于，黑社会性质组织的组织特征保证了领导者、组织者命令的绝对执行，实际执行的组织成员仅仅是一个有故意的工具，下达命令的组织者、领导者无须与直接执行者产生犯意或者行为上的连接，其只须下达一个命令，犯罪事实即可实现。

第六节　不成立间接正犯的情形

一、亲手犯的间接正犯

一般认为，亲手犯(己手犯)，是指必须由正犯者自己亲自实施构成要件行为的犯罪类型。多数观点认为，亲手犯不可能成立间接正犯。[124] 关于亲手犯的含义与范围，在刑法理论上并未形成统一，学者中也不乏否定亲手犯概念的观点。

肯定亲手犯概念的观点，有以下几类："文本说认为，如果描述某种犯罪的构成要件的文字含义中没有包含亲手实施之外的行为方式，那么，该犯罪就是亲手犯。这种学说以'只有亲手实施构成要件的人才是正犯'的命题为前提，然而该命题并不成立。身体行为说认为，如果只要有相应的行为就可以实现构成要件，而不必发生结果，那么，该犯罪就是亲手犯。据此，行为犯就是亲手犯。例如，非法侵入他人住宅，是亲手犯，不可能有间接正犯。但是，持反对观点的人指出，在行为人利用无责任能力者闯入他人住宅，侵

---

[124] 参见张明楷：《外国刑法纲要》，法律出版社 2020 年版，第 275、276 页；[德]汉斯·海因里希·耶赛克、托马斯·魏根特：《德国刑法教科书》(下)，徐久生译，中国法制出版社 2017 年版，第 899 页；林钰雄：《新刑法总则》，台北，元照出版有限公司 2020 年版，第 421 页；林东茂：《刑法总则》，台北，一品文化出版社 2019 年版，第 292 页。

犯了他人的居住权时,没有理由不认定为间接正犯。根据 Roxin 的观点,亲手犯分为三种类型:第一类是行为关联性犯罪,这是指犯罪的不法并非取决于侵害结果,而是取决于行为本身的可谴责性的犯罪。最典型的是乱伦罪。第二类是生活方式性犯罪,即诸如流浪罪或游荡罪等以特定的生活方式作为可罚性基础的犯罪。第三类是陈述性犯罪,'依法宣誓作证的人'的伪证罪等属于这一类。"[125]

肯定论者认为,亲手犯要求行为人必须亲自并且直接实现构成要件行为,本质上不能假借他人之手实现犯罪,因此亲手犯没有成立间接正犯的空间。换言之,如果从相反的角度考虑,亲手犯实际上就是不能以间接正犯的方式实现的犯罪类型。亲手犯与间接正犯在概念上是绝对互斥的关系。形成一定共识的亲手犯,如非法侵入他人住宅、伪证、危险驾驶等罪名。设想的适例如:甲明知乙要开车上路,在乙的饮料里掺入大量酒精,谎称是补药,乙一饮而尽,血液中酒精含量超出禁止标准,路上遇到交警拦截。此时,乙不知道自己饮酒,不成立危险驾驶罪(危险驾驶只处罚故意)。由于危险驾驶是亲手犯,亲手犯不能以间接正犯的形态实施,因此甲无罪(补药酒驾案)。

理论上也有不少学者否定亲手犯的概念。"如 Liszt、大场茂马等人基于因果论的观点认为,只要利用他人的行为与犯罪的结果之间具有因果关系,就可能成立间接正犯,从而否认亲手犯的概念;Eb. Schmidt、竹田直平等人基于扩张的正犯论的立场,认为对犯罪结果的实现给予了任何条件的人都是正犯,也否认亲手犯的概念。"[126]

本书赞同否定亲手犯概念的观点,认为刑法并未规定亲手犯。

---

〔125〕 张明楷:《外国刑法纲要》,法律出版社 2020 年版,第 276 页。
〔126〕 张明楷:《外国刑法纲要》,法律出版社 2020 年版,第 276 页。

事实上,我们必须承认现实生活中存在利用他人实现非法侵入他人住宅、伪证、危险驾驶等罪的犯罪构成,例如,上述补药酒驾案中,甲基于更优越的认知,利用不知情的乙实施酒驾行为,与乙单个人实施酒驾行为的法益侵害性并无不同。[127] 又如,幕后操纵者甲欺骗流浪汉闯入他人住宅,同样侵犯了他人的居住安宁,在这些情况下,幕后操纵者都应认定为间接正犯。因此,不应看作亲手犯。可能有人认为,参加恐怖活动组织罪、参加黑社会性质组织罪、重婚罪、强奸罪似乎只能亲自实施,应当属于亲手犯,但由于幕后者完全可能强迫他人参加恐怖活动组织、黑社会性质组织,或者欺骗他人重婚、欺骗他人奸淫幼女,故上述犯罪仍然可能有间接正犯。所以,应当否定亲手犯的概念,正如西田典之教授所言,"既然所有的刑罚法规均存在保护法益,便没有理由否定犯罪成立;事实上,上述这些成为亲手犯的犯罪,依然有可能通过强制、欺骗等手段,以间接正犯的形式来实施"。[128]

二、身份犯的间接正犯

身份犯是与亲手犯相类似的概念,一般认为,身份犯是指构成要件中包括特定身份要素的犯罪类型,如贪污贿赂犯罪、保险诈骗罪、伪证罪等。如前所述,本书认为身份要素是针对正犯而言的,是无法被支配的要素,利用他人的身份不等于幕后操纵者自己具备了身份,因此即便是间接正犯,也应当具备该种身份,所以,无身份者不能成立身份犯的间接正犯。换言之,幕后操纵者自身必须具备身份,否则便不具备间接正犯的构成要件符合性。

在以往的司法判例中出现过肯定非身份者成立身份犯的间接

---

〔127〕 如果乙知情后仍然醉酒驾驶,则甲只是危险驾驶罪的帮助犯。

〔128〕 [日]西田典之:《日本刑法总论》,王昭武、刘明祥译,法律出版社2013年版,第63页。

正犯的判例,[129] 但近来,判例出现了新的变化。

例如,2013 年,被告人杨某应聘到洪某(另案处理)经营的金都投资有限公司工作。2013 年 8 月 19 日,张某 2 在该公司用自己的霸道 2694CC 型越野车抵押借款人民币 20 万元,按双方约定将车辆过户至洪某指定的该公司职员张某 1 名下,车辆仍由张某 2 使用。同日,洪某出资,以张某 1 的名义在被害单位永诚财产保险股份有限公司(以下简称永诚保险公司)为该车办理了盗抢险。借款后,张某 2 未如期偿还欠款,切断与洪某的联系。洪某为挽回损失,于 2014 年 3 月 7 日向永诚保险公司报案谎称该车被盗,得知需要公安机关立案材料才能予以理赔。2014 年 3 月 20 日,杨某受洪某指使,冒充张某 1 到哈尔滨市公安局道里分局康安街派出所报案谎称该车被盗,并向保险公司提交了公安机关立案的相关材料。2014 年 12 月 1 日,洪某通过上述手段骗得永诚保险公司赔偿款人民币 212,910 元。该款被洪某用于偿还欠款等。

原审法院认为,被告人杨某伙同他人编造未曾发生的保险事故,骗取保险金,数额特别巨大,其行为构成保险诈骗罪。宣判后,杨某以其不具备保险诈骗罪的犯罪主体资格为由提起上诉。二审法院审理后认为:杨某主观上具有非法占有保险理赔款的目的,客观上实施了帮助洪某骗取保险理赔款的行为。虽然涉案车辆的登记车主为张某 1,但其实际所有人与真正投保人均系洪某,洪某对于保险标的具有直接的保险利益关系,是保险合同权利义务的实际承受者,其以张某 1 的名义从保险公司骗取保险金的行为,构成保险诈骗罪的间接正犯,杨某受洪某指使协助洪某实施保险诈骗

〔129〕 汇众公司保险诈骗案,参见陈兴良主编:《刑法疑案研究》,法律出版社 2002 年版,第 67 页以下。

犯罪，与洪某成立保险诈骗罪的共同犯罪。[130]

可以看出，上述判例实际采取了身份犯的间接正犯应当具备身份要素的观点，但基于处罚需要，判例的解决途径是将保险诈骗罪的主体作了扩大解释，换言之，对保险诈骗罪的“投保人”作了实质解释，谁实际支付保金，谁便属于“投保人”，而不仅仅限于名义上的“投保人”。本书认为，该判例的上述做法值得肯定。在保险诈骗罪的意义上，将刑法关于保险诈骗罪的刑罚法规，理解为仅仅是针对具备形式上的身份之人的观点，明显是武断的。犯罪的实质是法益侵害，行为人虽然不具备形式上的“投保人”身份，但客观上行为人真正的所有人、投保人以及受益人，具备形式身份者仅仅是行为人的“傀儡”。因此，实际投保人应当属于身份者的范围，具备保险诈骗罪的身份要素。当然，如此一来，这里涉及的问题便不再是身份犯的间接正犯是否需要具备身份要素，而是成了身份犯中具备身份者范围的问题。

但是，这种解决路径并非万全之策，在其他身份犯中很难适用。例如，公务员甲之妻乙，利用甲极度依赖乙的精神状况，指使甲将其管理的公共财物据为己有。很难说基于甲乙之间的依赖关系而认为妻子乙具备了公务员的身份，所以，妻子乙无论如何不成立贪污罪的间接正犯，但这并不意味着乙的行为不能处罚。如前所述，只要正确理解共同犯罪的本质以及教唆犯与帮助犯的成立条件，便不会造成处罚漏洞。除此之外，还应当充分利用罪与罪之间的包容关系。就上例而言，妻子乙成立盗窃罪的间接正犯与贪污罪的教唆犯，两者是想象竞合的关系，应当择一重处罚。再如，一般公民甲冒充警察，声称取证需要，让邮政工作人员乙开拆若干信件。甲的行为并不成立私自开拆邮件罪（《刑法》第 253 条）的间接正犯。原因在于，乙没有犯私自开拆邮件罪的故意，所以，其

---

〔130〕 黑龙江省哈尔滨市中级人民法院刑事裁定书，(2019)黑 01 刑终 8 号。

行为不可能构成该罪。虽然甲利用了乙的行为，但仅此并不能肯定甲的行为成立私自开拆邮件罪。因为在真正身份犯的场合，特殊身份是针对正犯而言的，间接正犯也是正犯，理当具备特殊身份。如果认为间接正犯可以不需要具有特殊身份，就必然使构成要件丧失定型性，有违反罪刑法定原则之嫌，上例的结论只能是，甲仅成立侵犯通信自由罪（《刑法》第 252 条）的间接正犯。[131]

另外，有些特殊的案例，确实存在法益受到侵害，但难以按照正犯（包括间接正犯）处罚的情形。无身份者利用有身份者实施身份犯罪，虽不能成立身份犯的间接正犯，却并不会导致处罚上的漏洞。例如，行为人甲利用证券交易知情人员乙，在重大信息尚未公开前，泄露该内幕信息，使得内幕交易成交额在 50 万元以上的情形。乙对自己泄露内幕信息的行为毫不知情，因此不成立泄露内幕信息罪，而甲由于不具备内幕信息知情人员的身份，亦无法成立泄露内幕信息罪的间接正犯，但甲成立泄露内幕信息罪的教唆犯。

---

[131] 参见张明楷：《刑法学》，法律出版社 2021 年版，第 530 页。

第七章　间接正犯的实行着手与终了

有关间接正犯的实行着手与终了的争论，本质上是对间接正犯实行行为理解上的分歧。简单而言，着手就意味着实行行为的起点，而终了则为实行行为的终结。一种观点认为，幕后操纵者为实际执行者设计方案或圈套，对其进行诱使或强制的行为，即为实行行为；另一种观点认为，实际执行者按照幕后操纵者设计的方案，现实地执行方案的行为，才是实行行为；还有一种观点认为，幕后操纵者的行为与实际执行者的行为是一个整体，二者行为的和，才是完整的实行行为。由于对实行行为理解上的差异，使得对实行着手、终了的认识，呈现不同观点。

第一节　间接正犯的实行着手

间接正犯包含了幕后操纵者的行为与实际执行者的行为两部分，所以间接正犯的实行着手一直是学界争议的问题。例如，甲欺骗不知情的乙说，远处的黑影是一只野猪，而隐瞒了其明知黑影是其仇人丙的事实，就在乙准备举枪之际，被森林警察发现后失败。甲的行为成立杀人未遂的间接正犯还是仅构成杀人预备呢？关于间接正犯实行着手的认定,目前存在以下三种学说的对立:幕后操纵者说、实际执行者说和个别化说。最早,这些学说的形成源自对实行行为理解上的不同立场,即从自然主义理解实行行为的立场与从规范主义理解实行行为的立场之间的对立,19 世纪基于实行行为自然主义的侧面,重视实际执行者的行为,形成了实际执行者说;20 世纪基于实行行为规范主义侧面的立场,重视幕后者的行为,形成了幕后操纵者说,于是出现了两种学说对立的局面。但是,实行行为的两个侧面确实都难以否定,于是在此基础上出现了立足于未遂犯论见解的个别化说。[1]

一、幕后操纵者说

幕后操纵者说内部包括两种观点:一种观点主张,应当以幕后操纵者开始实施引诱实际执行者实行犯罪行为的时期,作为间接正犯的着手时期;[2]另一种观点认为,应当以幕后操纵者的利用行为结束之时作为间接正犯的实行着手。[3]

幕后操纵者说曾是日本的通说,其主要理由在于,间接正犯的实行行为终究是幕后者的行为,实际执行者的行为只不过是单纯的因果经过,所以间接正犯实行行为的着手不应该在幕后操纵者行为终了之后再认定。就上例而言,一方面,自然意义上甲的行为仅实施到向乙说"远处的黑影是一只野猪"为止,因而只能在这一过程中认定着手;另一方面,正是因为甲的行为会就此因果性地导致结果的发生,甲才是间接正犯,换言之,利用行为是实行行为,该实行行为之时已经具有结果发生的具体危险。但是,批评者认为,处罚对象确实应该是利用行为,然而,实行的着手时点只能是出现

---

〔1〕 参见[日]川端博:《刑法总论讲义》,成文堂 2013 年版,第 546 页。

〔2〕 参见[日]川端博:《刑法总论讲义》,成文堂 2013 年版,第 546 页。

〔3〕 参见[日]西田典之:《日本刑法总论》,王昭武、刘明祥译,法律出版社 2013 年版,第 299 页。

了结果发生的具体性危险之时，亦即，乙正要瞄准之时。而且，要认定构成间接正犯，必须是行为人的行为整体上支配着构成要件的实现，但不应理解为，要求将利用行为本身作为实行的着手。[4]另外，以幕后操纵者行为的时点作为实行着手的时点，明显会扩大实行行为的处罚范围，使得对实行着手的处罚时点过于提前，并不妥当。试想，对亲自实行犯罪的直接正犯而言，只有当法益侵害在时间上具有迫切的具体危险时才视为实行着手，而在间接正犯的场合，如果认为背后者实施诱致行为时就已经是实行的着手，显然没有合理的理由。

在德国，与幕后操纵者说相近的学说是个别性方案，指的是人们可以将实际执行者视为幕后操纵者的一个纯粹的犯罪工具，这样，着手的时点就只取决于幕后操纵者的举止了。个别性方案又分为修正的个别性方案与严格的个别性方案。例如，A 给了 B 一把枪，并对 B 谎称枪中没有子弹，希望 B 用该枪于次日吓唬吓唬 C，其实枪中有烈弹。但 B 枪法不准，没有打中 C。

根据主流学说所主张的修正的个别性方案，在幕后操纵者对行为媒介施加影响后，一旦放手让事实按照他的设想来发生，则算作幕后操纵者着手的开始。该说的支持者金德霍伊泽尔教授认为，这种理解是正确的，因为在间接正犯的场合，幕后操纵者操纵行为的流程，因而他的举止起着决定性作用。仅当幕后操纵者已对行为媒介施加影响时，对于他而言，才算做完实现构成要件之前的本质性的所有中间步骤。而且，当正犯放手让事实发生时，他也就作出了为实现构成要件的决定，这个决定对他是有约束力的。据此，上例中着手开始于 B 和 A 谈话后，B 拿着手枪离开 A 的时候。而按照严格的个别性方案，在幕后操纵者对行为媒介施加影

[4]　参见[日]西田典之：《日本刑法总论》，王昭武、刘明祥译，法律出版社 2013 年版，第 299 页。

响时,着手就已经开始了。如此,上例中当A着手劝说B适用"没有上膛的"手枪射击C时,着手便开始了。[5]

表面上看,上述幕后操纵者说在逻辑上具有一定合理性。按照一般理解,既然间接正犯是正犯,那么幕后操纵者就是正犯,其行为便是实行行为,因此只能在幕后操纵者的行为中寻找实行着手。然而,这样的推理过于形式化,忽视了实行行为的实质内涵。间接正犯不同于利用机械性工具犯罪,实际执行者具有一定的意志自由,幕后操纵者的犯罪计划只有通过实际执行者的行为才能实现,因此,"在间接正犯的情况下,现实危险性一般并不发生在利用行为之时,而存在于被利用者实施行为之时"。[6] 不得不说幕后操纵者说(个别性方案)对着手的认定时点过于前置。即便是按照修正的个别性方案,认定着手的时点对法益的现实威胁仍谈不上紧迫,倘若此时即认定着手,定会不当扩大处罚范围。事实上,基于朴素的感知便可判断,此时仍处于犯罪预备的阶段。例如,倘若惯犯甲利用幼童在餐厅盗窃他人财物,甲指着远处他人的钱包对幼童说:"你披上隐形斗篷,去把那个钱包拿过来,别叫别人看到哦。"但警察恰巧看到了这一幕,阻止了进一步的盗窃行为。此时幼童尚未付诸任何行动,甚至尚不清楚甲的意思,甲的行为对其想窃取的财物尚未造成值得刑法处罚的危险,按照幕后操纵者说,甲却成立盗窃未遂,这一结论显然不合理。此时,至多只能评价为盗窃的预备。

二、实际执行者说

实际执行者说认为,当实际执行者开始实施行为时才会具有

---

〔5〕 以上个别性方案的观点,参见[德]乌尔斯·金德霍伊泽尔:《刑法总论教科书》,蔡桂生译,北京大学出版社2015年版,第422、423页。

〔6〕 [日]高桥则夫:《间接正犯》,载马克昌、莫洪宪主编:《中日共同犯罪比较研究》,武汉大学出版社2003年版,第74页。

结果发生的具体危险性,所以应以此作为间接正犯实行着手的认定时点。具体理由如下:

第一,应当将幕后操纵者与实际执行者的行为视为一个整体,这样的话,着手开始的时点,便是实际执行者着手直接实现构成要件的时点。换言之,由于需要将他人举止规范地归属于幕后操纵者,这样实际执行者的行为也就对认定该构成要件之实现的开始起着决定性作用。据此,上例中,着手的时点就是B用武器瞄准C并开枪的时刻。〔7〕

第二,间接正犯的实行着手,应当是出现了结果发生的具体危险之时,即实际执行者行为之时。例如,甲让6岁的小孩乙把自己家里的财物拿过来给甲,为了让乙答应,给了乙点心,乙将财物拿给了甲。甲无疑成立间接正犯,其着手时点,应该是小孩乙就要实际拿走自己家里财物之时。〔8〕

第三,幕后操纵者的利用行为是先行行为,会产生阻止结果发生的作为义务,从而构成不作为犯。因此,可以将实际执行者的行为的开始作为实行的着手。〔9〕

实际执行者说在大多数事例中能够得出妥当的结论,这也是日本判例采取该说的原因之一,我国判例大多也采取了实际执行者说。

例如,被告人王某系北京行遍天下科技有限公司两名股东之一,占股45%,并在该公司任职工作,负责公司经营及外联工作。自2009年起,被公司委派到辽宁省葫芦岛市绥中华纳科技有限公

〔7〕 参见[德]乌尔斯·金德霍伊泽尔:《刑法总论教科书》,蔡桂生译,北京大学出版社2015年版,第423页。

〔8〕 参见[日]西田典之:《日本刑法总论》,王昭武、刘明祥译,法律出版社2013年版,第299页。

〔9〕 参见陈家林:《外国刑法理论的思潮与流变》,中国人民公安大学出版社2017年版,第547页。

司工作。上述两个公司大股东和法定代表人均为刘某。2011 年 10 月间,北京行遍天下科技有限公司以人民币 52.57 万元的价格在北京购买了一辆奥迪 Q5 汽车(牌号为"京 CC6355"),交给绥中华纳科技有限公司,绥中华纳科技有限公司将该车主要配给王某工作使用。车辆购买时只在阳光保险公司上了交通责任强制险,保险期限截至 2012 年 10 月。

2012 年 8 月 3 日 19 时许,王某驾驶上述奥迪 Q5 车到秦皇岛市山海关办事,将该车辆停放在山海关火车站北侧的祥荷鑫苑小区内后就在该小区祥荷宾馆的二楼登记住宿,入住 230 房间。该房间只有一个向外窗户,从窗户边可直接看到停放在楼下窗户下的奥迪 Q5 车。

据秦皇岛历史气候记录显示,自 2012 年 8 月 3 日 3 时至 4 日 7 时 24 分,秦皇岛市除青龙县西部个别乡镇为中雨外,其余各地均出现大于 100 毫米的大暴雨。山海关地区降雨量在 175 毫米以上。8 月 4 日凌晨 5 时左右,祥荷鑫苑小区开始出现积水,积水达 1.3 米左右,上午 10 时左右积水最深。8 月 4 日小区积水积了一天,当晚,物业人员将小区的井盖掀开排水,直至 8 月 5 日凌晨 4 时,积水基本排完。8 月 4 日上午 8 时至 5 日 7 时 38 分,秦皇岛市出现阵雨天气,雨量不大,山海关地区降雨量极小。其中,山海关地区降雨量在 0.1 ~0.3 毫米。8 月 5 日 7 时 38 分至 6 日完全没有降雨。

8 月 4 日早上 6 时,王某醒来时发现外面在下雨,就没有出门。当日 8 时至 11 时,王某与北京精诚联合汽车养护维修中心的业务员郭某龙电话联系,让郭某龙帮忙补上保险。郭某龙接到王某电话后,在王某要求下,于当日 15 时许,用投保人为绥中华纳公司的名义给该车上了交强险、机动车损失险、第三者险、玻璃险、划痕险、发动机特别损失险(涉水险)和不计免赔险,保险费合计 9104 余元,保险期间自 2012 年 8 月 5 日零时起至 2013 年 8 月 4

日24时止。投保经确认后,郭某龙将保险确认事宜电话告知王某。当日,王某发现宾馆一楼已经被淹,无法下楼,一直在房间。8月5日9时许,在小区水退后,王某下楼查看车辆,看见门把手的地方有被水淹的水印,打开车门看见车底板上有水。当日20时19分44秒,王某拨打“95519”向中国人寿财产保险股份有限公司报案,报案称她一个朋友发现涉案车辆被水淹,发现被淹时间为报案当时,出险地点为秦皇岛山海关地区,出险原因为暴雨致安全距离不够而发生事故。8月6日,保险公司派人到现场勘查并将车拉回北京。

中国人寿财产保险公司接到王某报案后,经审查发现该理赔案存在先出险后补保险单的嫌疑,遂约王某到保险公司做笔录。王某在制作笔录过程中,被告知保险公司按规定可能拒赔后,与保险公司人员发生矛盾,并在看笔录过程中将笔录撕毁,后离开保险公司。2012年10月31日,中国人寿财产保险公司电话通知王某到海淀区四季青桥的理赔二部办理理赔手续。当日,王某到保险公司,向保险公司填写了机动车保险索赔申请书,并与保险公司签订了机动车辆保险一次性定损协议书,双方协商同意车辆损失合计人民币277,312.2元。次日,保险公司向公安机关报案称王某诈骗保险金。同年11月6日,王某被公安机关抓获归案。[10]

北京市海淀法院认为:王某对整个事件具有掌控力,其利用不知情的公司报案并实施诈骗保险金,但是二者并非共同犯罪,且王某不具备保险诈骗罪的特殊主体,因此,王某成立诈骗罪的间接正犯。就王某的犯罪形态而言,其行为的整个过程是有目的的整体行为,其是在明知事故已经发生的情况下才补上保险,并于保险生效后报案,从法律层面上看,双方签订的只是一次性定损协议,而不是一次性赔偿协议,故只是对损失数额的确定,被害人并没有实际交付财物,这符合很多被害人及时发觉骗局而没有交付财物的

〔10〕　北京市海淀区人民法院刑事判决书,(2013)海刑初字第2099号。

“诈骗未遂”案件特征。

本书赞同以上判例的认定结论及说理过程。但是,在一些场合,将实际执行者的着手视为间接正犯的实行着手,失之过迟。[11]例如,当幕后操纵者完成了给实际执行者设计的圈套,而距离实际执行者执行其计划时间很短,且实际执行者必然会去执行的场合,将着手的时点认定为实际执行者实现构成要件的时点,显然已经过迟。另外,实际执行者实施行为时,幕后操纵者可能不具有作为可能性与作为义务,以不作为犯加以说明同样行不通。

三、个别化说

个别化说认为,实行行为与实行的着手可以分离,无论是幕后操纵者的行为还是实际执行者的行为,当其对结果产生具体危险之时,始得以未遂处罚,即实行的着手。诚然,在间接正犯的场合,处罚的对象应当是幕后操纵者的利用行为,但它的着手时期,以实际执行者的行为为基准也是可能的。基于这样的理解,当利用行为产生结果发生的具体危险时,就具备未遂的构成要件该当性,[12]那么,有的情形下开始实施利用行为时,属于实行的着手,不能一律以其中一方的行为作为着手标准。

德国判例也采取了个别化说的观点,主要是考虑到一种特殊情形:若行为人给被害人下了圈套,使被害人成为不知情的工具而自伤,但在行为人的行为和计划的伤害二者之间存在一个或长或短的时间段。例如,T 在 O 的汽车上安置一炸药包,只要 O 一点火,该炸药包就会爆炸。在这种情况下,判例的见解将个别性方案和客观危险说联系在一起考虑:着手的开始点是,正犯为了行为计划的成功做了所有必要的努力,且肯定被害人会无意识地促成结

---

〔11〕 参见[日]黑木忍:《实行的着手》,信山社 1998 年版,第 86 页。
〔12〕 参见[日]川端博:《刑法总论讲义》,成文堂 2013 年版,第 546 页。

果,上例即属此情形,因为可以肯定的是,受害人不久就会想驾驶其汽车,因此T在O的汽车上安置炸药包时,即已着手。相反,在不肯定的情况下,只有当受害人已经进入行为手段(或者圈套)的效用范围时,才能认为着手开始。例如,药剂师Y遭受过入室盗窃后,在家里放了一瓶有毒的烈酒,因为他以为,行为人还会返回,并像之前那样拿一瓶饮料喝。此时,按照判例的见解,着手便尚未开始:行为人尚不确定受害人是否会配合(中套),因而,不能认为对受害人的损害即刻便会发生。〔13〕

个别化说以往只是一部分学者的主张,但现在得到了越来越多的认可。例如,有学者指出,在大多数场合,以实际执行者开始实施其行为时为间接正犯的着手,但当实际执行者的行为与幕后操纵者的行为在时间上紧密连接着,而且实际执行者实施其行为极为确实时,幕后操纵者行为的开始就是着手。〔14〕 还有论者指出:"实行的着手在间接正犯的情况下应当以未遂成立的标准来衡量与认定。当被利用人的行为已经对于构成要件保护的法益造成直接危险时实施的着手可以成立是没有疑问的;但是,当利用人已经实施完控制行为并认为被利用人将立即按照这一计划实施其行为时,同样是有实施着手的余地的。"〔15〕

本书赞同个别化说,认为对于间接正犯的着手,原则上应当以实际执行者实施构成要件行为之时为着手,但当幕后操纵者的利用行为本身即包含了实现构成要件结果的紧迫危险时,则应从利用行为中认定着手。

第一,间接正犯着手的认定,应与犯罪着手的一般理论相一

---

〔13〕 参见[德]乌尔斯·金德霍伊泽尔:《刑法总论教科书》,蔡桂生译,北京大学出版社2015年版,第424页。

〔14〕 参见张明楷:《未遂犯论》,中国法律出版社、日本成文堂1997年版,第106页。

〔15〕 李海东:《刑法原理入门(犯罪论基础)》,法律出版社1998年版,第178页。

致。按照实质客观说的观点,犯罪的本质是法益侵害,因而当行为具有侵害法益的危险时,始得成立着手。基于对"法益侵害的危险性"的不同理解,实质客观说内部又有"行为危险说"与"结果危险说"之分。"行为危险说"认为,实行行为的本质是行为本身具有侵害法益、实现构成要件的危险性,因此着手的标准是行为人开始实施具有实现构成要件现实危险性的行为。"结果危险说"则主张,未遂犯的可罚性根据在于行为给法益造成了具体的危险状态,只有实施的行为具有引起结果的迫切危险时,才属于实行的着手。本书基于结果无价值的立场,采取"结果危险说"的观点。间接正犯虽然是正犯的特殊类型,但其特殊之处并不包括有关间接正犯未遂的判断,即便是利用他人实施犯罪的间接正犯,也应当具体地判断哪个行为时点对法益造成了具体的危险。

第二,个别化说与间接正犯的逻辑并不冲突。间接正犯在形态上表现为利用行为与被利用行为两部分,但这并不意味着间接正犯的实行行为一定是幕后操纵者实施的利用行为。换言之,虽然间接正犯的外观包括能够分离的两部分,但其实行行为却是一个行为整体,具有统一性。"间接正犯中,幕后者通过行为支配使得自己的行为与实际执行者的行为融为一体,在法律上构成一个统一的行为,被利用者的举动没有独立的行为意义,只是利用者行为的物质组成要素。这一行为统一体,有时全部都是犯罪的实行行为,有时则可能跨越预备与实行两个阶段。当一个间接正犯行为发生后,哪一部分是实行行为,只能根据着手的标准进行实质的和具体的判断,行为本身并不先天具有实行行为的性质。"〔16〕

第三,个别化说的具体结论较为妥当。通常而言,实际执行者的行为具有实行行为性,因为利用行为一般并不会引起紧迫的法

〔16〕 刘士心:《间接正犯理论中的特殊问题》,载陈兴良主编:《刑事法评论》第19卷,第348页。

益侵害危险，而被利用行为距离法益更近，且其一定包含具备构成要件符合性的行为，对法益的威胁会变得紧迫，因此，在实际执行者行为阶段认定着手具有合理性。

例如，被告人陈某耀与龙某（另案处理）为男女朋友关系，被告人陈某耀得知龙某可向被害人黄某伟借款的情况后，以殴打龙某、打掉龙某腹中胎儿等手段相威胁，要求龙某通过微信语音联系被害人黄某伟，以继续取得被害人黄某伟的信任，诈骗得被害人黄某伟通过微信和支付宝转账的人民币 808,124 元。[17] 在此案中，被告人陈某耀以殴打龙某、打掉龙某腹中胎儿等手段威胁龙某之时，其行为对黄某伟的财产并未造成紧迫的危险，因此应当属于诈骗预备的阶段。而龙某通过微信语音联系被害人黄某伟借钱之时，才是被告人陈某耀的实行着手。倘若龙某并未听从陈某耀的要求，诈骗未得逞时，被告人陈某耀的行为仅成立诈骗罪的预备。

但是，由于间接正犯中幕后操纵者对实际执行者的支配程度差异，以及间接正犯表现形式上的不同类型，并不排除一些情况下应当在幕后操纵者的行为阶段认定着手。这种情况仅限于，幕后操纵者的行为阶段已经产生法益侵害的具体危险。有学者归纳了两种情形："一是利用行为对被利用行为的发生具有确定性联系，只要实施利用行为，被利用者就会实施被利用的行为。比如，通过邮局邮寄毒品，是一种利用邮局的正当邮递行为运输毒品的间接正犯，只要行为人将毒品伪装交给邮局邮递，邮局就会确定地实施邮递行为，实现运输毒品罪的犯罪构成。这种情形，就应当以行为人开始办理交付邮寄行为视为运输毒品的着手，而不是在邮局开始运送邮件货物时判断着手。二是被利用行为一旦实施会立即产生犯罪结果，利用行为对结果发生具有直接、紧迫的危险性。比

---

〔17〕 具体案情参见广东省江门市中级人民法院刑事裁定书，(2020) 粤 07 刑终 195 号。

如，母亲带着小孩在河边玩耍，小孩不慎跌落水中，很快就会溺水死亡，母亲欲跳进河中救起小孩。此时，行为人出于使小孩淹死的目的，故意抱住小孩母亲，使其无法施救，结果小孩溺水死亡。这是利用母亲的不作为杀死小孩的间接正犯，其中只要行为人开始实施阻止母亲施救的行为，就是犯罪的着手。”[18]本书赞同上述归纳。例如，黑社会性质组织犯罪即属第一种情形，当组织头目向下级发出犯罪指令时，便是实行的着手，因为基于其组织上下级之间具有支配性的属性，只要幕后操纵者下达了指令，其指令定会被执行。又如，上述汽车爆炸案即属第二种情形，T 在 O 的汽车上安置一炸药包，只要 O 一点火，该炸药包就会爆炸，O 一定会在某个时点去开车，并且一旦 O 实施了被利用行为，犯罪结果即刻出现，因此 T 在 O 的汽车上安置炸药包时，即已着手。

第二节　间接正犯的实行终了

关于间接正犯的实行终了，大陆法系刑法理论大致存在两种对立观点，一是幕后操纵者行为说，即幕后操纵者实施完利用行为便是间接正犯的实行终了。如大塚仁教授指出，从规范主义的见地来看，只有在背后的利用者的诱致行为中才能找到间接正犯的实行行为。[19] 二是实际执行者说，即实际执行者将工具行为实施完了是间接正犯的实行终了。如大谷实教授指出：“对间接正犯不要将利用行为和被利用行为分开，分别进行刑法评价，而应该根

[18] 刘士心：《间接正犯理论中的特殊问题》，载陈兴良主编：《刑事法评论》第 19 卷，第 349 页。

[19] 参见林维：《间接正犯》，中国政法大学出版社 1998 年版，第 154、155 页。

据间接正犯的意思,将被利用行为和利用行为统一,视为一体,作为利用人(行为人)的实行行为进行评价。”〔20〕

本书认为,间接正犯的实行终了应当以实际执行者的行为终了为标准。其一,与实行着手的理论相协调,间接正犯的实行行为并非仅存在于幕后操纵者所实施的利用行为的阶段,换言之,幕后操纵者说可能导致实行行为已经结束,而实行着手还未开始的荒谬结论。其二,间接正犯不同于直接正犯中利用枪支等物理工具实施构成要件行为的情形。在直接正犯的场合,行为人瞄准后扣动扳机的行为开启实行行为,子弹的运行过程只是行为人开枪行为的自然延伸;而在间接正犯的场合,幕后操纵者只是开启了一个行为计划,这个行为计划中可能包含了着手,也可能尚未着手,只有实际执行者的行为才能使幕后操纵者的计划得以完成。其三,幕后操纵者说会导致不妥当的处罚结论。按照幕后操纵者说的观点,在间接正犯的场合,一旦幕后操纵者完成了利用行为,其犯罪即既遂,实际执行者是否行为均不影响其既遂的认定。在没有任何构成要件行为的情况下,犯罪却已既遂,明显并不妥当。例如,国家工作人员身份的甲欺骗外国人乙,说只要少女丙同意,则与12周岁的丙发生性关系并不违法。乙相信了甲的话请求与丙发生关系,但由于丙并未同意,未能实行。按照幕后操纵者说的观点,乙是否听信甲的话以及是否实施奸淫幼女的行为,均不影响甲强奸罪既遂的结论,但该结论明显缺乏依据。甲虽然设置了圈套,但是在其利用行为完成的时点,不仅难以认定为既遂,甚至不足以评价为对丙造成紧迫的、具体的危险,故应认定为强奸的预备。在这种场合,只有将利用行为与被利用行为视为一个整体作为实行行为评价,才可谓妥当。

〔20〕［日］大谷实:《刑法总论》,黎宏译,法律出版社2003年版,第119页。

第八章 基本结论

本书对间接正犯的研究,有以下几点基本结论:

间接正犯概念具有存在的必要性。目前学术界存在三种否定间接正犯的观点:第一种是从主观主义刑法立场出发,以共犯独立性说为基础,将所有利用他人实施犯罪的情形消解于共犯之中;第二种是以单一制正犯体系为基础,认为间接正犯原本就是与直接正犯无差别的正犯,不必在直接正犯之外再承认间接正犯的概念;第三种是在维持限制正犯概念的基础上,试图将原本以间接正犯论处的情形分流到教唆犯、帮助犯、直接正犯或者共同正犯中消解。但是,否定论的各种观点,要么因为其理论基础固有的缺陷,要么因为其与现有通说的理论体系相矛盾,要么是在具体问题的解决上存在不合理之处,总之,都很难行得通。然而,现实生活中确实存在着应该肯定为间接正犯的现象,间接正犯概念不仅有利于避免处罚漏洞,而且对某些案件的正确定性以及对审判理由的精细化发展均发挥着积极作用。因此,在坚持限制从属性说的前提下,有必要维持间接正犯概念。

间接正犯,是指那些基于法律或者事实之理由支配了实际执行者的构成要件行为或者法益侵害结果,从而居于支配地位,有效而确实地控制了犯罪实现因果流程的幕后之人。间接正犯具有支配性与独立性的特点,与其他犯罪类型既有相似之处也有本质区别。

间接正犯是正犯,在正犯与共犯的区分理论中,犯罪事实支配理论更具合理性。间接正犯的正犯性学说可以分为两类:一类是以幕后操纵者为视角的学说,包括实行行为说与意志支配说;另一类是以实际执行者为视角的学说,包括工具说以及与答责性相关的各种学说。两类学说是正面与反面的关系,而不是对立关系。各种具体学说之间,也并非完全对立,而是存在融合。从实际执行者角度出发的各种具体学说,单独只能处理部分间接正犯案件,但却不能合理地解决间接正犯的全部问题。间接正犯终究是幕后操纵者行为的正犯性判断,因而从幕后操纵者角度出发的支配性判断是间接正犯判断的核心,而与实际执行者相关的事实却是幕后操纵者正犯性判断的关键材料。因此,间接正犯的正犯性的判断,不能单从幕后操纵者的角度出发,也不能仅着眼于实际执行者。与此相对,应当将有关幕后操纵者和实际执行者实现的构成要件事实结合起来,一起作为幕后操纵者是否成立间接正犯的判断材料。

间接正犯的具体判断,应当包括形式判断和实质判断两个阶层。第一个阶层是形式判断,即构成要件符合性的判断。间接正犯的特点,决定了必须将幕后操纵者和实际执行者实现的构成要件事实结合起来,再像单独犯那样进行构成要件符合性判断,二者合并的构成要件事实能够充足构成要件该当性的,幕后操纵者才算是满足了间接正犯成立的形式前提。另外,构成要件行为以及法益侵害结果是实际执行者必须具备的构成要件事实,身份是真正身份犯场合幕后操纵者必须具备的构成要件要素,在幕后操纵者利用实际执行者自伤、自损的场合,实际执行者不必满足行为对象要素。

第二个阶层是实质判断,即支配性的判断。支配性判断的思路是,首先讨论实际执行者(幕前人)。原则上,如果实际执行者缺乏可罚性或者对结果的答责性，那么就需要审查幕后操纵者的可罚性以及幕后操纵者是否需要为实际执行者缺乏可罚性负责。作为例外，还存在实际执行者具备完全的可罚性但是却应当肯定幕后操纵者成立间接正犯的情形，这主要存在于实际执行者已经具备犯罪意思，并基于此犯意实施了行为，但是由于幕后操纵者的影响，导致实际执行者对构成要件产生错误认识的情形中。在强制支配的场合，原则上当幕后操纵者施加的强制力达到使实际执行者的行为成立阻却违法的紧急避险或者欠缺期待可能性的程度时，才足以奠定幕后操纵者的支配地位；在利用认知优势进行支配的场合，原则上掌握了具体犯罪事实含义的幕后操纵者，使实际执行者的行为现实性地成为犯罪行为，对朝着以构成要件结果为目标的实际执行者行为具有统制力，并且这种认知优势与构成要件事实的本质部分有关时，幕后操纵者才足以成立间接正犯。几种特殊情形的处理：幕后操纵者直接支配被害人时，只有导致实际执行者产生规范障碍、对结果缺乏答责性，应将法益侵害结果归属于幕后操纵者时，才能将幕后操纵者认定为间接正犯；幕后操纵者对实际执行者的犯罪故意或责任能力存在错误认识时，幕后操纵者在主客观重合的限度内成立教唆犯；实际执行者的对象错误、打击错误并不影响幕后操纵者是否成立间接正犯的认定。

关于间接正犯成立范围的分类，本书采取以实际执行者缺乏相关犯罪成立要件作为划分标准。

第一类是实际执行者欠缺构成要件该当性的情形。实际执行者的行为要素是幕后操纵者成立间接正犯的必要前提，幕后操纵者要成立间接正犯必须具备身份要素，而实际执行者是否具有身份要素对幕后操纵者的行为评价并无影响。但是，具备身份要素的幕后操纵者并非一概成立间接正犯，当有身份幕后者与无身份执行者在事实层面对犯罪的实现均起重要作用时，有身份幕后者成立直接正犯（同时也是共同正犯），无身份执行者成立共同正犯；当有身份幕后者在事实层面对犯罪的实现起重要作用，而无身份执行者只起次要作用的场合，有身份幕后者成立直接正犯，无身份执行者成立帮助犯；当有身份幕后者在事实层面对犯罪实现所起的作用很小，而无身份执行者起到重要作用时，有身份幕后者成立间接正犯，无身份执行者成立共同正犯。实际执行者针对他人实施的犯罪，不可能缺乏对象要素，在实际执行者自伤、自损的场合，实际执行者不必满足对象要素。

第二类是实际执行者欠缺构成要件违法性的情形。具体包括幕后操纵者利用实际执行者正当防卫行为、紧急避险行为以及职务行为三种情形。对这类情况下的行为性质认定，需要具体分析，不能一概而论。总体来说，“支配”的标准在于，幕后操纵者按照自己的预设，控制了整个因果进程（或者说控制了实际执行者正当防卫、紧急避险的方向），引起了法益侵害结果。另外，利用实际执行者职务行为包括两种情形，第一种情形是幕后操纵者误导法院，使法院对合法的被害人作出有罪判决或者其他不利于被害人的财产处分判决的场合，此种情形不符合间接正犯的成立标准，也不存在将其认定为间接正犯的必要性。第二种情形是幕后操纵者利用实际执行者的职务行为对被害人实施抓捕等情形，仅仅存在优越认知仍不足以奠定行为人的间接正犯地位，还要求这种优越的认知使行为人对整个犯罪事实的因果进程达到支配程度，“达到支配程度”必须表现为只要幕后操纵者使实际执行者陷入了某种程度的认识错误，该实际执行者就必须基于职务上的要求实施职务行为。

第三类是实际执行者欠缺责任的情形。在幕后操纵者是否成立间接正犯的判断中，实际执行者的责任要素确实具有十分重要的意义，但实际执行者责任的有无并不能作为固有的、独立的要件去单独决定幕后操纵者是否成立间接正犯。实际执行者欠缺故意与过失，幕后操纵者成立间接正犯；实际执行者存在过失，幕后操纵者成立间接正犯;实际执行者欠缺幕后操纵者的故意,幕后操纵者成立间接正犯;实际执行者欠缺对加重构成的故意,幕后操纵者一般成立间接正犯;实际执行者欠缺特定目的,幕后操纵者成立间接正犯;实际执行者欠缺刑事责任能力,根据具体案情,幕后操纵者可能成立共犯也可能成立间接正犯;实际执行者欠缺违法性认识或者欠缺期待可能性,幕后操纵者一般成立间接正犯。

对于间接正犯的着手,原则上应当以实际执行者实施构成要件行为之时为着手,但当幕后操纵者的利用行为本身即包含了实现构成要件结果的紧迫危险时,则应从利用行为中认定着手。换言之,间接正犯的着手时点,既非一定是幕后操纵者利用行为的起点或终点,亦非一定为实际执行者行为的起点,而是一般为实际执行者开始实施构成要件行为之时,但也不排除存在于幕后操纵者行为阶段中的任何时点。间接正犯的实行终了应当以实际执行者的行为终了为标准。

参考文献

一、中文著作类

1. 蔡圣伟:《刑法问题研究(一)》,台北,元照出版有限公司 2008 年版。
2. 陈兴良:《刑法疑案研究》,法律出版社 2002 年版。
3. 陈兴良:《教义刑法学》,中国人民大学出版社 2010 年版。
4. 陈子平:《刑法总论》,台北,元照出版有限公司 2017 年版。
5. 付立庆:《刑法总论》,法律出版社 2020 年版。
6. 郭君勋:《案例刑法总论》,台北,三民书局 1983 年版。
7. 高铭暄、马克昌:《刑法学》,北京大学出版社、高等教育出版社 2016 年版。
8. 甘添贵:《刑法之重要理念》,台北,瑞兴图书股份有限公司 1996 年版。
9. 韩忠谟:《刑法原理》,中国政法大学出版社 2002 年版。
10. 何庆仁:《义务犯研究》,中国人民大学出版社 2010 年版。
11. 黄荣坚:《刑罚的极限》,台北,元照出版公司 1999 年版。
12. 黄荣坚:《基础刑法学》,中国人民大学出版社 2009 年版。
13. 廖北海:《德国刑法学中的犯罪事实支配理论研究》,中国人民公安大学出版社 2011 年版。
14. 黎宏:《刑法学总论》,法律出版社 2016 年版。
15. 林山田:《刑法通论》,北京大学出版社 2012 年版。
16. 林维:《间接正犯研究》,中国政法大学出版社 1998 年版。
17. 林钰雄:《新刑法总则》,台北,元照出版有限公司 2020 年版。

18. 林东茂:《刑法总则》,台北,一品文化出版社 2019 年版。
19. 马克昌:《犯罪通论》,武汉大学出版社 1999 年版。
20. 马克昌:《比较刑法原理——外国刑法学总论》,武汉大学出版社 2012 年版。
21. 马荣春:《刑法诸问题的新界说》,中国检察出版社 2007 年版。
22. 南英、张军:《刑事审判参考》,法律出版社 2001 年版。
23. 魏东:《教唆犯研究》,中国人民公安大学出版社 2002 年版。
24. 王钢:《德国判例刑法》,北京大学出版社 2016 年版。
25. 吴振兴:《论教唆犯》,吉林出版社 1986 年版。
26. 许玉秀:《刑法的问题与对策》,台北,春风煦日论坛 1999 年版。
27. 许玉秀:《当代刑法思潮》,中国民主法制出版社 2005 年版。
28. 周光权:《刑法客观主义与方法论》,法律出版社 2013 年版。
29. 张晋藩:《中国法制史》,中国政法大学出版社 2002 年版。
30. 张明楷:《外国刑法纲要》,法律出版社 2020 年版。
31. 张明楷:《刑法学》,法律出版社 2021 年版。

二、中文译著类

1. [德]埃里克·希尔根多夫:《德国刑法学从传统到现代》,江溯、黄笑岩等译,北京大学出版社 2015 年版。
2. [日]川端博:《刑法总论二十五讲》,余振华译,中国政法大学出版社 2003 年版。
3. [日]大谷实:《刑法总论》,黎宏译,法律出版社 2003 年版。
4. [日]大谷实:《刑法讲义总论》,黎宏译,中国人民大学出版社 2008 年版。
5. [日]高桥则夫:《共犯体系和共犯理论》,冯军、毛乃纯译,中国人民大学出版社 2010 年版。
6. [日]冈特·施特拉腾韦特、洛塔尔·库伦:《刑法总论 I——犯罪论》,杨萌译,法律出版社 2004 年版。
7. [日]汉斯·海因里希·耶赛克、托马斯·魏根特:《德国刑法教科书》,徐久生译,中国法制出版社 2017 年版。

8. [韩]金日秀、徐辅鹤:《韩国刑法总论》,郑军男译,武汉大学出版社2008年版。
9. [德]卡尔·拉伦茨:《法学方法论》,陈爱娥译,台北,五南图书出版公司1996年版。
10. [德]克劳斯·罗克辛:《德国刑法学总论——犯罪行为的特别表现形式》,王世洲等译,法律出版社2013年版。
11. [日]木村龟二:《刑法学词典》,顾肖荣、郑树周译,上海翻译出版公司1991年版。
12. [美]乔治·弗莱彻:《反思刑法》,邓子滨译,华夏出版社2008年版。
13. [日]松宫孝明:《刑法总论讲义》,钱叶六译,中国人民大学出版社2013年版。
14. [日]山口厚:《刑法总论》,付立庆译,中国人民大学出版社2018年版。
15. [日]松原芳博:《刑法总论重要问题》,王昭武译,中国政法大学出版社2014年版。
16. [德]乌尔斯·金德霍伊泽尔:《刑法总论教科书》,蔡桂生译,北京大学出版社2015年版。
17. [日]西田典之:《日本刑法总论》,王昭武、刘明祥译,法律出版社2013年版。
18. [日]小野清一郎:《犯罪构成要件理论》,王泰译,中国人民公安大学出版社2004年版。
19. [日]野村稔:《刑法总论》,全理其、何力译,法律出版社2001年版。
20. [日]约翰内斯·韦塞尔斯:《德国刑法总论》,李昌珂译,法律出版社2008年版。

三、中文论文类

1. 陈洪兵:《间接正犯行为媒介论》,载《厦门大学法律评论》(总第28辑),厦门大学出版社2007年版。
2. 蔡圣伟:《论间接正犯概念内涵的演变》,载陈兴良主编:《刑事法评论》第21卷,北京大学出版社2007年版。
3. 陈文昊、郭自力:《从正犯化的向度看共犯独立性的刑事政策意涵》,载

《辽宁行政学院学报》2016 年第 8 期。
4. 陈兴良:《论我国刑法中的间接正犯》,载《法学杂志》1984 年第 1 期。
5. 陈兴良:《间接正犯:以中国的立法与司法实践为视角》,载《法制与社会发展》2002 年第 5 期。
6. 付立庆:《阶层体系下间接正犯与教唆犯的区分标准:理论展开与实践检验》,载《华东政法大学学报》2018 年第 6 期。
7. 黄继坤:《间接正犯的从属性及实行着手——基于间接正犯之拟制性的反思》,载陈兴良主编:《刑事法评论:不法评价的二元论》,北京大学出版社 2015 年版。
8. 何庆仁:《溯责禁止理论的源流与发展》,载《环球法律评论》2012 年第 2 期。
9. 江溯:《单一正犯体系研究》,载陈兴良主编:《刑事法评论》第 24 卷,北京大学出版社 2009 年版。
10. 江溯:《关于单一正犯体系的若干辩驳》,载《当代法学》2011 年第 5 期。
11. 黎宏、姚培培:《间接正犯概念不必存在》,载《中国刑事法杂志》2014 年第 4 期。
12. 刘洪:《我国刑法共犯参与体系性质探讨——从统一正犯视野》,载《政法学刊》2007 年第 4 期。
13. 刘明祥:《论中国特色的犯罪参与体系》,载《中国法学》2013 年第 6 期。
14. 刘明祥:《间接正犯概念之否定——单一正犯体系的视角》,载《法学研究》2015 年第 6 期。
15. 彭美英:《行使伪钞白吃白喝——间接正犯之错误》,载《台湾法学杂志》2009 年第 1 期。
16. 钱叶六:《间接正犯与教唆犯的界分——行为支配说的妥当性及其贯彻》,载陈兴良主编:《刑事法评论》第 28 卷,北京大学出版社 2011 年版。
17. 钱叶六:《双层区分制下的正犯与共犯的区分》,载《法学研究》2012 年第 1 期。

18. 肖吕宝:《关于"教唆不满十八周岁的人犯罪的,应当从重处罚"的理解与适用》,载《政法学刊》2007 年第 5 期。
19. 阎二鹏:《扩张正犯概念体系的建构——兼评对限制正犯概念的反思性检讨》,载《中国法学》2009 年第 3 期。
20. 阎二鹏:《论间接正犯概念的消解》,载《法学论坛》2011 年第 4 期。
21. 杨延军:《间接正犯的几个基本理论问题新探》,载《法商研究》2010 年第 6 期。
22. 张明楷:《论教唆犯的性质》,载陈兴良主编:《刑事法评论》第 21 卷,北京大学出版社 2007 年版。
23. 张明楷:《论身份犯的间接正犯——以保险诈骗罪为中心》,载《法学评论》2012 年第 6 期。
24. 张明楷:《共同犯罪的认定方法》,载《法学研究》2014 年第 3 期。
25. 张明楷:《论帮助信息网络犯罪活动罪》,载《政治与法律》2016 年第 2 期。
26. 张明楷:《共犯对正犯故意的从属性之否定》,载《政法论坛》2010 年第 5 期。
27. 张伟:《正犯后正犯与犯罪参与理论研究》,载《法学家》2015 年第 5 期。

四、日文著作类

1. [日]阿部纯二等编:《刑法基本讲座》,法学书院 1992 年版。
2. [日]川端博:《刑法总论讲义》,成文堂 2013 年版。
3. [日]岛田聪一郎:《正犯·共犯论的基础理论》,东京大学出版会 2002 年版。
4. [日]大越义久:《共犯的处罚根据》,青林书院新社 1980 年版。
5. [日]大塚仁:《刑法概说(总论)》,有斐阁 2008 年版。
6. [日]大塚仁:《间接正犯的研究》,有斐阁 1958 年版。
7. [日]高桥则夫:《共犯体系与共犯理论》,成文堂 1988 年版。
8. [日]井田良:《犯罪论的现在与目的行为论》,成文堂 1995 年版。
9. [日]井田良:《讲义刑法学·总论》,有斐阁 2008 年版。

10. [日]黑木忍:《实行的着手》,信山社 1998 年版。
11. [日]林干人:《刑法总论》,东京大学出版会 2008 年版。
12. [日]牧野英一:《日本刑法》(上卷),有斐阁 1939 年版。
13. [日]内藤谦:《刑法讲义总论》,有斐阁 2002 年版。
14. [日]牧野英一:《日本刑法》(上),成文堂 1992 年版。
15. [日]平野龙一:《刑法总论》(Ⅱ),有斐阁 1975 年版。
16. [日]团藤重光:《刑法纲要总论》,创文社 1990 年版。
17. [日]浅田和茂:《刑法总论》,成文堂 2019 年版。
18. [日]西田典之:《共犯与身份》,成文堂 2003 年版。
19. [日]西田典之:《共犯理论的展开》,成文堂 2010 年版。
20. [日]西原春夫:《刑法总论》,成文堂 1977 年版。
21. [日]小野清一郎:《刑法概论》,法文社 1956 年增订版。
22. [日]松宫孝明:《刑事立法与犯罪体系》,成文堂 2003 年版。
23. [日]山中敬一:《刑法总论》,成文堂 2015 年版。
24. [日]佐伯千仞:《刑法讲义(总论)》,有斐阁 1981 年版。
25. [日]佐伯仁志:《刑法总论的思之道·乐之道》,有斐阁 2013 年版。
26. [日]曾根威彦:《刑法的重要问题(总论)》,成文堂 2005 年版。
27. [日]中山研一:《刑法总论的基本问题》,成文堂 1974 年版。
28. [日]中山研一:《口述刑法总论》,成文堂 1978 年版。
29. [日]中义胜:《间接正犯》,有斐阁 1963 年版。
30. [日]中义胜:《讲述刑法总论》,有斐阁 1980 年版。
31. [日]照沼亮介:《体系的共犯论与刑事不法论》,弘文堂 2005 年版。

五、日文论文类

1. [日]岛田聪一郎:《关于所谓有故意的道具之理论(二)》,载《立教法学》2002 年第 60 号。
2. [日]岛田聪一郎:《间接正犯与共同正犯》,载《神山敏雄先生古稀祝贺本书集第一卷:过失犯论·不作为犯论·共犯论》,成文堂 2006 年版。
3. [日]后藤启介:《间接正犯的新展开》,载《庆应法学》2012 年第 10 期。
4. [日]吉川真理:《论利用被害者的间接正犯》,载《东北学院法学》2006

年第 3 期。
5. [日]林干人:《间接正犯》,载板仓宏博士古稀祝贺本书集编集委员会编:《现代社会型犯罪的问题》,劲草书房 2004 年版。
6. [日]林干人:《论强制被害者的间接正犯》,载《研修》2005 年第 678 号。
7. [日]松生光正:《无身分有故意的道具》,载[日]井田良、井上宜裕等主编:《浅田和茂先生古稀祝贺本书集(上卷)》,成文堂 2016 年版。
8. [日]梶山太郎:《论利用刑事未成年者之人的正犯性》,载《法学政治学论究》2003 年第 57 号。
9. [日]町野溯:《惹起说的梳理・检讨》,载[日]松尾浩也、芝原邦尔编:《刑事法学的现代的状况——内藤谦先生古稀祝贺》,有斐阁 1994 年版。
10. [日]曾根威彦:《溯及禁止论与客观的归属》,载板仓宏博士古稀祝贺本书集编集委员会编:《现代社会型犯罪的问题》,劲草书房 2004 年版。

六、英文著作类

1. G. Larry Mays, Jeremy Ball, Laura Fidelie: *Criminal Law Core Concepts*, Wolter Kluwer, 2013.
2. George Fletcher: *Rethinking of Criminal Law*, Little Brown and Company, 1978.

后　记

夫学者，当韦编三绝、砥志研思，取百家之长，成一家之言，遂放言遣辞。

本书虽予之博士学位论文修订而成，但经数年思虑，已判若两途，内容已作改弦更张，篇幅亦有扩而充之。本书搁笔之日，方感时光荏苒。忆往昔，花信之年，初习刑法。此书锓梓之时，已过而立之年。皓首穷经于学堂石渠之间，往昔身影依稀可辨；焚膏继晷于书海之中，入门初心安可易迁。

拙著诸多观点，前辈贤达之述备矣，然本书之观点或有迥异，此绝非矜奇立异，率意而断，实乃予倦心思虑之作。秉“法不正解，心不可朽”之师统，予揽古今文献，集中外期刊，力图博稽研求，冀明正事理，翔实严谨。予虽受教于名师，然才疏学浅，见闻谟陋，初入学术江湖，文中错漏舛误，在所难免。祈诸位前辈、同道中人，拨冗一阅，不吝雅教，大加斧正，予当感激不尽。

拜谢恩师张明楷教授。先生学识渊博、治学严谨、造诣深厚，更兼勤奋克己、孜孜不倦，罕出其右者。予资质平庸，又常有懈怠，若非先生宽容善诱，恐难有今日之浅学，未有先生悉心指教，亦难有今日之成果。受教之恩，难以言尽。

铭谢诸多前辈贤达之士。黎宏教授、周光权教授、劳东燕教授、王钢副教授皆学识广博、鸿儒硕学。承蒙各位老师指点迷津，不吝珠玉、循循善诱,予方略有所成。

感谢父母双亲。复有椿萱并茂,舐犊盼庭前玉树长成;棠棣同馨,兼爱望珠辉玉映比肩。

文尽,予之感恩不尽。

时壬寅年季秋。